U0620016

国家社科基金
GUOJIA SHEKE JIJIN HOUQI ZIZHU XIANGMU
后期资助项目

面向经济高质量发展的
区域创新资源配置研究

Regional Innovation Resources Allocation for
High-Quality Economic Development

易 明等 著

科学出版社

北 京

内 容 简 介

本书以发掘区域创新资源配置影响经济高质量发展的微观机理和宏观效应为主要目的,立足于中国经济高质量发展与区域创新资源配置的基本特征事实,构建区域创新资源配置影响经济高质量发展的基本理论分析框架;利用全要素生产率衡量经济高质量发展,对区域创新资源配置的效率及其对经济高质量发展的影响效应进行评估,并进一步解释不同创新资源的配置情况对经济高质量发展影响的时空异质性,基于此提出优化区域创新资源配置、推进经济高质量发展的政策建议。

本书可作为高等学校区域经济学、管理学、社会学等相关专业的本科生、研究生和科研工作者的参考书,也可供各级党委、政府领导干部参考,以指导实践。

图书在版编目(CIP)数据

面向经济高质量发展的区域创新资源配置研究 / 易明等著.
—北京:科学出版社,2023.6

国家社科基金后期资助项目
ISBN 978-7-03-075770-8

Ⅰ.①面… Ⅱ.①易… Ⅲ.①区域经济－资源分配－研究—中国 Ⅳ.①F127

中国国家版本馆 CIP 数据核字(2023)第 103589 号

责任编辑:邓 娴 / 责任校对:姜丽策
责任印制:张 伟 / 封面设计:无极书装

科学出版社 出版
北京东黄城根北街 16 号
邮政编码:100717
http://www.sciencep.com
北京市金木堂数码科技有限公司印刷
科学出版社发行 各地新华书店经销
＊
2023 年 6 月第 一 版 开本:720 × 1000 1/16
2024 年 1 月第二次印刷 印张:13 1/2
字数:240 000
定价:146.00 元
(如有印装质量问题,我社负责调换)

国家社科基金后期资助项目
出版说明

后期资助项目是国家社科基金设立的一类重要项目，旨在鼓励广大社科研究者潜心治学，支持基础研究多出优秀成果。它是经过严格评审，从接近完成的科研成果中遴选立项的。为扩大后期资助项目的影响，更好地推动学术发展，促进成果转化，全国哲学社会科学工作办公室按照"统一设计、统一标识、统一版式、形成系列"的总体要求，组织出版国家社科基金后期资助项目成果。

全国哲学社会科学工作办公室

序

　　中国地质大学（武汉）易明教授所著的《面向经济高质量发展的区域创新资源配置研究》即将付梓，在为这位青年学术才俊取得新学术研究成果感到高兴之时，应邀欣然为其新书作序。

　　易明教授这部学术著作是研究区域创新与经济高质量发展关系的一项重要成果。2017年12月召开的中央经济工作会议指出，推动高质量发展是当前和今后一个时期确定发展思路、制定经济政策、实施宏观调控的根本要求。实现高质量发展是中国式现代化的本质要求之一，也是全面建设社会主义现代化国家的首要任务，而创新驱动是引领高质量发展的第一动力。2022年10月召开的党的二十大进一步明确提出，坚持创新在我国现代化建设全局中的核心地位。健全新型举国体制，强化国家战略科技力量，提升国家创新体系整体效能，形成具有全球竞争力的开放创新生态。

　　在中国式现代化建设语境下，创新是如何影响经济高质量发展的？其机理和效应具有怎样的特征？如何通过优化区域创新资源配置实现经济的高质量发展？围绕上述社会热点问题，易明教授在这部学术著作中，系统地阐述了区域创新资源配置影响经济高质量发展的作用机理，科学评估了区域创新资源配置效率对经济高质量发展的影响效应，形成了若干关于通过优化区域创新资源配置赋能经济高质量发展的新见解。总体而言，这部学术著作具有以下三个特点。

　　一是逻辑清晰。该书以定性的理论机制分析为基础，再进行实证层面的深入探讨，在理论层面构建了一个逻辑自洽的区域创新资源配置影响经济高质量发展的理论框架，并牢牢把握这种理论思维进行实证研究。在实证部分以"总—分"形式展开，先是探讨了区域创新资源配置对经济高质量发展的直接影响效应，再对不同类型的创新资源配置进行验证分析，在聚焦主题的同时又兼备多维度剖析辩证，为后续提出多元化政策路径奠定基础。在整体的研究框架思路、实证分析论述等方面，都体现了作者缜密的逻辑自洽与严谨治学的态度。

　　二是理论扎实。理论基础是研究论证的依据，这部学术著作以近三分之一的篇幅进行学理阐述，运用现代经济增长理论、新古典经济增长理论、新制度经济学理论、量变与质变的辩证哲学关系理论等，并结合中国经济发展的阶段性特征,归纳总结了经济高质量发展的理论内涵以及创新驱动在其中扮演的重要角色。在资源基础观、经济地理学相关理论的基础上,对区域创新资源配置的内涵进行界定,并详细解释了区域创新资源配置影响经济高质量发展的传导机制。

三是见解独到。与以往研究重点关注创新资源投入力度不同,这部学术著作重点关注区域创新资源的投入与产出关系,强调优化区域创新资源配置,能够通过调配整合、产业配置、空间协调、效率提升、要素集聚及资源置换作用,有效推进质量变革、效率变革和动力变革,进而促进经济高质量发展。作者提出:优化区域创新资源配置推进经济高质量发展,需要遵循科技创新规律和经济发展规律,科学认识和正确处理政府与市场的关系、统筹配置创新链产业链资金链创新资源,打造各类创新主体协同互动的创新体系,完善跨区域跨部门的创新资源整合机制,加快推进以人力资本红利代替人口红利,多维度全方位构建科技金融生态系统。这些有应用价值的政策建议,能够为政府部门提供决策参考。

值此《面向经济高质量发展的区域创新资源配置研究》付梓之际,我非常乐意向关注区域创新管理与政策问题的学者及有关人士,推荐易明教授这部学术新作。在新春伊始之时,也期望易明教授再接再厉、砥砺奋进,以此为新起点,攀登新高峰,在相关研究领域取得更多高质量的学术研究成果。

是为序。

李 光

癸卯年正月于珞珈山红楼

前　言

　　经过改革开放 40 多年的努力，中国特色社会主义进入新时代，经济发展也进入了高质量发展阶段。推进经济高质量发展是中国特色社会主义新时代的根本要求，是解决发展不平衡、不协调和不可持续问题的必然选择。对于如何实现经济高质量发展，党的十九大报告给出了明确的方向，即建设现代化经济体系是跨越关口的迫切要求和我国发展的战略目标，必须坚持质量第一、效益优先，以供给侧结构性改革为主线，推动经济发展质量变革、效率改革、动力变革，提高全要素生产率，着力加快建设实体经济、科技创新、现代金融、人力资源协同发展的产业体系。新时代新阶段的经济发展，必须牢牢把握高质量发展这个根本要求，坚持经济高质量发展的新理念，紧密结合新的时代条件和实践要求探索提高经济发展质量的实现路径，实施稳增长、调结构、转方式、提质量、增效率、换动力"六位一体"的系统改革，而这些改革都需要将创新作为第一动力，加快从传统要素驱动向创新要素驱动转变，从追赶型经济向创新型经济转变。正如《中共中央关于制定国民经济和社会发展第十四个五年规划和二〇三五年远景目标的建议》所指出的，新冠疫情影响广泛深远，经济全球化遭遇逆流。我国已转向高质量发展阶段，但同时面临创新能力不适应高质量发展要求的问题，必须坚持创新驱动发展，全面塑造发展新优势。

　　党的二十大报告指出，要加快实施创新驱动发展战略。随着创新驱动发展战略的深入实施，中国的创新资源总量保持较快增长、投入强度持续提升，但是与此同时，以全要素生产率、技术效率等为表征的技术进步水平和经济发展质量却没有呈现出显著的增长或提高趋势，其中一个重要原因就是创新资源配置结构不优、能力不强、效率不高、区域不协调、市场导向机制不健全，以研发资源、人才资源和科技金融资源等为代表的区域创新资源配置不合理直接导致国家和区域创新体系整体效能不高。总之，创新是一个复杂的系统过程，仅仅依靠创新资源投入数量的增加并不能必然促进经济高质量发展，区域创新资源禀赋的客观存在也并不意味着资源配置就处于最优状态并能发挥最大效能，区域创新资源的优化配置比创新资源本身更加重要。

　　本书主要探究区域创新资源配置影响经济高质量发展的微观机理和

宏观效应。从中国经济高质量发展与区域创新资源配置的基本现实着眼，构建区域创新资源配置影响经济高质量发展的基本理论分析框架；以全要素生产率衡量狭义的经济高质量发展，总体上分析评估区域创新资源配置的效率及其对经济高质量发展的影响效应，在此基础上，进一步揭示研发资源、创新人才资源和科技金融资源等不同类型创新资源的配置状况及其对经济高质量发展影响的时空异质性；最后，提出优化区域创新资源配置推进经济高质量发展的实现路径和政策建议。

通过理论分析和经验检验，本书指出，经济高质量发展是"以包容性和可持续性为目标的一系列基要的生产函数连续发生质变的过程"，而区域创新资源配置是"一定时间、一定区域内，由政府、企业、高校院所、科技中介服务机构及非营利性组织等，对各种物质或非物质形态的创新资源要素进行搜索与获取、分配与管理、整合与利用、保持与更新的动态过程"。优化区域创新资源配置能够通过调配整合、产业配置、空间协调、效率提升、要素集聚及资源置换作用推进质量变革、效率变革和动力变革，进而促进经济高质量发展，反之，区域创新资源配置扭曲则会阻碍经济高质量发展。基于中国经济高质量发展的现实基础条件和阶段性演进特征，以及区域创新资源配置的特征事实及其对经济高质量发展的影响效应，通过优化区域创新资源配置推进经济高质量发展，需要遵循科技创新规律和经济发展规律，科学认识和正确处理政府与市场的关系、统筹配置创新链产业链资金链创新资源、打造各类创新主体协同互动的创新体系、完善跨区域跨部门的创新资源整合机制、加快推进以人力资本红利代替人口红利、多维度全方位构建科技金融生态系统，着力实现五大转变：配置主体从"相互割裂、相互分离"向"相互影响、相互促进"转变；配置策略从创新资源数量的粗放式增长向创新资源质量的提升和结构优化转变；配置方式从政府主导向"市场主导、政府引导、多方参与、协调一致、互利共赢"转变；配置重点从以研发环节为主向创新链、产业链、资金链统筹配置转变；配置绩效从"低质、低效、不协调、不均衡"向"高质、高效、协调、均衡"转变。

本书相对于已有研究的独到学术价值和应用价值体现在：一方面，区域创新资源配置和经济高质量发展具有丰富的理论内涵和时代特征，基于资源配置视角研究区域创新资源及其对经济高质量发展的影响机理和效应，是区域发展管理、区域经济学、创新管理与政策等学科研究的重要学术问题，能够丰富相关学科的理论知识体系，为探索新时代深入推进创新驱动发展、实现经济高质量发展的可行路径提供理论依据，具有独特的学术价值；另一方面,基于区域创新资源配置视角探索实现经济高质量发展的实践方向和相关政策，能够为政府部门制定相关政策提供决策参考，具有一定的政策应用价值。

需要说明的是，囿于篇幅原因，本书并未将原始数据、相关代码和全要素生产率的历年测算结果附后，如需要，可另与作者联系。此外，本书在撰写过程中得到了国家社会科学基金项目"面向经济高质量发展的区域创新资源配置研究（19FGLB007）"的资助，部分研究内容已经发表在相关期刊上，已经在参考文献中进行了标注。感谢中国地质大学（武汉）吴婷博士、杨树旺教授、博士生付丽娜、博士生翟子瑜、硕士生王怡倩，以及武汉工程大学彭甲超博士在本书研究和撰写过程中的参与和贡献。

目　　录

第1章　创新是推进区域经济高质量
发展的第一动力

1.1　优化配置区域创新资源是实现经济高质量发展的关键

创新是区域经济高质量发展的动力源泉。习近平总书记在党的十九大上发表重要讲话，指出"中国特色社会主义进入新时代，我国社会主要矛盾已经转化为人民日益增长的美好生活需要和不平衡不充分的发展之间的矛盾"，并强调"我国经济已由高速增长阶段转向高质量发展阶段"（党的十九大报告辅导读本编写组，2017）。2018年，中央经济工作会议指出，"中国特色社会主义进入新时代，经济发展也进入了新时代"，进一步明确了中国经济转向高质量发展阶段的基本特征，并做出推动经济高质量发展的重大部署。在追求经济高质量发展的新时代，亟须从传统要素驱动向创新要素驱动转变，从追赶型经济向创新型经济转变。新一轮科技革命和产业变革与我国加快转变经济发展方式形成历史性交汇，为我们实施创新驱动发展提供难得的重大机遇。党的十九大报告强调"创新是引领发展的第一动力，是建设现代化经济体系的战略支撑"，指出要坚定实施创新驱动发展战略，加强国家创新体系建设，建设世界科技创新强国。中共十九届五中全会中再次强调坚持创新在我国现代化建设全局中的核心地位，把科技自立自强作为国家发展的战略支撑，完善科技创新体制机制，加快建设科技强国。《中共中央关于制定国民经济和社会发展第十四个五年规划和二〇三五年远景目标的建议》指出"坚持创新驱动发展，全面塑造发展新优势"。

随着创新驱动发展战略的深入实施，从2000年到2019年，中国以研究与试验发展（research and development，R&D）为代表的创新资源投入逐年增长。2019年，R&D经费投入总量为22 143.6亿元，是2000年的24.71倍，R&D经费投入占国内生产总值（gross domestic product，GDP）的比重由2000年的0.9%提高到2019年的2.23%，R&D投入强度已达到中等发达国家水平。但是与此同时，以全要素生产率（total factor productivity，TFP）和技术效率等为代表的技术进步水平和经济发展质量却并没有呈现明显的增长或提高趋势，其中的一个重要原因就是创新资源配置结构不优、能力不强、效率不高、区域不协调、市场导向机制不健全，国家和区域创新体系整体效能不高。为此，2016 年，中共中央、国务院印发的《国家创新驱动发展战略纲要》明确指出，要按照"坚持双轮驱动、构建一个体系、推动六大转变"布局创新驱动发展战略，建设"创新要素顺畅流动、高效配置的生态系统"，推进"资源配置从以研发环节为主向产业链、创新链、资金链统筹配置转变"①，推动区域创新能力和竞争力整体提升。"十三五"以来，我国深入实施创新驱动发展战略，将科技创新摆在发展全局的核心位置，依托企业、高校、科研院所形成若干强大带动力的创新型城市和区域创新中心。总之，创新是一个复杂的系统过程，创新资源投入仅仅是必要条件，创新资源投入能否提升区域创新能力、促进经济高质量发展，关键在于区域创新资源能否得到优化配置。

优化区域创新资源配置对于实现新时代经济高质量发展具有重要的现实意义，主要表现在：

第一，优化区域创新资源配置有利于推进发展动力转换。当前，中国正处于发展动力转换的关键时期，创新驱动是培育发展新动能的迫切要求、支撑经济高质量发展的第一动力和战略支撑。必须以创新引领为基本原则，以建设世界科技创新强国为目标，以深化科技体制机制改革为主线，优化创新资源配置，加快建设技术创新、高技术产业、创新人才、科技金融协同发展的创新驱动发展体系，着力构建企业为主体、市场为导向、产学研深度融合的国家创新体系，不断提高创新驱动能力、资源配置效率和经济发展质量。在这一过程中，优化区域创新资源配置能够促进质量变革、效率变革和动力变革，是从要素驱动向创新驱动转换的关键环节，扮演着动力转换"催化剂"的重要角色。

第二，优化区域创新资源配置有利于实现全面"换道超车"。有学者指出，发展中国家或地区能够通过后发优势实现对发达国家的"赶超"，但这是建立在静态比较优势基础上的。随着科技不断进步，技术创新的频率、效能将会呈几何式的增长和动态变化，发达国家可以凭借其在技术、市场和产业价值链的制高点地位攫取更多发展优势，而发展中国家或地区则可能陷入"追赶-落后-再追赶"的"习得性困境"（刘友金和周健，2018）。通过改善创新资源配置结构、提升创新资源配置效率，能够极大提升发展中国家或地区的创新效能，进而可以利用新一轮科技革命和产业革

① 中共中央 国务院印发《国家创新驱动发展战略纲要》[EB/OL]. http://www.gov.cn/zhengce/2016-05/19/content_5074812.htm, 2016-05-19.

命的重大机遇，创造更多"换道超车"的机会。

第三，优化区域创新资源配置有利于促进区域协调发展。成功的区域经济发展模式应该是内生型的，创新是区域经济持续健康发展和保持竞争力的关键（陈向东和王磊，2007）。从创新资源配置的角度看，一方面，区域创新资源配置能力弱的地区，创新资源的数量和质量就得不到保证，创新资源也不能充分转化为创新产出，甚至会流向创新资源配置能力强的地区。区域创新资源配置能力强的地区则会将流入的创新资源要素进一步优化配置，强化创新资源的空间集聚和沉淀，导致区域之间创新能力和经济发展水平差距进一步拉大。另一方面，区域之间又可以通过创新资源的流动逐步缩小彼此之间创新能力和经济发展水平的差距（Walz，1996），特别是通过优化创新资源配置可以进一步强化这种缩小区域间差距的功能。上述两方面力量相互作用，最终导致区域创新在收敛与发散之间不断交替（刘凤朝和沈能，2006）。由此可见，创新资源禀赋差而创新资源配置能力又不足的地区，更需要通过优化区域创新资源配置集聚创新资源，促进创新资源高效转化为创新产出和经济发展优势，这是实现区域协调发展的重要途径。

围绕区域创新资源配置与经济高质量发展，有以下关键问题需要予以关注。

第一，为什么有的区域创新资源投入很大但创新产出水平却不高？以福建和陕西这两个人口相近的省份为例，2015～2019 年，福建和陕西 R&D 经费内部支出分别为 27 868 507 万元和 23 906 599 万元，高技术产业新产品销售收入分别为 8 569.9 亿元和 2 299.8 亿元，高技术产业主营业务收入则分别为 25 907.8 亿元和 12 991.15 亿元[①]。从 R&D 经费投入看，两个省份基本相当，陕西相对来说还更多，但从创新产出看，福建的高技术产业新产品销售收入和主营业务收入两大指标分别是陕西的 3.7 倍和 2 倍。可以看到，创新资源投入多的区域，以高技术产业新产品销售收入和主营业务收入为代表的创新产出水平却低于创新资源投入少的地区。那么，是什么原因造成了这种区域创新资源投入与产出的偏离呢？这是本书希望回答的第一个问题。

第二，为什么创新资源和活动越来越向经济发展水平高的地区集聚？就东部、中部、西部和东北部四大区域板块来看，2000 年，四大区域板块生产总值分别占全国 GDP 总量的 52.51%、20.27%、17.18% 和 10.04%，三

---

① 截至 2021 年 4 月，现有数据库中部分数据特别是分省的数据仍没有更新至 2019 年，各章节分析的数据来源大多截至 2019 年底。

项专利的授权量分别占全国专利总量的 64.13%、16.68%、9.91% 和 9.28%；2019 年，四大区域板块的生产总值和三项专利授权量在全国的占比分别为 51.59%、22.08%、20.71%、5.07% 以及 67.37%、11.59%、11.48%、3.06%。据此可以初步判断，以专利为代表的创新资源和活动呈现出越来越向经济发展水平高的地区集聚的趋势。就区域创新资源的地理分布而言，由于经济发展阶段和要素资源禀赋的差异，各地区创新资源呈现明显的空间非均衡特征。区域之间的竞争已经从创新资源的竞争转向创新资源配置的竞争。那么，造成这种空间集聚和非均衡现象的原因是什么？以及能否从资源配置的角度去解释这一现象？这是本书希望回答的第二个问题。

第三，如何测算或评价区域创新资源配置的效率和扭曲程度？这个问题一方面是第一个问题的延伸，旨在为解决区域创新资源投入多而产出少的问题提供理论依据；另一方面，以 R&D 经费支出为例，2000～2019 年，基础研究经费支出总额为 8 674.25 亿元，应用研究和试验发展经费支出总额分别为 19 437.3 亿元和 138 386 亿元，基础研究经费支出占 R&D 经费总支出的比重为 5%，基础研究、应用研究和试验发展三项经费在 R&D 总经费的占比结构为 5∶11.7∶83.1。可以看到，从创新资源投入的内部结构看，各地区更重视与产业发展密切相关的应用性研究，对基础研究的重视和投入不够，其他的如人才要素与资金、技术和制度资源配置不协调等区域创新资源配置的扭曲或错配现象也普遍存在。只有合理地测算区域创新资源配置的扭曲程度才能定量评估这种扭曲对经济高质量发展的影响效应，进而探索纠正这种扭曲的路径。因此，评估区域创新资源配置的扭曲或错配程度具有重要的理论价值和现实意义。

第四，区域创新资源配置能否及怎样影响经济高质量发展？区域创新资源配置会影响区域创新能力，而现有的研究已经充分表明技术进步和创新能力是影响区域经济发展的重要因素。那么，结合新时代经济高质量发展的理论内涵、现实动因和基础条件，区域创新资源的总体配置及不同类型创新资源的配置影响经济高质量发展的传导机制和实际效应是怎样的？回答这个问题，既要从理论层面厘清经济高质量发展和区域创新资源配置的基本内涵，分析区域创新资源配置影响经济高质量发展的传导机制，也要从实证角度测算评估区域创新资源配置对经济高质量发展的宏观影响效应。

第五，如何通过优化区域创新资源配置推进经济高质量发展？当前，中国发展中不平衡不充分的突出问题之一是创新能力不适应高质量发展要求。对前述四个问题的理论探讨，最终目标还是要找到在实践中能够解决问题的途径，因此，探索并提出优化区域创新资源配置的实现路径和政策建议是本书的最终落脚点，也能体现本书的实际应用价值。需要注意的是，优化区域创新资源配置是一项系统工程，面对经济高质量发展的现实需求，既要考虑不同类型创新资源数量和质量的合理配置，也要考虑不同创新环节的资源配置问题，还要考虑创新资源禀赋和配置能力的区域异质性，等等。

综上所述，区域可以依托自然资源禀赋、产业分工优势、制度环境等实现经济增长，但区域经济发展速度的提高和发展质量的提升需要依靠区域创新不断培育新的经济增长点，并通过优化区域创新资源配置，把创新资源优先配置到效益优、效率高的创新领域，实现创新资源的自由和谐流动，促进区域创新系统的形成，改善区域创新环境，增强区域创新能力，推进经济发展的质量变革、效率变革和动力变革。为此，必须以理论和实践结合的方式系统回答上述五个问题，就区域创新资源配置的内涵特征、实现过程、基本模式及其对经济高质量发展的作用机理和影响效应等做出理论分析和实践经验总结，以便于更好地为实现经济高质量发展提供理论依据和决策参考。

通过分析经济高质量发展的理论内涵和现实动因、区域创新资源配置的时空分异特征以及核心创新资源配置状况，从区域创新资源配置的视角探讨实现经济高质量发展的路径，具有重要价值与意义。从学术价值来看，区域创新资源配置和经济高质量发展具备鲜明的时代特征并且蕴含着丰富的理论内涵。研究区域创新资源配置对经济高质量发展的影响机理和效应，是区域经济学、创新管理等多学科需要共同面对的关键问题，能够为完善交叉学科体系、深入实施创新驱动战略、高效实现经济高质量发展提供理论依据。从现实意义来看，探索基于区域创新资源配置优化推进经济高质量发展的实践路径与政策，可以为相关政府部门献言献策，为当下如何解决区域创新资源无法满足经济高质量发展需求提供相关决策参考，具有一定的政策实践价值。

1.2 探索创新资源配置对经济发展的影响机制具有重要意义

1.2.1 创新资源及其配置相关理论演进脉络

1. 创新资源的三个研究维度

创新被普遍认为是经济发展和应对社会变革及全球挑战的引擎，并获得了理论界和政府部门的广泛关注。遵循熊彼特的定义，创新是指利用生产要素在生产体系中建立新组合的过程（Schumpeter，1934），创新既是一种创造性破坏，也是一个学习过程（Slowak and Regenfelder，2017）。基于过程的观点，可以将创新定义为"始于发明创造，进而伴随发明创造的进步而产生新产品、新工艺、新服务并带来市场地位的过程"（Katila and Shane，2005；Laursen and Salter，2006；Gu et al.，2016）。

从梅多斯的《增长的极限》到萨缪尔森的资源经济学理论，都或多或少地提及"新资源"对自然资源的替代是保障经济社会长期发展的关键。斯蒂格列茨和沃尔什在其代表性著作《经济学》中指出生产率增长这一最后源泉（即技术变革）可能是最重要的，这里的"新资源"和"最后源泉"指的就是创新资源。近年来，创新资源的重要性更是得到了广泛的重视（Baraldi and Waluszewski，2007；Halinen et al.，2014；Purchase et al.，2014；Kamasak，2015；Purchase et al.，2016）。从资源的定义出发，可以将创新资源界定为组织以实现创新为目的的一系列物质和非物质资源的总和，是一种新的资源形态（张永安和李晨光，2010），是地区参与知识生产活动的要素禀赋，推进生产力发展，提高人类生活质量，改善人类劳动条件的要素集合，包括能直接或间接推动科学技术进步从而促进经济发展的一切资源（李应博，2008；曲然和张少杰，2008；刘凤朝等，2011），具有静态和动态两种内涵（陈菲琼和任森，2011），是一种多性质、多形态、多形式、多属性的广泛存在（王亮，2010）。总体上，相关的理论研究主要涉及企业、产业和区域三个维度。

1）企业创新资源维度

研究企业创新的理论视角主要集中在 5 个方面（宋洋，2017）：基于"结构-行为-绩效"范式，从企业规模和市场力量的角度进行分析（Vaona and Pianta，2008；张杰等，2014）；分析外部环境对企业创新的影响（Hussinger，2008；吴超鹏和唐菂，2016；赵康生和谢识予，2017）；从公司治理角度研究企业管理层与创新的关系（Talke et al.，2010；袁建国等，2015；Ruiz-Jiménez and Fuentes-Fuentes，2016）；从组织行为学角度，研究某种组织特征对企业创新的影响（Zahra and George，2002；钱锡红等，2010；Zhou and Wu，2010；Hong et al.，2013）；从资源角度分析企业创新行为。基于资源角度的研究又可以分为两类，一是从企业内部资源角度进行探讨，主要关注决策多样性（Silverman，1999；Lopez-Sanchez et al.，2006）、技术知识资源、需求信息资源（宋洋，2017）、政治关联（袁建国等，2015；许松涛等，2018）、创新资源组织模式（Liu et al.，2020）等对企业研发或产品创新的影响；二是基于开放式创新的视角探讨企业外部资源与企业创新的关系（Chesbrough，2003；Gassmann，2006；Chesbrough et al.，2008；Tsai et al.，2011），包括企业协同创新网络（Chen J K and Chen I S，2013）、创新战略联盟（Jee and Sohn，2020）、企业外部资源特征（张震宇和陈劲，2008；Dosi et al.，2017）、R&D 资源外包策略（Hagedoorn and Wang，2012；Spithoven and Teirlinck，2015）、企业之间的创新资源竞争与整合（Wei et al.，2015；Chen et al.，2018）等。

2）产业创新资源维度

此领域的相关研究主要从产业创新资源的演变特征和功能作用两个维度展开。在演变特征方面，陈瑶瑶和池仁勇（2005）以瑞安汽配产业集群为例，探讨了产业集群形成发展过程中创新资源的集聚过程；陈向东和曹莉莉（2007）从创新规模和范围视角分析了中国制药行业创新资源的演变态势。在功能作用方面，毕克新等（2014）指出绿色创新资源是制造业绿色创新活动的基础；叶翠红和张建华（2016）通过拓展 MP 方法研究创新资源再配置对工业总量生产率增长的影响，指出创新资源是主导工业总量生产率增长的重要因素；Li 等（2018）测算了中国半导体行业的技术创新效率，指出在产业链中投入冗余是创新效率低下的主因，特别是在资本密集的制造和设备领域对创新的技术水平要求高且研究周期长。

3）区域创新资源维度

区域创新资源是指区域内带动经济发展的创新经济要素、制度要素和社会要素的总和（陈健和何国祥，2005），具体包括人才、金融、信息、人文等（谭清美，2002）。其中，科技创新资源是区域创新资源的重要组成部分，具有流动性、衍生性、系统性、再生性和层次性的特征（段忠贤，2016）。关于区域创新资源的研究主要关注其结构和空间分布特征及影响因素。在区域创新资源的结构和空间分布特征方面，比较有代表性的有：李应博（2008）分析了中国创新资金、人才、技术、政策和信息配置的基本特征和主要问题；陈菲琼和韩莹（2009）运用复杂性科学和自组织理论研究了创新资源的集聚问题，试图揭示导致创新资源集聚的基本条件；贾颖颖等（2012）运用基尼系数和典型相关分析方法探讨了中国区域创新资源分布与创新能力之间的关系，并得出二者高度相关的结论；赵昱等（2015）基于中国省域大中型工业企业数据，分析了国际创新资源的区域分布格局以及国际创新资源流动对东道国本土企业创新能力的影响；刘凤朝等（2011）以经济合作与发展组织（Organization for Economic Co-operation and Development，OECD）国家数据为基础分析了全球创新资源的分布特征和差异。在区域创新资源的影响因素方面，张永安和李晨光（2010）以中关村为案例探讨了创新网络结构对创新资源利用效率的影响，指出网络结构变化会导致网络主体创新资源利用机制发生变化，进而影响创新资源利用效率;马述忠等(2015)运用空间杜宾模型考察了技术类创新资源在区域之间的流动特征和影响因素;李斯嘉和吴利华(2021)指出市场分割是区域创新资源非有效配置的重要原因。Gao和Zhai(2021)指出影响创新资源流动的制度因素主要包括文化的局部积累、行政影响和政府干预等。

总体而言,现有关于企业创新资源特别是企业 R&D 资源的研究较多,产业和区域层面的研究相对较少。关于创新资源的概念并未达成统一的认识,对创新资源的组成要素、分类和基本特征,以及创新资源与科技创新资源等相关概念的关系也有待进一步厘清。

2. 区域创新资源配置的两个研究维度

随着对创新研究的不断深入,学者们逐渐认识到创新并不仅仅是R&D,越来越多的变革发生在对创新资源的整合和再利用过程中(Lerner,2009;Waluszewski,2011;Brown and Mason,2014;Gadde and Lind,2016)。总体来看,内生经济增长理论、产业集群理论、国家创新体系理论等构成了区域创新资源配置研究的理论基础。内生经济增长理论强调创新过程中的 R&D 活动及其对知识存量的有效利用,以 Ponter 为代表的产业集群理论主要说明了支撑要素对创新的重要作用,以 Nelson 和 Furman 为代表的国家创新体系理论则阐述了创新基础设施对国家创新能力的影响(魏守华等,2010)。上述理论研究都或多或少地涉及 R&D 资源、相关要素与创新基础设施等创新资源,并强调创新资源配置对于创新活动的影响作用。基于研究相关性的角度,可以认为创新资源配置的研究始于创新体系理论,Nelson(1993)最早探讨了科技资源在全球范围的配置方式。关于区域创新资源配置的相关研究主要涉及区域内和区域间两个维度。

1)维度一:区域内创新资源配置

优化区域创新资源配置是提高区域创新能力和竞争力的本质要求。创新资源配置是指不同创新资源在创新活动的不同时空上、在不同行为主体间的分配、组合与使用过程(曹学等,2011),包含创新资源投入、配置结构、配置能力等内容。对区域内创新资源配置的研究主要集中在四个方面。

一是探讨区域创新资源配置的核心内涵、基本理念及影响因素。例如,顾新(2001)探讨了知识资源在区域创新系统要素之间的流动方式,指出知识流动的实质是促进创新要素的有效组合;陈宏愚(2003)提出了科技创新资源全要素优化配置、开放式配置和持续聚合优化的理念,探讨了科技创新资源的全球共享性与区域技术创新能力及环境的关系,指出要注意区域科技创新资源配置中的科技与经济互动问题。区域创新资源配置的方式主要有政府主导、市场主导和复合型。影响区域科技创新资源配置的因素主要包括科技资源产出能力和科技资源配置成效（周伟和韩家勤，2012），具体而言，主要包括人力资本（Frantzen，2000）、企业所有制（Zhang et al.，2003）、市场规模（Audretsch，1998）、经济水平、产业结构和开放程度（魏章进和宋时蒙，2017）、网络规模、网络开放性、结构洞、联结强度和互惠性（王进富等，2015）等。

二是研究区域创新资源配置的规模结构和时空格局。例如，余泳泽和张先轸（2015）基于创新价值链视角，对中国省际研发资本的空间外溢效应和价值链外溢效应及由此产生的"协同效应"与"挤占效应"进行了分析，指出中国区域创新活动的内部结构具有"轻基础研究、重实践应用研究"的特征；李恒等（2013）综合运用基尼系数、锡尔指数和探索性空间数据分析方法测算分析了中国区域创新资源配置能力的空间分布差异；魏章进和宋时蒙（2017）综合运用熵权 TOPSIS（Technique for Order Preference by Similarity to an Ideal Solution）法、Dagum 基尼系数和 Kernel 密度估计方法测算分析了中国 R&D 资源配置水平的空间差异及其分布的动态演进；Chen 等（2020）基于弹性视角探究我国科研创新资源配置，指出部分省份的科研资金和科研人员存在配置过剩。总体来说，此类研究主要关注区域创新资源配置的总量特征（江蕾和李小娟，2010）、结构特征（丁厚德，2001；王春枝和赵国杰，2015）、质量特征（朱付元，2000）和区域差异性（Malecki，1982；Sternberg，1990；魏守华和吴贵生，2010）。

三是评价区域创新资源配置的效果或效率。围绕不同维度，学者们采用不同评价指标和方法对创新资源配置效果或效率进行了测算分析。省域层面，Wang 和 Li（2020）测算了中国长三角地区人力资本、研发资本和固定资产投资三种创新资源的配置效率，指出技术创新不仅取决于创新资源的投入，还受到创新资源配置效率的影响，创新资源的比例结构应该与区域技术进步相匹配。吴和成和郑垂勇（2003）、王雪原和王宏起（2008）、陈国生等（2014）、游达明等（2017）、张子珍等（2020）对中国各省区市科技资源配置效率进行了测算并提出了相应的改进措施；张海波等（2021）测算了各省高校科技创新资源配置效率并从宏观政策设计、中观资源整合和微观优化分配等方面提出政策建议；陶长琪和徐茉（2021）引入数据创新资源，分析了中国区域创新资源配置水平的时空演进特征。城市层面，赵玉林和贺丹（2009）评估了智力密集型城市科技创新资源的利用效率；李嫒（2015）基于目标投影距离函数测算了上海市科技资源配置效率，指出科技投入减弱而产出放缓是上海市科技资源配置的主要问题。产业层面，汪朗峰和伏玉林（2013）运用随机前沿模型实证分析了科技资源配置对高技术产业发展影响作用的总体效用和阶段特征；黄海霞和张治河（2015）运用数据包络分析（data envelopment analysis，DEA）方法评价了战略性新兴产业的科技资源配置效率，得出其效率值并未达到最优的结论；杜明月和范德成（2019）基于动态 StoNED 模型分析中国知识密集型制造业不同创新阶段的创新资源配置效率。工业企业层面，范德成和杜明月（2017）从 R&D 投入、非 R&D 投入、科技成果产出、产业成果产出 4 个方面构建工业技术创新资源配置评价指标体系，评估了中国 30 个省区市创新资源配置水平的时空分异特征；李犟和吴和成（2020）运用非导向 ERM（extended regression model）模型评价中国工业企业创新资源配置效率。

　　四是研究优化区域创新资源配置的实现路径。此类研究主要从资源整合和能力提升两个角度进行论证。例如，张于喆（2014）提出了创新资源配置的"两力原则"——有能力、有潜力，指出要策略性地选择创新资源配置的重点；李正风和张成岗（2005）从政府与市场的关系、国家体制框架、技术创新模式和知识分配力四个维度提出整合创新资源的政策建议；谭清美（2002）以大型仪器设备的共享为例，提出通过建立区域创新资源网络、改革创新资源形成机制和使用机制实现区域创新资源配置的优化；陈健和何国祥（2005）提出了区域创新资源配置能力的概念并对其进行分类，指出通过综合提高市场驱动、政府驱动和社会驱动提升区域创新资源配置能力的实现路径；Xu 等（2019）分析了政府和市场在创新资源配置中的作用，同样指出应当合理界定市场和政府的功能边界才能促进创新资源有效配置。

　　2）维度二：区域间创新资源配置[①]

　　跨区域的创新资源配置问题是近年来的研究热点之一。此类研究主要是从区域创新系统与外部知识网络的联系角度进行分析，强调外部知识联系及知识获取能力的重要性。Schmitz（1999）用"全球性管道"对集群与外部知识体的互动渠道进行描述，指出空间距离并不是影响知识创新的唯一因素；Cooke（2005）认为，区域创新系统由知识生产和开采子系统组成，与全球、国家及其他区域系统相连接，实现新知识的商业化；Asheim（2004）指出，区域创新系统依靠自身保持竞争力是不够的，需要借力经济一体化和全球化；Cowan 和 Jonard（2004）提出，"全球性管道"能够通

---

　　① 关于区域间创新资源配置的研究主要聚焦基于知识网络的微观层面，而基于 FDI（外商直接投资）的技术溢出的相关研究主要是从跨国知识或技术转移或流动的角度进行，这类研究已经取得丰硕的成果。本书重点关注一国内的区域创新资源配置问题，不探讨跨国创新资源配置问题。

过为集群企业提供最新信息和技术,增加集群本地互动;Doloreux 和 Parto (2005)强调,成功的创新体系需要利用内部产生的知识及外部可利用的知识来增强创新能力和保持竞争力;Todtling 和 Trippl(2005)指出,区域创新系统不应该被视为内部的均衡系统和独立的实体,它包含于国家或者超出国界范围的更大范围的创新系统中。区域创新系统可以也应当与区域外部主体产生各种各样的联系,并且这些外部关联在促进本地创新方面的作用越来越显著;Belussi 等(2010)以艾米利亚-罗马涅大区生命科学产业的创新战略为例探讨了开放式区域创新的有效性,指出区域企业内部研发与区域外部机构协作研发之间存在可相互替代关系,这种替代关系是"不在此发明"现象的表现。国内学者巨文忠(2004)、魏江(2010)、黄劲松(2010)、徐佳等(2017)、单子丹和高长元(2013)等也强调了区域创新系统应当是一个开放的体系,增强与区域外知识源的交互学习过程是区域开放式创新网络的要义;宋旭光和赵雨涵(2018)运用 QAP(quadratic assignment procedure,二次指派过程)方法分析影响空间关联结构形成的主要因素,指出区域创新不仅受到当地科技投入和知识积累等因素的影响,也会因创新的空间关联受到其他地区影响。此外,海默的垄断优势论、小岛清的比较优势理论、内部化理论、斋藤优的 NR 关系论和邓宁的折中理论等从不同角度研究了创新资源的全球(国际)配置问题。

1.2.2　资源配置扭曲相关理论进展

资源基础观是管理学文献中常用的重要研究方法,并被用于解释企业获得竞争优势的途径。资源的概念是多样的,也正因为如此,资源基础观备受争议(Wernerfelt,1984;Barney,1991;Peteraf,1993;Newbert,2007;Kraaijenbrink et al.,2010)。Musiolik 等(2012)从组织资源的角度将资源定义为"组织拥有或可以控制的有形和无形资产",资源可以提高组织效率和绩效。资源基础观主要将分析视角集中在企业层面,但这一概念也可以拓展到系统、产业或区域层面(Foss and Eriksen,1995)。资源稀缺性是经济学研究的起点,资源配置问题很早就获得了学者们的关注。Robbins(1932)指出,经济学应当关注的是对稀缺资源的配置效率,而不是资源的创造或财富创造及分配(Pitelis and Runde,2017)。

关于资源配置扭曲问题,Syrquin(1986)最早将行业资源重置效应从全要素生产率变化中分离出来,试图分解全要素生产率变动的内在原因。资源错配或者说资源配置扭曲打开了全要素生产率差异的"黑箱",是经济增长理论的一项重大进步。资源错配可以分为两类,一类是凸性技术假定下要素边界产出不等同,资源重置具有较大的生产率提升效应,称为"内涵式错配"或 HK 资源配置(Hsieh and Klenow,2009);另一类是"外延式错配"——非凸性技术假定下资源向规模报酬递增企业偏移具有更高的增长意义,这一过程往往伴随企业的动态进入与退出市场,制度性障碍使企业进出市场呈现偏离最高生产率配置状态(Banerjee and Moll,2010;Bartelsman et al.,2013;Baqaee and Farhi,2020)。相较于"内涵式错配","外延式错配"往往会带来更大的效率损失(Midrigin and Xu,2010)。资源错配除了在企业或行业部门间发生,也会在产业结构调整过程中发生,原因在于产业结构调整过程中的流动性摩擦会导致产业间的资源错配,并且,产业资源配置效率可以从社会全要素生产率中分离出来(Aoki,2012)。

基于国外数据和特征事实,Nguyen P T 和 Nguyen M K(2019)评估了越南资源错配和全要素生产率增长,表明如果不存在资源配置不当,全要素生产率将提升 116.3%,其中,越南资源错配在国有企业和低技术产业中最为严重,如果这些企业间不存在错配,全要素生产率将提高 81.2%(Nguyen P T and Nguyen M K,2020)。由高效向低效部门流动造成的资源错配既发生在一国内部(Guo et al.,2019),也会跨国出现(Cirera et al.,2020)。从部门间的差异来看,Dias 等(2020)指出生产力冲击的影响和规模上的差异造成了服务部门的资源错配水平明显高于制造业;金融部门与生产部门的资源错配的相互影响导致了两部门的持续低效(Bauer and Rodríguez Mora,2020)。具体到企业内部,Bellaaj 等(2020)认为业务流程中资源的不当组合造成了错配。

围绕中国的资源配置问题,首先,作为 HK 资源配置研究的延续,邵宜航等(2013)试图应用中国数据更真实地还原 Hsieh 和 Klenow 描述的资源错配背景及状态,考虑了中国的行业特征和市场软环境约束,研究结果表明资源错配及其软约束效应在不同规模企业间存在异质性;龚关和胡关亮(2013)则修正了 Hsieh 和 Klenow 研究中规模报酬不变(constant returns to scale,CRS)的假定,分别考察了劳动和资本要素的配置效率,得到资本和劳动要素重置的生产效率提升效应。其次,陈永伟和胡伟民(2011)基于 Syrquin(1986)的研究理论及方法进行拓展,将资源重置效应进一步分解为要素份额影响和价格扭曲影响作用,指出以资源重置和结构调整推动制造业生产率提升十分必要。最后,中国特有的二元经济结构使得要素市场存在城乡分割和所有制分割问题(马草原等,2017)。Aoki(2012)的资源产业结构错配问题也受到较多关注。刘贯春等(2017)探讨了农业与非农业的资源错配问题,表明发达地区市场化水平与劳动配置效率呈现"双高"状态,但资本的非农产业偏向使得市场扭曲更严重;Dai 和 Cheng

（2019）指出所有权在生产要素分配不当和生产力损失方面起着重要作用；Zhu 等（2019）表明国有部门资源配置失衡指标高于私营部门；Zhao（2019）发现国有企业改革政策试图抓住大企业，放开小企业，进一步加剧这种扭曲。不发达的市场化水平成为资源错配结构效应产生的重要原因，生产要素在产业间配置的扭曲制约了中国"结构红利"作用的发挥（王鹏和尤济红，2015），合理配置资源推动产业结构变迁对加速全要素生产率增长具有重要意义（曹玉书和楼东玮，2012），纠正资源错配也将有利于顺利推进中国生态文明建设进程（Hao et al.，2020；Wang et al.，2020；2021）。当然，相关研究也都渗入甚至扩展到区域资源错配研究范畴，除内生的要素价格扭曲及其引起的要素在部门、产业和城乡间错配制约了全要素生产率增长外，外生的产业集聚、政治周期、对外直接投资、房价波动等也会前向地带来资源配置效率的变化（周黎安等，2013；钱雪亚和缪仁余，2014；季书涵等，2016；白俊红和刘宇英，2018；Zhou et al.，2020）。

1.2.3　区域创新资源配置影响经济发展的理论梳理

区域创新资源配置能够为国家创新体系提供物质基础，推进科技进步并促进经济可持续发展等（周寄中，1999；师萍和李垣，2000；孙宝凤和李建华，2001），一个区域的创新效率与区域内创新活动的组织方式、资源的分配等因素有关（李习保，2007）。区域创新资源配置一般通过影响区域创新能力进而影响经济发展。

1. 创新资源配置对区域创新能力的影响

Todtling（1992）探讨了区域创新资源类似地区的区域创新能力，发现有些区域资源禀赋类似但创新能力差异很大。这说明区域创新能力并不是单纯由创新资源决定的，还与其他因素有关，其中就包括创新资源配置的影响。不同的创新资源配置结构对知识溢出和区域创新的影响是不同的。区域创新能力的有关研究表明，来自政府、企业或大学的 R&D 投入、劳动力、人力资本是影响区域创新能力的关键因素（Jaffe，1989；Feldman and Florida，1994；Anselin et al.，1997；Dumais et al.，2002；Kirchhoff et al.，2007），特别是 R&D 资源投入能够带来 R&D 知识存量，具有显著的溢出效应（Reynolds et al.，1995；Amington and Acs，2002）。比较而言，R&D 资本比 R&D 人员对区域创新的贡献度高（徐德英和韩伯棠，2015），王春杨和吴国誉（2018）基于省域空间面板数据分析 R&D 资源配置、溢出效应对中国区域创新空间格局的影响，得出了基本一致的结论：R&D 经费投入显著影响创新产出空间格局的演进，而 R&D 人员的影响并不显著。但也有学者的研究并不支持该结论，如齐亚伟和陶长琪（2014）利用 GWR（geographically weighted regression，地域加权回归分析）模型分析要素集聚对区域创新能力的推动作用，研究发现人力资本集聚通过溢出效应对区域创新能力产生明显的促进作用，但物质资本集聚并没有起到促进作用。就高校院所 R&D 活动对区域创新的影响而言，马双和曾刚（2016）指出高校院所的 R&D 活动具有显著的知识溢出效应，但吴玉鸣（2015）则认为高校院所的 R&D 活动对工业创新绩效的影响并不显著。此外，白俊红和蒋伏心（2015）从区域间创新要素动态流动视角建立空间权重矩阵，研究协同创新与空间关联对区域创新绩效的影响，发现创新要素流动产生的要素配置优化效应能够提升区域创新绩效；王天骄（2014）分析了科技体制改革以来中国科技资源配置格局的演变特征及其对专利创新效率的影响，发现科技创新资源特别是资金逐渐流向企业，有利于提高创新能力，但是高校院所 R&D 资金的不足却不利于基础研究和公益性创新；戴静等（2020）从银行竞争视角出发，指出银行竞争有利于优化创新资源配置进而提高创新效率。

2. 创新资源配置对区域经济发展质量的影响

早期，学者们将 R&D 要素嵌入内生经济增长模型中，探讨创新的经济增长效应（Romer，1990；Peretto，1998）。随着研究的不断深入，学者们发现不是创新资源禀赋而是创新资源配置对经济增长更为重要（Lucas Jr，1993；胡鞍钢和王亚华，2005；Wu and Song，2010；潘昱婷和吴慈生，2016；张宏和王雪晨，2021）。学者们重点关注创新资源的配置与利用绩效，就如何配置创新资源，减少冗余，提高效率，促进创新资源协同空间关联等进行了积极的探讨（池仁勇和唐根年，2004；Wu and Song，2010；Guan and Chen，2012；吕海萍等，2017）。也有学者从完善政策的角度探讨了如何优化创新资源配置促进经济发展（周平录和邢小强，2019）。例如，Acemoglu 等（2018）提出可以通过税收和补贴政策的调整将资源从低能力企业的运营活动中解放出来，供高能力企业进行 R&D 活动，以提高创新资源配置效率，进而提高整个经济的创新产出和增长率。但也有研究认为区域创新资源配置并不一定能够促进经济发展。例如，牛方曲等（2011）利用突变级数法对地区经济发展水平进行评价，进而研究区域公立科技创新资源与经济发展水平的相关性，得出二者并无明显正相关性的结论。

狭义的经济高质量发展是指全要素生产率的提升。创新资源配置对全要素生产率的影响作用很早就受到学者们的关注。创新资源作用于经济增长主要是通过创新投入引起全要素生产率变化（Coe and Helpman，1995），且不同类型创新投入在不同区域和产业间作用机制和增长效应存在差异（程惠芳和陆嘉俊，2014）。同时，创新资源投入并非必然促进全要素生产率增长，也有可能会产生负向作用（陈刚，2010），原因就在于创新资源配置的扭曲，创新资源配置扭曲是创新机制差异及配置效率不同的主要原因。进一步地，什么致使创新要素发生作用存在巨大差异及创新资源配置效率缘何偏离最优配置逐渐引起学者们的深入探讨。

　　首先，从创新资源配置扭曲及其配置效率的评价看，靳来群等（2019）评估了中国创新资源在技术结构、部门结构和区域结构上的错配水平；Yang 等（2020）应用异质随机前沿方法测算了中国制造业 R&D 资源错配及其内在原因；Yang 和 Lee（2021）测算了中国科技园区 R&D 资源错配的程度及原因。具体到要素，解晋（2019）探究了中国人力资本错配，并指出制度干预是错配的主因。靳来群等（2020）从双重要素视角出发，认为相较于生产要素，创新资源在区域间的错配正在逐步缓解。其次，从创新资源配置扭曲的作用机制看，一方面，要素禀赋差异及不同的技术选择带来了技术错配（Uras and Wang，2014）。创新资源是市场要素的重要组成部分，要素市场的不完善也会带来创新资源的非有效配置（戴魁早和刘友金，2015），在创新资源准备投入阶段就可能开始出现最优偏移，因此，可以从创新资源投入主体、使用主体及使用方式的差异方面进行探究（Bernini and Pellegrini，2011；杨洋等，2015）。另一方面，市场失灵的存在也会导致知识或技术错配，私人部门对知识或技术的投入可能会低于社会的实际需求，原因在于知识资源的投入具有风险高、收益不确定性高的特点，而范围经济和网络结构效应等会强化具有技术创新优势企业的垄断地位（Andrews and Criscuolo，2013）。再次，关于对创新资源配置扭曲的定量测算方法主要以两个创新要素比值或单一创新要素数值进行量化，如果影响系数为负则为配置扭曲（焦翠红和陈钰芬，2018），这一量化方法脱离了生产过程本身，说服力相对较弱。关于创新效率的相关研究则从侧面揭示了创新资源配置扭曲问题，通过 DEA 和随机前沿分析方法测算投入产出与技术前沿的差距表明创新资源配置的非最优（Hong et al.，2016）。最后，结合 R&D 资源配置的现实格局，同时通过梳理相关学者的研究可以发现，中国以 R&D 为主的创新资源确实存在配置扭曲问题。比较有代表性的，如 Li 等（2017）引入 HK 资源错配方法，以创新全要素生产率价值离散程度测算中国各省区市的创新资源配置扭曲及其决定因素。从创新资源配置扭曲对经济高质量发展的影响来看，劳动异质性与产业结构异质性不能有效匹配带来了中国的结构性"失业"（刘渝琳等，2014），而 R&D 人员在部门间的错配阻碍了中国经济的稳定增长，特别是 R&D 人员与 R&D 资金投入不能形成有效匹配制约了全要素生产率的增长（李静等，2017a）。现有研究同时指出，资源重置是提高生产效率、实现集约化发展和发挥后发优势的重要途径（König et al.，2020），R&D 资源的有效配置能够有效提升创新效率，推动广义技术进步和狭义的经济高质量发展——即全要素生产率增长。

1.2.4　进一步深入探究的方向和空间

技术进步和创新资源对区域创新和经济发展的重要作用得到了广泛认同，现有理论在区域创新资源的研究方面取得了丰硕的成果，但对区域创新资源配置尚缺乏足够的关注，并没有建立统一的理论分析框架。特别是随着经济高质量发展这一时代命题的提出，区域创新资源配置对经济高质量发展的影响研究也需进一步深入探讨。

第一，资源概念在创新系统文献中扮演了重要角色，但资源往往被认为是推进技术创新的某种投入，如人力资本、金融资源等（Hekkert et al.，2007；Bergek et al.，2008），创新资源的动态变化属性及可以进行战略性配置的观点虽有提出，但并没有获得足够的重视，现有研究更多的是假定资源已经存在或者它本身就应该或能够被创造出来用于满足新技术的研发。

第二，关于区域创新资源配置的理论内涵需要准确界定。部分研究将区域创新资源的投入产出简单等同于资源配置，具有一定的片面性，只关注了区域创新资源配置过程的两端，对创新资源配置的复杂过程关注不够，导致区域创新资源配置这一个概念在理论上依然是一个"黑箱"。

第三，现有研究更多的是把区域创新资源配置看作区域创新的静态结果，重点研究区域创新资源网络结构及其对创新能力或创新环境的影响，但对于区域创新资源配置是否存在扭曲，以及如何测算评价区域创新资源配置扭曲的水平和状态，相关研究仍显不足，需要将资源错配理论纳入区域创新资源的研究范畴以深入探讨区域创新资源配置扭曲问题。

第四，关于区域创新系统、创新网络、创新能力、创新环境等对经济增长的影响机理和效应的分析已经比较深入，但是从区域创新资源配置的角度探讨其对经济发展特别是经济高质量发展的相关研究有待加强，需要从理论层面探索经济高质量发展的科学内涵和现实动因，并揭示区域创新资源配置及核心创新资源，如 R&D 资源、创新人才资金、科技金融资源配置对经济高质量发展的微观作用机制和宏观影响效应。

第 2 章　经济高质量发展的理论内涵与现实动因

2018 年 9 月 20 日,中央全面深化改革委员会第四次会议审议通过了《关于推动高质量发展的意见》,它指出推动高质量发展是当前和今后一个时期确定发展思路、制定经济政策、实施宏观调控的根本要求。当前,中国处于工业化的后期(也有学者认为是中后期)和城镇化的高速推进期,经济结构和经济体制正发生着剧烈变化,经济发展的各种新矛盾、新问题集中呈现且盘根错节,经济体制机制改革更加复杂和艰巨。与此同时,新一轮科技革命和产业革命在给中国经济带来巨大机遇的同时也带来了更多的挑战和不确定性。为实现经济健康可持续发展,在新时代新的发展阶段,就要通过转变发展方式、调整经济结构、转换增长动力,加快实现经济高质量发展。

2.1　经济高质量发展的理论内涵和目标标准

2.1.1　经济高质量发展的基本内涵和概念辨析

1. 经济高质量发展的内涵解析

经济高质量发展的内涵很丰富,但至今并没有一个统一的表述。关于质量,物理学将其定义为物体内所有的物质总和,经济学和社会学则将其定义为事物的优劣程度或价值。据此,可以将经济发展质量简单定义为经济发展的优劣程度或经济价值的大小。现有研究对经济高质量发展的理论和内涵界定可以分为目的论和过程论两种。经济高质量发展的目的论是依据经济社会发展中的主要矛盾及现实问题来回答实现什么样的高质量发展,目的论一般认为经济高质量发展是经济能够持续健康发展的方式。例如,《人民日报》发表的社论《牢牢把握高质量发展这个根本要求》中,结合创新、协调、绿色、开放、共享的新发展理念,将高质量发展定义为:能够很好满足人民日益增长的美好生活需要的发展[①],国内大多数学者在

---

① 牢牢把握高质量发展这个根本要求 [EB/OL].http://politics.people.cn.cn/n1/2017/1221/c1001-29719815.html. 2017-12-21.

研究过程中也直接引用了这一定义；也有学者提出经济高质量发展就是要解决经济发展从"有没有"转向"好不好"（李伟，2018）；伴随着国际形势的变化，王永贵和高佳（2020）指出经济高质量发展应当具有韧性，能够实现稳增长与防风险的平衡（汤铎铎等，2020）。过程论则更加关注实现经济高质量发展的路径，如何立峰（2018）、任保平（2018a）等认为，高质量发展需要质量变革、效率变革、动力变革；张军扩等（2019）表明经济高质量发展是经济建设、政治建设、文化建设、社会建设、生态文明建设"五位一体"的协调发展，高质量发展阶段所贯穿的宏观经济政策主线为供给侧结构性改革（高培勇，2019），表现为整个供给体系都有活力、有效益和有质量（王满仓和吴登凯，2021）。总体而言，现有对经济高质量发展的定义主要侧重于"政策词汇"的范畴。在学术研究领域，金碚（2018）对经济高质量发展的定义更为全面，他认为现代主流经济学研究倾向于以供求关系分析完全取代价值理论，忽略了复杂的质量因素，忽视了产品使用价值的质量合意性，他主张回到马克思的商品二重性去研究高质量发展问题，进而从经济学基本概念出发，将高质量发展定义为能够更好满足人民不断增长的真实需要的经济发展方式、结构和动力状态。

事实上，不管是目的论还是过程论，都强调"发展是第一要务"这个目标任务并没有发生变化，变化的是发展的内涵、路径、模式和机制。应当说，经济高质量发展是量与质的统一，也是目的论和过程论的统一，具有理论逻辑和实践逻辑的高度统一性（高培勇，2019），其目标是实现经济又好又快的发展，"好"字在前，质量和效益优先。如果从工业化的视角去理解和定义经济高质量发展，可以借鉴张培刚（2012）对工业化的定义，他将经济高质量发展定义为以包容性和可持续性为目标的一系列基要的生产函数连续发生质变的过程。根据这个定义，经济高质量发展的目标是经济包容性和可持续发展，过程和路径则是生产函数组成要素在量变基础上发生质的变化，通过引进新因素实现新组合，进而推进经济体系实现从量变到质变的转换。如果从微观、中观、宏观的角度去对经济高质量发展进行分层分类，微观层面主要是指生产层面产品和服务的高质量及消费层面居民的高质量消费，中观层面主要是指产业和区域的高质量，包括现代化的产业经济体系和区域协调发展及产业结构的合理化和高级化；宏观层面主要是指宏观经济运行稳定，财政、货币、金融政策等经济政策有效，经济发展与人口、资源和环境协调，国内经济与国际经济平衡等。

2. 经济高速度发展与经济高质量发展的联系与区别

从字面意义去理解,经济高速度发展与经济高质量发展的联系在于两个关键词——经济和发展,从经济的角度看,二者都立足于产品、服务、生产和消费等这些最基本的经济单元,从发展的角度看,二者都旨在实现经济的动态变化。虽然有一定的联系,但是二者却因为途径和目标的不同而存在很大差异,即高速度和高质量的差异。比较而言,前者更加强调供给侧和需求侧对产品和服务数量增加的需求,也更加容易衡量、评价和比较;而后者则关注供给侧和需求侧对产品和服务使用价值及质量合意性的需要,相对而言更加难以量化且个体的感受也存在极大的差异性。从经济高速度发展转换到经济高质量发展,体现了对人的全面发展这一最本真经济发展目标的追求,同时也意味着经济发展动力、发展方式、发展路径的全面革新。

2.1.2　经济高质量发展的目标体系和判断标准

1. 经济高质量发展的目标体系

在某种意义上,经济高质量发展的目标体系与宏观经济运行的目标体系具有一定的相似性,该目标体系同样具有多层次、多维度的特征。首先,多层次性体现在经济高质量发展的目标包括终极的核心目标,也包括在此基础上延伸的第二层次、第三层次目标等。作为社会主义市场经济国家,经济高质量发展的终极核心目标就是提高人民生活质量,实现人的全面发展。为了实现这一核心目标,就要实现增加就业、经济增长、物价稳定、国际收支平衡等第二层次的目标,而为了实现第二层次的目标,就要对该层次的目标进一步细分,形成第三层次的目标集。其次,多维度性体现在经济高质量发展的目标包括长期目标和短期目标、主要目标和次要目标、平衡性目标和改进性目标等。围绕经济高质量发展的多个维度,又可以进一步划分为人民幸福感目标、经济增长目标、产业结构目标、创新驱动目标、人口资源环境协调目标、区域经济平衡目标、国内外经济平衡目标等。最后,经济高质量发展目标是一个完整的体系,从根本上说,若干细分的目标都要服从于最终的核心目标,这些目标之间也存在一定的相互补充、相互支持、相互影响关系,一个目标的优化和实现往往需要通过优化其他目标才能够实现。当然,也有可能会出现一个目标优化是以另外一个目标的恶化为代价的情况,这时就要化解各目标之间的矛盾,尽可能地实现多目标下的最优化。要想得到经济高质量发展目标的最优解,需要政府增强宏观调控能力,提高宏观调控质量,正确处理局部与全部、速度与稳定、效率与公平之间的矛盾等。

2. 经济高质量发展的判断标准①

经济高质量发展是目的论和过程论的统一，其判断标准是一个复合多元系统。一方面可以基于目标的角度，从上述三个目标层次建立判断标准，也可以从创新、协调、绿色、开放、共享的新发展理念着眼建立相应的评价指标体系；另一方面可以基于路径的角度，从质量变革、效率变革、动力变革三个维度建立判断标准。关于五大新发展理念的衡量现有研究已经较为丰富，这里我们重点讨论基于路径的经济高质量发展判断标准。基于路径角度，广义的经济高质量发展判断标准包括质量标准、效率标准和动力标准三个方面，其中，质量标准既包括微观层面的产品和服务质量，也包括中观层面的产业发展质量（如产业结构的高端化和合理化），还包括宏观层面的经济总体运行质量（如人均 GDP、人均可支配收入等）。应该说中观和宏观层面判断经济发展的质量标准已经比较成熟，发展经济学、产业经济学、区域经济学等相关的研究成果较多且逐渐构建了较一致的评判体系和标准，微观层面的衡量指标相对复杂且数据更难获取；效率标准可以重点从全要素生产率、劳动生产率、技术效率等角度衡量，以往政府部门和研究机构更多地采用劳动生产率即单位劳动投入创造的产值来衡量经济发展水平。比较而言，全要素生产率这一指标更合适，原因在于全要素生产率被用来解释资本、劳动、人力资源等生产要素贡献以外那部分经济增长的源泉，该指标更综合和具体，既能体现经济高质量发展的目的，也能体现发展的路径；动力标准可以用创新驱动能力或水平衡量，核心的衡量指标包括企业自主创新能力、区域创新能力等。需要重点说明的是，狭义的经济高质量发展判断标准可以用全要素生产率来衡量，原因在于全要素生产率是经济高质量发展的动力源泉（蔡昉，2018），经济发展史也表明，全要素生产率是影响经济发展水平的决定力量，可以用来解释国家之间、地区之间经济差距的来源。

经济高质量发展的关键是提高全要素生产率和转换经济增长动力（陶长琪和徐茉，2021），而全要素生产率的提高在于技术进步和资源配置效率提高（汤铎铎等，2020），创新驱动是经济高质量发展的动力，也表现为技术进步，逻辑上验证了以全要素生产率表示经济高质量发展的科学性。本书以全要素生产率表示经济高质量发展，既立于内涵又尊重中国发展的阶段性现实，既尊重理论又遵循逻辑。

---

① 经济高质量发展内涵丰富，其统计判断标准需要专题论述，本部分仅简单概述，重点是引入狭义的经济高质量发展判断标准——全要素生产率，为后续研究奠定理论基础。此外，非常感谢匿名评审专家的宝贵意见，这部分的理论基础也作为后文以全要素生产率表征经济高质量发展的支撑。

第一，以全要素生产率表示经济高质量发展是由经济高质量发展的基本内涵决定的。从创新成为第一动力的角度看，宏观层面上，新古典经济学派将全要素生产率作为"索洛余值"，本身就代表了技术进步，内生经济增长理论进一步认可全要素生产率表示的技术进步是由知识资本的积累和溢出带来的，创新是全要素生产率的内核；微观层面上，全要素生产率提高意味着企业具有更高的生产效率和竞争力，这种竞争力的关键在于企业保持持续的技术创新优势（孙祁祥和周新发，2020）。换言之，即使依靠规模效应带来了全要素生产率的提升，但这种优势必须依靠将垄断优势转化为创新优势才能保持（刘志彪和凌永辉，2020），否则也将在动态均衡中被市场淘汰。从协调成为内生特点的角度看，资源配置效率提升是全要素生产率增长的重要驱动力之一，在中国经济高速增长阶段，资源禀赋差异带来的生产要素回报率差异加剧了区域发展的不协调（刘华军等，2018）。进入高质量发展阶段，随着中国各项区域战略的实施，东部地区原始发展阶段的要素禀赋优势逐渐西进，这有利于通过东中西部地区因地制宜的资源配置，实现产业梯度的转移与承接，促进区域协调发展。此外，落后地区除了要素的比较优势外，也可以充分利用后发优势推动技术进步，实现经济增长的收敛。从绿色成为普遍形态的角度看，全要素生产率内含的技术进步和资源配置效率提升，本身就意味着更节约、更低碳、更绿色和更有效率。此外，随着排污权和生态补偿等相关制度的完善，资源环境逐渐内化为社会资本投入①，也可以通过全要素生产率来体现。从开放成为必由之路的角度看，中国融入世界经济大循环，学习国际先进经验、引进国际优质资本、人才和技术，进而加速技术创新步伐，实现从全球价值链中低端向中高端攀升，最终均会体现在中国全要素生产率提升上。从共享成为根本目的角度看，全要素生产率提高带来的直接效果就是经济发展，实现发展是发展成果共享的前提。另外，共享发展成果在新一轮生产中进一步激活发展的活力和个体的创造力，以提升全要素生产率增长为最终结果。

第二，以全要素生产率表示经济高质量发展符合中国新发展阶段的路径选择。中国进入"十四五"新发展阶段面临着新的机遇、挑战，如何在新科技革命、经济全球化调整、大国博弈加剧和新冠疫情影响下依然保证经济高质量发展这一主题，核心便在于提高全要素生产率（王一鸣，2020）。

首先，辩证看待经济增长速度和经济发展质量的关系是理解以全要素生产率表示经济高质量发展的前提。经济发展质量不能脱离经济增长速度，

---

① 如土地资源进入市场需要通过拍卖获得，在生产过程中体现为资本投入的一部分。

经济增长速度让步于经济发展质量是党和国家对中国经济发展环境、条件、矛盾等进行科学研判后的重大战略决策，而经济发展质量提升需要一定的经济增长速度为依托，经济增长要以实现经济发展质量提升为目的。

其次，提升全要素生产率有利于正确处理经济增长速度和经济发展质量的辩证关系，有利于实现经济高速增长向经济高质量发展的顺利过渡。新古典经济增长理论认为经济增长的驱动因素在于要素投入（主要为资本和劳动要素）的增长和全要素生产率的增长两个部分。中国经济高速增长阶段的特征主要表现为依靠生产要素大量投入的粗放的增长模式，体现为以要素换增长；而进入经济高质量发展阶段，人口总量增速放缓、人口老龄化问题加剧、储蓄—投资转化效率低下，大型基础设施投资空间收窄，导致生产要素边际报酬下降，这样经济增长主要需要依靠推动全要素生产率增长来实现，而全要素生产率能够体现经济增长中的结构和效益问题。全要素生产率是指不能被资本和劳动投入增长所解释的经济增长，是经济增长的内在源泉，内含了以更少的资源生产出更多满足需要的商品，且能够保持生产过程的良性循环的特点（杨虎涛，2020）。这一定义符合从"有没有"转向"好不好"的经济高质量发展的诉求，且既保证"有"、也保证"好"。

再次，依靠全要素生产率增长推动经济高质量发展是中国跨越中等收入陷阱、基本现代化目标的路径选择。中国经济已经步入中等收入阶段，能否顺利成为高收入国家是新发展阶段的重要议题，而"跨越中等收入陷阱"需要新的且持续的经济增长动力，提高全要素生产率这一内源动力成为题中之义。提高经济发展质量和跨越中等收入陷阱具有并行性（张军扩等，2019）。此外，尽管经济高质量发展是一个具有较强中国特色的概念，但发达国家的发展经验能给予我国经济高质量发展较多借鉴意义。以美国经济发展为例，近半个世纪以来，美国的经济增长愈加依赖知识和技术创新，而量化指标则主要体现在全要素生产率的持续提升上。参考其他发达国家与美国全要素生产率的比值，日本、英国、法国、德国、加拿大等均基本处于80%左右，当前中国这一数值为40%左右，仅为其他发达国家的1/2。另外，王一鸣（2020）指出中国全要素生产率必须达到美国的60%左右，才能实现2035年的现代化目标，这给中国全要素生产率提出了较高的要求，但中国全要素生产率依然具有较大的发展潜力。

最后，依靠全要素生产率增长推动经济高质量发展是中国实现技术赶超的重要方式。基于发展经济学相关理论，中国在过去的高速增长主要在于用好了低成本劳动这一比较优势，同时在技术领域通过学习—模仿—创新充分发挥了后发优势（樊纲，2020）。在经济高质量发展阶段和后疫情国际形势变化下，我国必须大力提高自主创新能力，实现技术赶超，进而推进全要素生产率增长和经济发展的收敛。

第三，以全要素生产率表示经济高质量的合理性逐渐得到学者们的认可。自高质量发展这一概念提出以来，"经济高质量发展""区域高质量发展""产业高质量发展""城市高质量发展"和"区域经济高质量发展"等概念应运而生,并伴随着相关测度方法的评价,主要方法包括构建指标体系(郭然和原毅军，2020；胡晨沛和吕政，2020；吕平和袁易明，2020；韩永辉和韦东明，2021)、劳动生产率（陈诗一和陈登科，2018)、绿色全要素生产率（余泳泽等，2019；曹守新和赵甜，2020；朱凤慧和刘立峰，2020；孙艺璇等，2021)、全要素生产率（龚六堂和林东杰，2020；袁小慧等，2020；张红霞和王悦，2020；胡浩志和孙立雪，2021；汤旖璆，2020）等。其中全要素生产率作为经济高质量发展的指标越来越得到学者们的青睐。首先，构建指标体系的方法虽然能够体现经济高质量发展内涵的多维性、立体性和全面性，但构建既有客观数据支撑、又能体现主观价值取向的评价系统工程量巨大（刘志彪和凌永辉，2020)，且难以对标国际进行比较。其次，韩英和马立平（2020）通过比较劳动生产率与全要素生产率，认为以劳动生产率衡量经济高质量发展容易在理论上出现"成本病"现象，使得评价准确性下降；同时，劳动生产率水平是经济发展特定阶段的客观现象，难以反映要素禀赋结构这一体现经济发展质量的本质问题（樊纲，2020)。再次，以绿色全要素生产率衡量经济高质量发展是在资本和劳动要素外，考虑了生态环境这一愈发重要的生产要素，且相关研究主要集中于环境经济学领域，或在某些将环境保护放在极度重要的战略性地位的区域，如长江经济带和黄河流域等（巨虹等，2020)。当然我们应该看到随着经济的快速发展，越来越多的要素被认为是重要的且应当被纳入生产函数中，如制度和数字（陶长琪和徐茉，2021)，但穷尽所有生产要素的生产函数是困难的。最后，刘志彪和凌永辉（2020）指出，实现经济高质量发展最关键的内涵在于全要素生产率的稳定增长，而从经济高质量发展的内涵维度看，广义的经济高质量发展内涵的丰富性和定义的模糊性使得度量较为困难，但全要素生产率能够反映狭义的经济高质量发展的核心特征，适合用来反映经济发展质量（谭崇台教授发展思想研究课题组，2020)，且这一指标便于进行横向比较，分析中国经济发展与发达国家的差距。

第四，以全要素生产率表示经济高质量发展能够体现本书内在理论及逻辑的一致性。提高全要素生产率的关键在于技术进步和资源配置效率。创新资源既属于生产领域的一般要素，又具有创新属性，属于知识生产领域。将创新资源从一般生产要素中剥离出来，探讨其配置对全要素生产率的作用，符合经济高质量发展的理论内涵和现实诉求。首先,创新资源作为生产要素,其配置效率如同一般资源一样直接作用于全要素生产率增长;其次,创新资源自带知识创造和技术创新能力,是经济高质量发展的动力。从要素观讲,创新资源的投入能够推动创新发展和技术进步;从配置观讲,创新资源的配置效率提高能够作用于创新效率,进而促进全要素生产率提高(图2-1)。

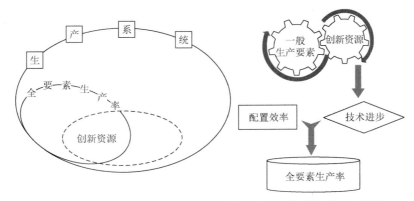

图 2-1　区域创新资源配置、全要素生产率与高质量发展的内在逻辑

2.2　经济高质量发展理论基础简要回溯

2.2.1　古典经济学和马克思主义政治经济学理论

斯密在国富论中阐述了经济增长的源泉,指出劳动生产率上最大的增进来源于分工,认为建立在分工基础上的专业化水平的提高能够带来报酬递增,促进生产和交易制度的完善,强调人的能动性、组织效率和比较优势的动态性(向国成和李真子,2016)。李嘉图也提出通过提高劳动生产率来促进利润增加,这对鼓励企业走专业化道路,通过学习效应获得竞争优势,实现高质量发展具有重要启示。马克思在其与恩格斯共同完成的《德意志意识形态》中,提出了人的全面发展观,认为人的全面发展是社会发展的普遍规律。马克思的生产力理论强调科学技术也是生产力,并决定着生产资料的水平,同时,马克思在资本论中强调经济发展的持续性在于按比例协调发展,包括国民经济各部门、各环节及人与自然的协调。他认为生产方式包括外延的和内涵的扩大再生产,后者是指通过提高要素使用效率来实现集约型发展。总之,马克思的经济发展理论对于经济发展目标、经济协调发展、经济发展效率及商品二重性的论述和阐释为经济高质量发展奠定了重要理论基础(任保平,2018b)。

2.2.2　现代经济增长理论、新古典经济增长理论和新增长理论

第一，以哈罗德-多马为代表的现代经济增长理论主要关注资本、劳动和土地要素对经济增长的促进作用，并没有考虑技术进步的作用。第二，索洛等将技术进步纳入经济增长模型（Solow，1956），创立了新古典经济增长理论，主张技术进步是经济增长的决定性因素，技术进步率被认为是长期经济增长来源的重要组成部分，这为提出通过提高全要素生产率（索洛余值）以实现经济高质量发展提供了重要思路。同时，新古典经济增长理论也指出了资本质量对于发展中国家的重要性，但新古典经济增长理论将技术进步作为增长模型的外生因素，降低了模型的解释力。第三，随着经济增长理论的进一步发展，罗默、卢卡斯、杨小凯等关注经济增长的内生因素，如罗默将知识纳入经济和技术体系中，提出了包括新思想在内的四要素增长理论（Romer，1986）。总体上，新增长理论建立了产品品种增加型内生增长模型和产品质量升级型模型（周小亮，2015），指出技术、人力资本等因素是经济增长的决定因素。有学者指出，新古典模型的假设条件过于严格，且忽视了经济制度的影响，但是新古典理论为通过技术进步和创新来提高经济发展水平提供了重要的理论依据。

2.2.3　新制度经济学理论

以诺斯、舒尔茨、刘易斯、林毅夫等为代表的新制度经济学放宽了新古典经济学的一系列假设条件，从制度变迁的角度探讨了经济增长的动力，认为除了技术，制度也是经济增长的内生变量，如果没有制度创新和制度变迁，就无法将技术创新成果固化下来，技术创新也就无法发挥促进经济增长的作用，他们特别强调制度变迁在推进经济变迁过程中的重要作用。新制度经济学研究发现，一个能够有效降低交易费用的产权体系的出现能够提高总产出，并且，不同的政策或制度会对生产率产生不同的影响。虽然新制度经济学的理论分析框架建立在私有产权基础上，但是能够对如何通过制度变迁，建立有效率的组织和制度体系，推进市场化改革，进而实现经济发展质量的提升提供一个有益的理论参考。

2.2.4　经济增长的结构主义观点和产业结构演变理论

传统的经济增长理论往往忽略了结构因素对经济增长的影响。结构主义观点认为，当生产要素从效率低的部门转向效率较高的部门时就能促进经济增长。也即提高劳动生产率有利于促进经济增长，意味着以效率提升

为目标的高质量发展是实现经济快速发展的重要推动力量。同时，产业结构演变理论认为工业化的发展阶段主要包括前工业化时期、工业化初期、工业化中期、工业化后期及后工业化阶段，产业结构的发展就是沿着这样一个发展进程由低级到高级再到高度现代化。并且，产业结构由低级向高级发展的各阶段是难以逾越的，但各阶段的发展过程可以缩短。特别是主导产业的更迭能够通过回顾效应、旁侧效应和前向效应促进经济增长。根据罗斯托的理论，随着科技和生产力水平的不断提高，经济最终将走向"追求生活质量"阶段（苏东水，2015）。也即伴随经济发展阶段的不断演进，高质量的发展将是一种优势也是必然趋势。

2.2.5　量变与质变的辩证哲学关系理论

提出经济高质量发展具有其哲学依据。根据量变与质变的关系，质变是量变的必然结果，量变是质变的必要准备，事物的发展规律就是从量变开始，然后在质变的基础上开始新的量变（陈先达和杨耕，2016）。当量变积累到一定程度，就为事物的质变创造了条件，但是量变不会自动形成质变，只有抓住从量到质转变的机会，主动作为，才能真正推进质变的发生。当前，中国经济的量变已经积累到一定程度，改革开放 40 多年来，中国经济总量增加了 224 倍，位居全球第二，步入中等收入发展阶段，具备了从量变到质变的前提和基础。因此，提出经济高质量发展是建立在辩证哲学思想基础上的科学判断。

此外，发展经济学、创新经济学、演化经济学、经济地理学、区域经济学等研究了优化收入分配、创造性破坏（创新）和企业家精神及经济地理格局变化等对经济增长的影响，为通过实现共享发展、深化体制机制改革、创新驱动、促进区域经济协调以实现经济高质量发展提供了重要理论依据。

2.3　经济发展的阶段性特征与中国经济高质量发展

2000 年，世界银行行长沃尔芬森在该行发布的报告《增长的质量》中指出，经济增长不仅需要速度，质量也同样重要。不同的发展阶段是以其不同的质态相区别的（金碚，2018）。经过改革开放 40 多年的努力，中国特色社会主义进入了新时代，依靠"工业化＋城市化"、通用技术的广泛应用、政府主导的生产要素配置方式等发展方式，社会生产力总体水平显著提高，但发展不平衡不充分的矛盾日益凸显，需要改变传统的依靠粗放型工业化和城市化实现经济增长的模式，推进高质量发展。在新的经济发展阶段，中国经济高质量发展主要面临"三大转变"和"三大制约"。

2.3.1　由低收入水平向中等收入水平转变

1979~2014 年，中国经济增速一直保持在 7%左右，年均增速达到 9.7%，2015 年以后经济增速有所放缓，但平均增速也保持在 6.6%。与此同时，人均 GDP 也实现了快速增长，根据世界银行的统计数据，中国人均 GDP 从 1960 年的 89.5 美元增加到 2019 年的 10 261.68 美元（图 2-2），已经超过了中等收入国家 5 000 美元的标准。进入中等收入国家水平，也将面临"中等收入陷阱"的风险。根据世界银行《东亚经济发展报告（2006）》，20 世纪 70 年代，一些新兴市场国家进入了中等收入国家行列，但直到 2006 年，上述国家依然徘徊在中等收入国家行列（洪银兴，2013）。中国如果不能采取积极变革和行之有效的经济发展模式，就可能同时受到低收入、低工资经济体基于成本优势的竞争和高收入、高工资经济体基于创新优势的竞争。总之，当人均 GDP 处于低水平时，经济发展的关键是速度，而到了中等收入水平，就必须强调质量。跨越"中等收入陷阱"，需要从追求经济发展的数量转向追求经济发展的质量（任保平，2018a）。

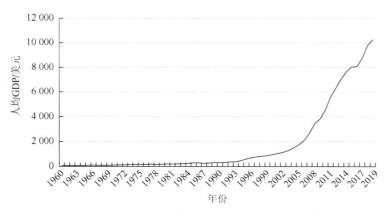

图 2-2　1960~2019 年中国人均 GDP 变化趋势[①]

资料来源：根据世界银行网站官方数据整理绘制

从人均可支配收入看，2019 年，全国居民人均可支配收入 30 733 元，扣除价格因素，比 1978 年实际增长 26.8 倍，年均实际增长 8.4%。其中，

---

① 横轴数据标签设置了标签间隔，因此只显示出了部分年份，下同。

1978~2019 年，城镇居民人均可支配收入从 343.4 元增加到 42 359 元，农村居民可支配收入从 1978 年的 133.6 元增加到 2019 年的 16 021 元（图 2-3）。随着人均可支配收入的增长及居民消费结构的不断改善，居民对高质量的产品、服务和生活方式的需求大幅提高。例如，在食品方面，2019 年，全国居民恩格尔系数为 28.2%，比 1978 年的 63.9%下降了 35.7 个百分点，居民用于食品方面的支出明显下降，但饮食更加注重营养、消费品质不断提高。一个重要的表现在于肉、禽、蛋、奶等动物性食品消费显著增加。例如，城镇居民人均鲜蛋消费由 1978 年的 3.7 千克上升到 10.7 千克，同时居民在外饮食比重明显上升，2017 年城镇居民人均饮食服务支出 1 538 元，比 1993 年增长了 15.7 倍[①]。总之，进入中等收入水平阶段，居民对衣食住行、文化教育、医疗卫生等的需求将更加明显侧重于质量，要满足人民日益增长的美好生活需要，就必须增加有效供给，提高产品和服务供给质量。正如习近平总书记在贯彻党的十八届五中全会精神专题研讨班上的讲话所指出的，我国不是需求不足，没有需求，而是需求变了，供给的产品却没有变，质量、服务跟不上[②]，结构性矛盾是现阶段中国经济发展的主要矛盾，矛盾的主要方面在供给侧，推进经济高质量发展是适应社会主要矛盾变化的必然要求。

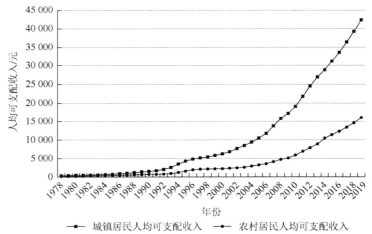

图 2-3　1978~2019 年城镇和农村居民可支配收入变化趋势

资料来源：根据中国统计年鉴和国家统计局官方数据整理绘制，下同

---

① 居民生活水平不断提高消费质量明显改善[EB/OL]. http://www.stats.gov.cn/ztjc/ztfx/ggkf40n/201808/t20180831_1620079.html.2018-08-31.

② 在省部级主要领导干部学习贯彻党的十八届五中全会精神专题研讨班上的讲话【3】[EB/OL]. http://politics. people.com.cn/n1/2016/0510/c1001-28336908-3.html. 2016-05-10.

2.3.2 第一产业主导向第三产业主导转变

产业结构状况是经济发展水平的重要标志和经济效益高低的决定性因素，产业结构的改善是经济协调与持续发展的必要条件，同时也是经济发展的动力所在。

从三次产业结构演变规律看，改革开放 40 多年来，通过巩固第一产业、升级第二产业、发展第三产业，三次产业结构发生了深刻变化。从三次产业在国民经济中的权重看，1978～2019 年，三次产业增加值占 GDP 的比重、三次产业就业人员占总就业人员的比重两个重要衡量指标均呈现出第一产业比重不断降低、第二产业呈现倒"U"形变化、第三产业比重不断提高的特征（陈昌兵，2018）。一方面，就三次产业增加值占 GDP 的比重而言，1978～2019 年，第三产业增加值占 GDP 的比重从 24.60%上升到 53.9%，提高了29.3 个百分点；第二产业增加值比重从47.71%下降到 39.00%，下降了 8.71 个百分点；第一产业增加值比重从 27.69%下降到 7.10%，下降了 20.59 个百分点。从三次产业增加值占比变化的转折点看，1970 年，第二产业比重首次超过第一产业，1985 年第三产业比重首次超过第一产业，2012 年，第三产业比重首次超过第二产业（图 2-4）。另一方面，就三次产业就业人员占总就业人员的比重而言，2019 年末，第三产业就业人员占比为 47.40%，比 1978 年末上升 35.2 个百分点；第二产业就业人员占比为 27.50%，比 1978 年末上升10.2 个百分点；第一产业就业人员占比为 25.1%，比 1978 年末下降 45.4 个百分点。从三次产业就业人员占比变化的转折点看，1995 年，第三产业比重首次超过第二产业，2011 年，第三产业比重首次超过第一产业，2015 年，第二产业比重首次超过第一产业（图 2-5）。总体而言，如果从产业增加值和就业人员占比两个指标看，中国处于工业化的中后期，也即第二产业占比下降，第三产业快速发展但尚未占据绝对支配地位的阶段。

从三次产业内部结构调整看，首先，农业已经逐步由第一阶段依靠土地和劳动力投入、第二阶段主要依靠资本和机械化投入转向第三阶段依靠技术创新，现代农业体系初步建立。国家统计局发布的报告显示，2019 年，农业科技进步率已达到 59.2%，农作物耕种收综合机械化率超过 70%。其次，工业逐步从轻工业为主转变为重工业为主，再逐渐转向依靠人力资本和技术创新的阶段。改革开放初期，工业主要以劳动密集型为主，通过不断调整工业结构，逐步形成了劳动、资本、技术密集型工业共同发展的格局。2019 年，高技术制造业增加值占规模以上工业增加值的比重为 14.1%，比 2005 年提高了 2.5 个百分点，特别是工业机器人、新能源汽车、高铁、

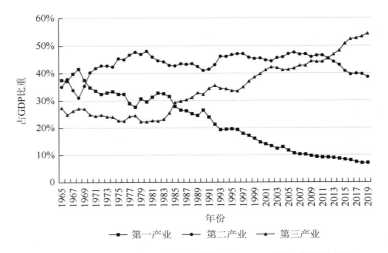

图 2-4　1978～2019 年三次产业增加值占 GDP 的比重变化规律

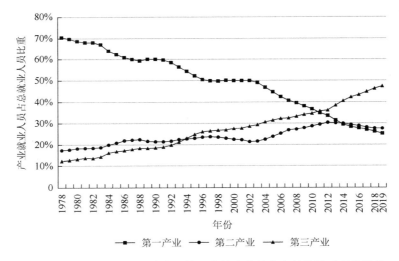

图 2-5　1978～2019 年三次产业就业人员占总就业人员的比重变化规律

核电等发展迅速。最后，服务业也逐步从批发零售、交通运输等传统服务业为主转向现代服务业为主的阶段。2018～2019 年，规模以上战略性新兴服务业营业收入年均增长 13.7%。总体而言，如果从三次产业内部结构和主导产业发展情况看，产业结构在 2018 年时正处于主导产业结构转换的第四阶段跟第五阶段之间，高新技术产业尚未成为占据绝对优势的主导产业（简新华和李雪，2009）。

总之，改革开放 40 多年来，三次产业结构和三次产业内部结构调整不断优化，具备了建设现代化产业体系的基础和条件。但是应当看到，一方面，产业结构演变规律告诉我们，产业结构的演变存在产业的加工度提高和附加值增加的趋势，基于现实考量，中国还没有形成以知识密集型产业、高加工度和附加值产业为主的产业结构，产业结构调整转换过程尚未完成，且存在诸多制约因素或难点问题，如产业大而不强集而不聚、核心配套自给能力弱、品牌质量水平不高、制造业产能过剩且长期处于全球价值链"微笑曲线"的中低端等；另一方面，当产业结构转换到一定程度，传统的依靠要素和投资驱动的模式已经无法为产业结构优化调整提供足够的动力和支撑，低质量和低效率的产业发展方式必然会成为产业结构改善的重要障碍，亟须增强产业发展的核心竞争力，高质量地推进产业结构的合理化和高度化。

2.3.3　从要素和投资驱动向创新驱动转变

随着经济发展阶段的变化，经济发展动能也将从要素和投资驱动逐渐向创新驱动转变。创新驱动是新的发展阶段的第一动力，在新的发展阶段需要加快培育新动能，推进新旧动能转换，为经济高质量发展注入创新活力。改革开放 40 多年来，中国供需经济结构不断发生变化，为推进新旧动能转换奠定了重要基础，与此同时也应当看到，自主创新能力不强对新动能培育的制约和影响。

一方面，供需经济结构的重大变革为高质量发展创造了条件。需求结构方面，开始从资本驱动向消费驱动转变。改革开放以来，投资始终是经济发展的重要动力之一，从投资率看，1978 年的投资率为 38.9%，2011 年达到峰值为 48%。十八大以来，逐步开始从过度依靠投资向依靠消费、投资、出口协调拉动的局面转变，1978～2019 年，最终消费支出对经济增长的年均贡献率为 59.64%，资本形成总额对经济增长的贡献率为 36.93%（图 2-6），消费支出的贡献率比资本高出 22.71 个百分点[①]。供给结构方面，服务业逐步成为国民经济的第一大产业，对经济增长的贡献率显著提升，2009 年到2019 年十年之间，第三产业对经济增长的贡献率增加了 23.2 个百分点（图 2-7），服务业的贡献率比第二产业高出了 22.5 个百分点（王一鸣，2018）。与此同时，国家统计局服务业司发布的数据显示，2019 年，信息传输、软件和信息技术服务业，租赁和商务服务业增加值总量分别比上年

---

① 消费市场不断扩大　消费结构持续优化[EB/OL]. http://www.ce.cn/xwzx/gnsz/gdxw/201807/18/t20180718_29787350.shtml. 2018-07-18.

增长 18.7%、8.7%，远高于国民经济平均增速[①]。总之，需求结构和供给结构的转变增强了经济发展的韧性和稳定性，为经济高质量发展奠定了重要基础。但依然需要注意投资过度、资产泡沫化和产能过剩对经济高质量发展带来的负面影响。

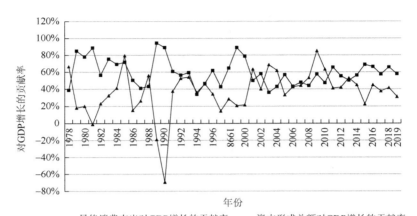

图 2-6　1978～2019 年最终消费支出和资本形成总额对 GDP 增长的贡献率

图 2-7　1978～2019 年三次产业增加值对 GDP 的贡献率

另一方面，自主创新能力不强制约了向创新驱动转变的进程。据科技部统计数据，2019 年的科技进步贡献率为 59.5%，比 2005 年提高了 16.3 个

---

① 服务业已成为我国经济发展的主动力[EB/OL].http://www.stats.gov.cn/tjsj/sjjd/201804/t20180414_
1593908.html. 2018-04-14.

百分点。2019 年，世界知识产权组织（World Intellectual Property Organization，WIPO）、康奈尔大学（Cornell University）、英士国际商学院（Institut Européen d'Administration des Affair，INSEAD）等联合发布的《2019 年全球创新指数报告》显示，中国的总排名比 2018 上升了 3 位，位列全球第 14 位，是进入前 20 名的唯一中等收入经济体。特别是本国人专利申请量、本国人实用新型申请量、高技术出口减去再出口在贸易总额中的占比等 9 项指标均排名世界首位，增强了高质量发展的技术基础。但是应当看到，与世界科技强国相比，中国仍属于后发国家，R&D 投入不足、基础研究薄弱、关键核心技术受制于人、具有全球竞争力的创新型企业数量少、高端科技人才匮乏等问题不可忽视。例如，中兴通讯的"芯片被禁"事件暴露出在决定产业国际核心竞争力、涉及国家经济安全的关键技术领域依然存在严重的短板；又如，2018 年汤森路透发布了全球科技领导者前 100 强名单，中国（不包括港澳台）仅入围了联想、腾讯和中兴三家企业；而在 R&D 经费投入方面，2019 年，中国 R&D 经费投入强度达到 2.23%，但与 OECD 国家 2.4%的平均水平还略有差距，且存在明显的区域不平衡——有 20 个省区市 R&D 投入强度在 2%甚至是 1%以下。总体而言，从要素和投资驱动转向创新驱动是一个动态过程，不可能一蹴而就。当前创新驱动还处于起步期，对经济发展的引领作用有待进一步增强，能否真正将创新培育成新动能，将直接影响经济高质量发展目标的最终实现。

2.3.4　人口、资源与环境约束的严峻挑战

人口、资源、环境、经济是一个统一的复合系统，具有相互制约又相互依存的动态关系，四个要素相互协调，将有利于实现经济的可持续发展，反之，将会对经济发展造成不利影响。当前，人口负债、老龄化、资源短缺、环境恶化等对经济稳定持续发展造成的影响日益显著。

首先，人口红利加速收缩和老龄化进程的加快，将直接影响经济发展模式和动力。人口红利是指劳动人口占总人口比重较大，培育和使用成本较低，从而为经济发展提供低成本优势的劳动力要素条件。2019 年，15～64 岁人口占总人口的比重为 70.60%，1997 年这一比重为 67.5%，单纯从劳动力人口占总人口比重看并没有消失。但是如果考虑到人口出生率、自然增长率、老龄人口增加数和老年抚养比 4 个指标，就会发现人口负债的窗口已经逐步打开，人口出生率从 1978 年的 18.25‰下降到 2019 年的 10.48‰，人口自然增长率从 1987 年最高的 16.61‰下降到 2019 年的 3.34‰（图 2-8），65 岁及以上人

口 2019 年比 1982 年增加了 1.26 亿人左右，老年抚养比则从 1982 年的 8.0%
上升到 2019 年的 17.80%。与此同时，就业人员工资总额大幅提升，如城镇
单位就业人员工资总额从 1978 年的 568.9 亿元上升到 2019 年的 154 296 亿元，
即使剔除通货膨胀因素，该指标增幅依然很大。人口红利逐步消失、人口负
债窗口打开及劳动力等生产要素成本持续上升，导致中低端制造业向成本更
低的发展中国家转移。如近年来，国际知名运动鞋制造厂商耐克、阿迪达斯、
彪马等纷纷从中国撤厂转而投向劳动力成本更低的东南亚国家。

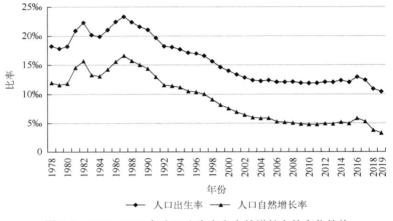

图 2-8   1978～2019 年人口出生率和自然增长率的变化趋势

其次，能耗持续快速增长影响了经济发展的可持续性。《BP 世界能源
统计年鉴 2020》显示，2019 年，中国一次能源消费增长 4.4%，几乎是过
去几年平均增速的三倍。2008～2018 年，一次能源消耗总量从 2 230.4 百
万吨油当量增加到 3 273.5 百万吨油当量，十年间增长了 46.8%。特别是从
分燃料消费量的统计结果看，中国依然是全球的煤炭消费大国，2019 年，
煤炭消费量占国内能源消费总量的 57.6%（图 2-9），达到 1 892.6 百万吨油
当量，占全球煤炭消费量的 50.7%，超过了全球其他国家的总和。从单位
GDP 能耗来看，根据国家统计局发布的报告[①] 改革开放 40 多年来，中国
单位 GDP 能耗整体呈现下降态势，2013～2019 年累计降低 24.45%，年均
下降 3.5%。但是与英国、德国等世界发达国家相比，单位 GDP 能耗依然
偏高，按照 2010 年不变价美元计算，2018 年中国单位 GDP 一次能源消耗
是英国的 2.02 倍、德国的 1.77 倍。

---

① 能源发展成就瞩目 节能降耗效果显著[EB/OL]. http://www.stats.gov. cn/ztjc/ztfx/ggkf40n/201809/
t20180911_1622051.html. 2018-09-11.

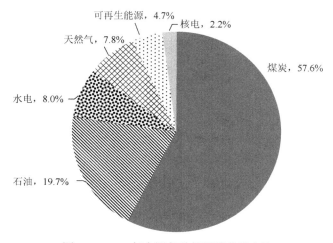

图 2-9　2019 年中国各种能源消费量占比

资料来源：根据《BP 世界能源统计年鉴 2020》数据整理绘制

最后，生态环境破坏降低了经济系统的生态环境承载力。改革开放 40 多年来，中国环境保护机制日趋完善，环境质量恶化趋势得到基本控制，但生态环境状况依然不容乐观，生态环境保护仍然面临诸多问题和挑战。林业生态方面，第九次全国森林资源清查（2014～2018 年）报告显示，全国森林面积超过 2.2 亿公顷，比第八次清查（2009～2013 年）时增加了 1 276 万公顷，增加了 6%，森林覆盖率 22.96%，提高 1.3 个百分点，森林积蓄增加了 16%，森林面积和森林积蓄位于世界第五位和第六位。总体而言，我国森林资源数量持续增加，质量稳步上升，但是森林覆盖率还远远低于全球 30.7% 的平均水平，人均森林面积 0.16 公顷，不足世界人均水平的三分之一，由此可见森林面积的增加尚具潜力[①]；湿地面积方面，根据《2019 年中国国土绿化状况公报》的数据，近年来全国湿地总面积稳定在 0.53 亿公顷，这与第二次全国实地资源调查结果并没有太大差距，我国在"退耕还湿""退养还滩"方面的举措还有发展空间。二氧化碳排放方面，中国人均二氧化碳排放量远低于许多发达国家[②]，但是全球碳集图[③]的数据显示，截至 2019 年底，中国的二氧化碳总排放量仍然偏高，是美国的 1.93 倍、日本的 9.19 倍；2019 年，化学需氧量排放量为 567.1 万吨，二氧

---

① 人均森林面积不足全球水平 1/3 天然林保护条例酝酿中[EB/OL]. https://news.sina.com.cn/c/2019-08-21/doc-ihytcern2430623.shtml. 2019-08-21.

② 生态环境部：中国人均二氧化碳排放量远低于发达国家[EB/OL]. https://www.guancha.cn/politics/2018_10_31_477706.shtml.2018-10-31.

③ 全球碳集图网站 [EB/OL]. http://www.globalcarbonatlas.org/en/CO2-emissions.[2021-03-21].

化硫为 457.3 万吨，氮氧化物为 1 233.9 万吨，接近或超过环境容量①；特别是雾霾污染显著降低了中国经济发展的质量（陈诗一和陈登科，2018）。

总之，正如增长极限理论所指出的，传统的高增长模式使人与自然处于尖锐的矛盾之中，是不可持续的。在经济发展过程中，必须正确处理其与人口、资源、环境的关系，而只有推进经济高质量发展，才能实现人与自然的和谐共生。

2.3.5   区域经济发展不平衡不协调的制约

当前，区域经济发展的不平衡不协调主要表现在城乡之间、省域之间及地区之间。一是城乡之间经济发展的不平衡不协调。2019 年，城镇居民人均可支配收入是农村居民的 2.64 倍，1978 年，城镇居民人均可支配收入是农村居民的 2.56 倍，可以看到，城乡居民收入倍差改善有限，城乡居民收入水平差距依然较大。二是省域工业化进程上的区域不平衡。北京、上海等省市已经步入工业化后期，而大部分中西部省份还处于工业化中期（黄群慧，2018）。三是地区之间经济发展的不平衡不协调。从东部、中部、西部和东北部地区的比较看，2019 年，东部地区生产总值占全国的比重为 51.90%，中部、西部和东北部地区生产总值占全国的比重分别为 22.20%、20.80% 和 5.10%，东部地区分别是中部、西部和东北部的 2.34 倍、2.5 倍和 10.18 倍（图 2-10）。同时地区经济效率也呈现"东部高、西部低"的明显态势（王竹君和任保平，2018）。

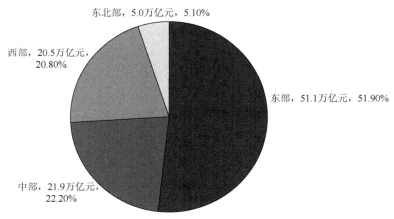

图 2-10   2019 年东、中、西部和东北部地区生产总值及占比

资料来源：根据《中国统计年鉴》和国家统计局官方数据整理绘制，下同

---

① 2016～2019 年全国生态环境统计公报[EB/OL]. http://zyepb.zunyi.gov.cn/ywgz/zlkz/hjtj/202111/
t20211109_71590476.html. 2021-11-09.

　　造成这种不平衡不协调的原因，一方面是区域非均衡战略的实施。我们不可否认在特定的历史时期这种非均衡战略的重要作用，但是也应看到，在允许一部分地区先富起来后，东部地区获得了更多的资源倾斜和先发优势，即使后来提出中部崛起、西部大开发和东北老工业地区振兴等区域发展战略，仍然没能改变东中西不平衡的总体格局，并造成区域差距拉大，区域市场分割严重，区域协调发展任重道远；另一方面则是因为粗放型城镇化的盲目无序和不可持续。

　　改革开放以前，中国的城镇化是缓慢的。1949～1978 年，中国城镇人口从 5 763 万人增加到 17 245 万人，以城镇人口占总人口比重计算的城镇化率由 10.64%增加到 17.93%，平均每年仅提高 0.25%。改革开放以后，城镇化进入大规模和高速发展的轨道（肖金成等，2018），1978～2019 年，常住城镇人口从 1.7 亿人增加到 8.5 亿人，城镇化率由 17.92%增加到 60.60%，提高了 42.68 个百分点（图 2-11）。特别是 1996 年以后，城镇化进入快速发展阶段，高速和规模庞大的人口城镇化实现了劳动力生产要素从农村向城市的转移，成为经济增长的重要引擎。1988 年，全国城市生产总值只有 7 025 亿元，占全国的一半左右，到 2016 年，城市生产总值占全国的比重超过 80%。但是，在 2012 年党的十八大提出走中国特色新型城镇化道路之前，城镇化是粗放型的，存在盲目无序的特点，并且如果仅仅依靠城镇化推动经济增长，可持续性有待检验。

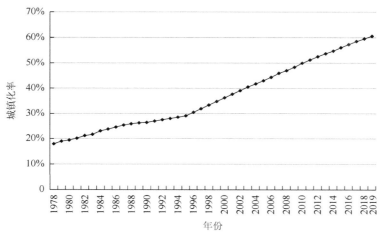

图 2-11　1978～2019 年城镇化率变化趋势

　　第一，党的十八大之前的大规模城镇化是粗放型的。主要表现在：城镇化的目标是做大经济总量，手段主要依靠粗放型工业化、土地财政、房地产和劳动力城镇化，特点是投资主导、工业主导和行政主导，后果是产能过剩、公共资源配置失衡、城乡之间家庭、社会和教育资源的严重不平等。第二，粗放型的城镇化不利于实现城镇经济-人口-资源-环境的协调。根据生态环境部发布的《2019中国生态环境状况公报》，2019年，生态环境"一般"、"较差"和"差"的县域面积占国土总面积的55.3%。第三，从城镇化对经济增长的长期影响效果看，单纯依靠城镇化带动经济增长是不可持续的。按照陈昌兵（2016）的研究成果，2023年城镇化率预计达到65%，2028年达到70%，他认为，根据国际城市化的规律，城市化带动的经济增长将在2023~2028年逐步结束。总而言之，粗放型的城镇化是不可持续的，从长期来看，只有推进新型城镇化及城镇化与工业化、信息化和农业现代化的协调发展，才能实现经济健康发展。

2.3.6　全球经济发展格局重大调整的影响

由于2020年新冠疫情的来袭和全球紧张的贸易局势，世界经济受到了严重冲击，疫情使得主要经济体面临着巨大的下行压力，世界经济加剧放缓，可能出现衰退趋势，国际经济政治形势将变得更加错综复杂，不稳定性不确定性明显增加。总体来看，制造业竞争格局的变化、贸易保护主义势力的抬头及新冠疫情导致的全球产业链供应链的安全稳定性降低是当前世界经济格局变化的三个重要特征。

一是全球制造业竞争格局正在发生深度调整。一方面，新一轮科技和产业革命正在重塑国家竞争优势，重构全球价值链，中国制造业面临重大机遇；另一方面，2008年全球金融危机以后，西方发达国家开始加速"再工业化"，回归制造业。例如，德国提出了工业4.0的概念和实施路线图，旨在抢占新一轮技术革命的主导权，而美国在奥巴马执政期间也已经将改革重点放在了振兴实体经济上，特朗普则推崇所谓的"美国优先"执政策略，试图将"流向海外的制造业就业机会重新带回美国本土"，此外，日本的"社会5.0战略"、英国的"工业2050战略"也都旨在抢占未来制造业技术创新的制高点；与此同时，越南、马来西亚等发展中国家正在凭借比中国更低廉的劳动力成本优势，逐渐成为新的"世界工厂"，吸引一批跨国企业落地。可以说，中国制造业正面临来自发达国家和发展中国家的双重挤压。

二是全球贸易保护主义势力抬头。当前，美国已经公开放弃了贸易自由化和全球化,对中国发起"201""232""301"贸易制裁[①],2018 年 7 月 6 日,美国还对价值 340 亿美元的中国商品加征 25%的进口关税,2019 年 5 月 10 日,美国对价值 2 000 亿美元的中国商品的关税由 10%上调至 25%,同时美国也对欧盟、加拿大等大型经济体掀起了单方贸易战,美国的贸易保护主义将导致全球性的严重后果,不利于世界经济的复苏。正如世界贸易组织警告称,不断升级的贸易冲突可能会影响商业信心和投资决策,显著拉低全球贸易增长,主要经济体间贸易关系破裂将会使全球经济偏离过去几年的复苏轨道,威胁经济增长和就业形势[②]。与此同时,还应注意到,一些新兴国家或发展中国家也可能采取贸易保护主义措施。事实上,中国是遭遇贸易保护主义最严重的国家,2016 年,商务部新闻发言人沈丹阳在一次例行发布会上指出,中国已连续 21 年是世界上遭遇反倾销调查最多的国家,连续 10 年是遭遇反补贴调查最多的国家[③]。2018 年,中国遭遇的检验检疫壁垒数量全球位列第三位,技术贸易壁垒数量全球位列第二位。总体而言,当前中国经济高质量发展面临的国际环境错综复杂,机遇与挑战并存,但是经济高质量发展的趋势不可逆转(陈德铭,2018)。面对全球经济下行的趋势,应对制造业的双重挤压和贸易保护主义,关键是要靠扩大开放和科技创新。

三是全球产业链供应链的安全稳定性降低。随着 2020 年新冠疫情蔓延至全球,诸多国家开始对人员、货物及服务流动进行限制,同时采取暂时关闭工厂等措施抑制疫情的蔓延,如此一来,必定波及相关产业链的上下游企业,这对全球贸易又造成了冲击。一方面,疫情暴发前期,中国最早开始疫情的管制行动,进行一系列汽车、纺织、电子生产商的停工停产,相关供应链开始出现紧张甚至中断的情景,造成那些严重依赖中国工厂提供零件和材料的组装和制造工厂被迫放缓生产速度或停止生产,抑制了商品贸易和工业生产效率,整个产业链面临停摆的风险。另一方面,在疫情暴发后,美国、加拿大、德国、新加坡、日本、瑞典等诸多国家纷纷采取旅行和入境管制等措施,直接影响相关国家或地区的旅游业和航空业,继而影响餐饮、住宿、交通、购物等一系列服务业的发展,损害了全球的服务贸易。总体来看,虽然全球产业链供应链面临着安全稳定性降低的风险,但同时也为科技革命和

---

① 2018 年 1 月,美国宣布对进口光伏产品和大型洗衣机分别采取全球保障措施(201 调查);3 月,美国以进口钢铁和铝产品威胁到国家安全为由,对进口钢铁和铝产品全面征税(232 调查),并对自华进口商品大规模征收关税(301 调查)。

② 中国对外贸易形势报告(2018 年春季)[EB/OL]. http://zhs. mofcom.gov.cn/article/cbw/201805/20180502740111.shtml.2018-05-07.

③ 商务部:我国连续 21 年成为反倾销最大目标国[EB/OL]. http://finance.people.com.cn/n1/2016/0706/c1004-28527586. html.2016-07-06.

产业变革发掘了新的赛道，对于某些技术路线和竞争规则尚待探索的新兴领域，进行技术创新和开放合作可以加速恢复全球产业链供应链的正常运转。

2.4 本 章 小 结

经济高质量发展具有丰富的理论内涵和时代特征。本章将经济高质量发展定义为"以包容性和可持续性为目标的一系列基要的生产函数连续发生质变的过程"，是通过引进新因素实现新组合，进而推进经济体系实现从量变到质变的转换的过程。推进经济高质量发展是中国特色社会主义新时代的根本要求，是解决发展不平衡、不协调和不可持续问题的必然选择。推进经济高质量发展与中国当前所处的经济发展阶段密切相关，在新的经济发展阶段，中国经济高质量发展主要面临"三大转变"和"三大制约"——由低收入水平向中等收入水平转变、由第一产业主导向第三产业主导转变、由要素和投资驱动向创新驱动转变，人口资源与环境问题的制约、区域经济发展不平衡不协调的制约及全球经济发展格局重大调整的制约。除了上述"三大转变"和"三大制约"还面临着社会资本"脱实向虚"、金融体系对实体经济支撑不够、教育科技与经济发展融合不深、实体经济与虚拟经济发展失衡、国内经济与国际经济失衡等"结构性失衡"等问题，过去的经济增长模式、增长路径和资源配置方式将无法保障经济可持续健康发展。但是同时也应当看到中国经济高质量发展的现实基础和比较优势，如长期的政治稳定，巨大的国内市场，以高铁、核电、通信设备、多轴精密重型机床为代表的先进制造业的崛起，以数字经济、分享经济、移动支付为代表的互联网经济的蓬勃发展及全方位的经济体制机制改革等。总之，中国推进经济高质量发展有必要、有基础也有挑战，而对于如何实现经济高质量发展，党在十九大中强调了以供给侧结构性改革为主线，推动经济发展质量变革、效率变革、动力变革，提高全要素生产率（党的十九大报告辅导读本编写组，2017）；党的二十大报告中也提出要坚持以推动高质量发展为主题，把实施扩大内需战略同深化供给侧结构性改革有机结合，增强国内大循环内生动力和可靠性，提升国际循环质量和水平，加快建设现代化经济体系，着力提高全要素生产率，着力提升产业链供应链韧性和安全水平（党的二十大报告辅导读本编写组，2022）。因此，在新发展阶段下，必须坚定不移走高质量发展之路，坚持以人民为中心贯彻新发展理念，以新时代的背景和要求作为出发点和落脚点探索提高经济发展质量的新道路，努力推进稳增长、调结构、转方式、提质量、增效率、换动力"六位一体"的系统改革，将创新作为系统改革的原动力，不断驱动中国经济提质增效。

第3章 区域创新资源配置及其对经济高质量发展的影响机制

区域创新资源配置具有丰富的理论内涵,对其理解和认识应当充分考虑静态的基本特征和动态的变化过程,这是探讨区域创新资源配置对经济发展质量影响机理的重要前提和基础。本章将从创新、资源、配置等基本概念出发,从理论层面界定分析区域创新资源及其配置的概念内涵、主要特征、实现过程、基本模式和优化路径,进而分析区域创新资源配置影响经济发展质量的传导机制和实现机理,提出理论假设并建立基本的理论分析模型。

3.1 区域创新资源的内涵特征释义

3.1.1 区域创新资源的内涵界定

创新主要包括四种形式(Barra and Zotti,2018):①引进新的生产方式(Porter,1990);②利用资源创造价值(Drucker,1993);③新思想在经济领域的应用;④研究与开发过程带来的产出(Tidd,1997)。资源有广义和狭义之分,广义的资源是指人类生存和发展所需要的一切物质资源和非物质资源,狭义的资源则主要是指自然资源。资源包括有形资源和无形资源,其中,有形资源一般是可以看得见并能够量化的(Grant,1991),包括自然资源、生产设备、金融资产等,无形资源则主要是指文化、制度、政策等看不见但会对经济系统产生重要影响的资源类别。

随着组织、制度、技术在经济社会发展中所扮演的角色日益重要,对资源的理解逐渐从狭义的自然资源转向广义的资源,其中就包括创新资源。区域创新资源也有广义和狭义之分,广义的区域创新资源是指一定时期、一定区域内,以实现创新发展为目的,参与新知识、新产品、新工艺、新技术等生产开发过程的各种物质资源和非物质资源的统称,这里的创新包括科技创新、制度创新、管理创新、文化创新等;而狭义的区域创新资源是指与科技创新过程直接相关的区域科技创新资源,科技创新资源是区域创新资源的核心,是以科技创新为目的的科技人才、资金、设备、知识、信息、环境等一系列物质和非物质资源的组合，其中，创新人才和创新资金是科技创新资源的核心（图 3-1）[①]。

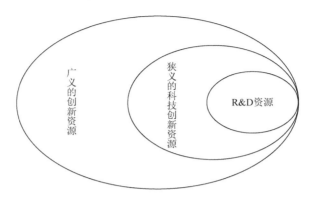

图 3-1　区域创新资源三个相关概念的关系

资料来源：作者自行绘制，以下图中如无特殊说明，均系自行绘制

需要强调的是，科技创新资源并不是指科技资源或 R&D 资源，它的构成要素更为宽泛[②]。首先，从人力要素来说，科技创新的人力资源包括企业家、生产人员、R&D 人员、经营管理人员及风险投资者等科技中介从业人员，而 R&D 人力资源主要强调的是 R&D 人员；其次，从资金要素来说，科技创新的资金资源不仅包括 R&D 资金也包括科技贷款、风险投资、股权市场科技保险等属于科技金融范畴的资金；最后，从物力要素来说，R&D 资源的物力投入主要是 R&D 设备，而科技创新资源的物力投入则包括与科技创新有关的一切资源，包括土地、厂房、生产设备、能源等要素。但是比较而言，从知识生产系统的角度看，R&D 资源特别是 R&D 人才和资金是科技创新资源的核心[③]。

3.1.2　区域创新资源的基本特征

根据资源基础观（resource-based view，RBV）和经济地理学的有关理论，可以从价值性、多元性、流动性、稀缺性、难复制性和空间集聚性六个角度分析区域创新资源的主要特征（宋洋，2017）。

---

① 科技金融资金是创新财力资源的重要组成部分。
② 鉴于 R&D 资源、创新人才、科技金融在科技创新资源中的核心地位，在后续分析中将对 R&D 资源、创新人才、科技金融这三个相对重要的资源类别进行单独解析，探讨其配置特征及对经济高质量发展的影响效应。
③ 创新人才包含 R&D 人员，创新财力资源包含 R&D 资金。

1. 价值性

价值性是创新资源的首要属性，正是因为创新资源具有价值，所以它才存在并成为区域竞争的核心和基础。首先，从经济学意义上出发，创新资源既具有使用价值也具有交换价值，其使用价值主要体现在创新资源对创新主体的有用性上，它能够被运用、改造并带来特定价值。交换价值则主要体现在创新资源能够在市场上交换，创新资源的供给方和需求方可以根据各自的供需状况、创新资源要素价格等决定是否进行交换；其次，创新资源的价值性体现在其对区域创新和经济社会发展的影响和促进作用上，也就是能够带来社会福利的增加；最后，创新资源的价值性还体现在创新资源的空间外溢性上。也就是说创新资源不仅仅影响本地区的创新能力和经济社会发展水平，还会对本地区以外的其他区域产生辐射、带动等空间溢出效应。

2. 多元性

基于不同的维度，可以对区域创新资源进行不同的分类（表 3-1）。首先，从构成要素看，资源可以大致分为主体要素、客体要素、投入要素、产出要素和环境要素（陈瑶瑶和池仁勇，2005）；其次，从物质形态看，资源可以分为有形资源和无形资源。基于物质形态的视角，有形资源包括人力、财力、物力、技术和信息 5 个维度。正如前文所述，创新人力资源主要包括企业家、经营管理人员、R&D 人员、生产人员等，创新财力资源包括银行贷款、风险投资、R&D 资金和其他资金，创新物力资源包括土地和厂房、生产设备、R&D 设备等，创新技术资源包括论著、专利、软件著作权等，创新信息资源包括电话、互联网等信息基础设施。无形资源主要是指创新环境资源，包括体制机制、制度政策、法律法规、创新文化等；最后，从演化阶段看，区域创新资源有静态和动态两种内涵（陈菲琼和任森，2011），静态的或存量区域创新资源是指一定时点、一定区域所具有的创新资源存量禀赋，包括不同类型创新资源的比例关系；动态的或增量区域创新资源则是指一定时期、一定区域创新资源的形成、演变和发展所呈现的动态变化过程，包括不同类型创新资源比例关系的变化过程。

表 3-1　区域创新资源的基本分类

维度	要素类别	具体要素或基本内涵
构成要素	主体要素	企业、政府、大学、科研机构、科技中介机构等
	客体要素	有形或无形的创新资源要素
	投入要素	主要指有形的（物质的）创新资源要素
	产出要素	创新类、效率类、资源能源类、生态环境类产出
	环境要素	经济环境、社会环境、创新环境、政策环境等

维度	要素类别	具体要素或基本内涵
物质形态	有形资源	人力、财力、物力、技术和信息资源
	无形资源	体制机制、制度政策、法律法规、创新文化等
演化阶段	静态资源	一定时点所具有的创新资源存量禀赋
	动态资源	一定时期创新资源的形成、演变和发展所呈现的动态变化过程

资料来源：作者自行绘制，以下表格如无特殊说明，均系自行绘制

3. 流动性

流动性是指区域创新资源是动态变化且可以转移的。一方面，创新资源可以从一个创新主体流向另一个创新主体，流动的方式主要包括企业之间合作、高校院所与企业合作、技术扩散、人员流动及跨国技术转移等（顾新，2001），如，专利技术从高校和科研院所通过技术交易的方式流向企业；另一方面，创新资源可以从一个区域流向另一个区域。这种区域间的流动性不仅仅表现为创新资源可以从区域外部流入，也可以从区域内部流出，还可以进一步表现为流动的多次性和双向性（王钺和刘秉镰，2017）。所谓多次性是指创新资源可以在区域内部或区域之间发生不止一次地流入或流出，形成一个动态过程，也就是说创新资源不一定在流入某个区域内后就沉淀下来，而是会由于创新需求、供给及环境等因素的变化而发生改变。双向性是指某一个区域既可能是创新资源的流入地同时也可能是创新资源的流出地。最典型的就是以专利为代表的技术转移过程，一些区域成为技术输入地同时有些区域成为技术输出地，或者一些区域既是一些技术的输入地也是另一些技术的输出地。

4. 稀缺性

稀缺是相对的，经济学研究起源于资源的相对稀缺性，创新资源作为资源的一种类型也具有相对稀缺性的特征。首先，这种相对稀缺性表现为不同区域、不同主体之间的相对稀缺。某一个区域或某一主体的某一类创新资源可能是富集的，但对于其他区域或主体而言，可能就不具有该类创新资源的禀赋或至少不具有比较优势。例如，某一个企业因为经济效益较好、企业经营管理层重视 R&D 等，R&D 投入占企业利润的比重高，R&D资金雄厚，而其他企业则有可能仅有较少的 R&D 资金；某一个区域可能会因为各种历史的、经济的或政策的因素集聚较多的大学、科研院所和高技术企业，而另一个区域则可能只有有限的创新主体资源，典型的区域案例，如武汉汇集了全国 7 所教育部直属高校和 1 所国家民族事务委员会直属高校，而郑州则没有 1 所部委直属高校。其次，这种相对稀缺性表现

为不同创新资源之间的相对稀缺。例如，一个区域可能会有相对数量较多和质量较好的高技术企业资源，但却可能缺少大学和科研院所等教育和基础 R&D 资源，典型的区域案例有深圳、珠海等。最后，这种相对稀缺性表现为创新资源具有一定的竞争性和排他性，一方面，绝大多数创新资源是竞争性的，如一笔特定的 R&D 资金，一个企业使用将会导致其他企业无法使用；另一方面，绝大多数创新资源是排他性的，如一个 R&D 人才，一个企业的雇用行为会阻止其他企业对该人才的雇用。当然，也有一些创新资源在竞争性和排他性方面相对较弱，甚至可以被认为是非竞争性或非排他性的，如公共科普资源、大型仪器设备的共享平台等以政府投入为主、具有一定公益性的公共创新资源。

5. 难复制性

一般来说，创新资源不是先天形成的，而是可以通过后天的学习过程或主动创造获得的。区域所具有的创新资源禀赋可以复制，但具有一定难度，这里的可以复制是指一个区域可以通过优化创新环境、发挥政府引导作用、完善市场导向机制等途径吸引创新资源流入本地区，或者自主打造创新资源要素。例如，通过建立完善招才引智的人才政策吸引创新人才进入本地区就业创业，通过加大资金投入建立产业集群共性技术 R&D 平台，等等。但是某些特定的、特殊的创新资源，特别是一些区域有比较优势的创新资源往往具有较大的复制难度。一方面，部分创新资源具有"黏性"，在长期的历史沉淀中已经嵌入到某一个区域，这种历史是无法通过模仿获得的，如大学和科研院所这类创新资源，因为历史上的各种因素，一些大学和科研院所在特定的区域集聚，在教育管理体制不变且没有行政力量干预的情况下，其他地区很难获得新的大学和科研院所的集聚优势；另一方面，部分创新资源的形成是基于一定的创新环境特别是非正式制度的创新文化环境，而往往创新环境的营造并不是简单地靠出台一些政策就可以获取的，创新文化环境的优化是一个复杂的、多变的系统工程，"创新的空气"是难以模仿复制的。

6. 空间集聚性

创新的地理集聚和空间关联是创新经济学和经济地理学关注的热点问题（Audretsch，1998；王缉慈，2001；Fujita and Thisse，2002；Gordon and McCann，2005）。诸多学者探讨了创新的地理集聚带来的规模报酬递增、外部经济效应、知识溢出效应（曾忠禄，1997）、追赶效应和拉拔效应（Porter，1990），以及创新要素集聚在空间上呈现的"极化"特征等，这些既是创新资源空间集聚所能带来的优势也是创新资源在空间形成集聚的动因。同时也有学者指出,创新的空间集聚能够使创新资源更加容易获得(萨克森宁,1999;刘友金和黄鲁成,2001),突出表现在:第一,创新空间集聚因其吸聚作用能够吸引更多的企业加入,这样也容易吸引人才,进而企业能够更便利地获得所需要的创新人才资源;第二,创新空间集聚便于风险投资者了解行业动态,降低风险投资机构的信息搜寻成本和投资风险,企业更容易获得所需要的风险投资资金资源;第三,创新空间集聚便于打造基于共性技术的 R&D 平台,降低企业的创新风险和成本,企业更容易获得所需要的 R&D 平台等创新物力资源;第四,创新空间集聚因其知识溢出效应,显性知识和隐性知识更容易在集聚区域内形成和流动,从而促进技术进步与创新,企业更容易获得所需要的技术资源;第五,创新空间集聚因其根植性特征,使经济主体通过"强联系"和"弱联系"形成了一套相互依存的产业关联和共同文化,有利于加快新思想、新技术及市场交易信息等的传播与扩散,企业更容易获得所需要的信息资源。例如,美国的硅谷、英国的苏格兰高科技区、印度的班加罗尔、中国北京的中关村、中国台北的新竹科技工业园等,都因为创新资源的空间集聚成为世界闻名的创新集群和带动区域经济增长的发动机。

3.2　区域创新资源配置的内涵特征和基本模式

3.2.1　区域创新资源配置的内涵特征

区域创新资源的客观存在并不意味着资源配置就处于最佳状态并能发挥最大效能,或者说创新资源的存在并不能简单等同于创新资源的有效利用(陈健和何国祥,2005)。因此,区域创新资源的配置比创新资源本身更加重要。

1. 区域创新资源配置的内涵界定

《辞海》中对"配置"一词的定义是"分配布置"或"配备布置",是一个分配、组合和使用的过程。结合资源的前置条件,资源配置就是指资源的分配布置,是对稀缺资源在各种可能的用途之间进行选择、安排、搭配以获得最佳效率的过程(王亮,2010),其过程包括资源的搜索与获取、分配与管理、整合与利用、保持与更新等。基于创新资源的价值性、多元性、流动性、稀缺性、难复制性和空间集聚性属性,创新资源也同样存在配置问题。根据资源配置的定义,可以将区域创新资源配置简单定义为"区域创新资源的分配布置"。

　　进一步理解，区域是在特定时间内的特定区域，创新资源的分配布置需要由特定的主体完成，包括政府、企业、大学、科研院所、科技中介服务机构及非营利性组织等。其中，大学和科研院所是创新资源的主要载体，企业是区域创新的主体，政府在资源配置过程中发挥宏观调控的作用，科技中介服务机构及非营利性组织等则在创新资源配置中发挥协调、润滑和催化作用。这些配置主体也因创新资源而紧密联系在一起。创新资源配置的客体或对象则是物质或非物质形态的各种创新资源要素。因此，可以将区域创新资源配置详细定义为一定时间、一定区域内，由政府、企业、高校院所、科技中介服务机构及非营利性组织等，对各种物质或非物质形态的创新资源要素进行搜索与获取、分配与管理、整合与利用、保持与更新的动态过程[①]。区域创新资源配置包括创新资源要素的组合方式及创新产出的分配方式，同时，区域创新资源配置既具有自然属性也具有社会属性，其自然属性表现在区域创新资源配置要考虑要素如何分配布置才能实现最优，社会属性则表现在区域创新资源配置要考虑创新主体之间的关系如何协调才能实现分配配置的最优。

　　就区域创新资源配置的目标而言，鉴于创新资源的相对稀缺性特征，优化区域创新资源配置的总体目标就是实现创新效益和效率最大化，也就是要用较少的创新资源投入实现更多的创新产出，在生产函数中注入更多的创新因素，实现经济系统的帕累托最优[②]。鉴于创新资源的多元性特征，优化区域创新资源配置的目标至少包括三层含义：一是对"闲置"创新资源要素的再利用，二是单一创新资源要素的优化升级，三是各创新资源要素组合的动态优化（陈宏愚，2003）。此外，从区域均衡发展的角度出发，优化区域创新资源配置还要求实现创新投入、产出和效益在区域之间的协调。

　　此外，与区域创新资源配置密切相关的几个概念包括区域创新资源配置能力、区域创新资源配置效率、区域创新资源配置质量等（图 3-2）。首先，区域创新资源配置能力是指区域分配、组合和使用创新资源的条件和水平或综合素质，具体又包括空间配置能力、置换配置能力、产业配置能力和文化配置能力等（陈健和何国祥，2005），分别反映区域能否吸引所需要的创新资源、能否主动搜寻和获取所需要的创新资源、能否将现有的和获得的创新资源合理地分配到产业生产部门及能否形成有利于创新资源配

---

① 熊彼特对创新的经典定义强调创新是"生产要素的重新组合"，更多是指企业生产体系中要素的分配布置，与创新资源配置的概念有一定联系但同时也有显著的区别。

② 实现帕累托最优的假设条件过于严格，现实经济生活中难以实现，但从经济学意义出发，优化区域创新资源配置的总体目标仍可界定为实现区域创新系统运行的帕累托最优。

置的文化氛围等，是创新资源配置强度、结构、绩效和环境的综合体现；其次，区域创新资源配置质量（水平），是指区域创新资源配置方式的优劣及配置过程所呈现的最终绩效的高低，包括动态配置行为和过程及静态配置结果的质量；最后，区域创新资源配置效率是区域创新资源要素的投入产出比，用于反映在一定的投入和内外部条件下，创新资源的有效使用程度。区域创新资源配置能力决定和影响区域创新资源配置质量和效率；一定的创新资源投入条件下，区域创新资源配置质量（水平）越高，区域创新资源配置效率就越高；区域创新资源配置效率越高，表明区域创新资源配置能力越强，同时也有利于提高区域创新资源配置质量。因此，三者之间是相互关联、相互影响的关系。

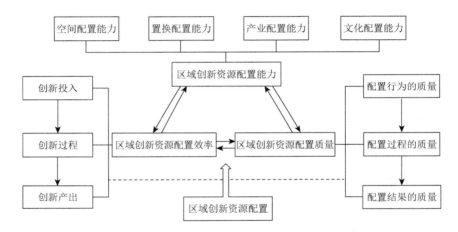

图 3-2   区域创新资源配置能力、效率和质量的关系

2. 区域创新资源配置的基本特征

对区域创新资源配置内涵的深入理解，需要注意其动态性、功能性和开放性三个基本特征。

1）动态性

区域创新资源配置是一个持续的动态过程。从理论上看，同一个区域，在创新资源数量和质量不变的情况下，既可以通过优化创新资源配置提高创新产出，也可能因为创新资源配置能力或效率的降低而导致创新产出下降；不同的区域，即使创新资源数量和质量相同，也可能因为创新资源配置能力或效率的差异而导致创新产出的异质性；不同的区域，可以通过区域间的创新资源协同配置推进区域创新的协调发展，实现区域间创新产出的一致性。因此，创新资源配置是一个动态变化的过程。

2）功能性

区域创新资源配置具有特定的功能属性。主要表现在它是区域创新资源优势转化为经济社会发展优势的必然途径。一方面，一个区域具有一定的创新资源或者说创新资源优势，并不代表这些创新资源就一定能够转化为区域创新能力或经济发展优势，对一定的创新资源进行合理的配置，这一特殊的过程和特定的环境，是造成区域间创新能力异质性的重要原因。另一方面，一个区域即使不具有创新资源禀赋优势，也可以通过优化创新资源配置实现创新发展的目的。例如，日本在经济起飞阶段，其 R&D 投入占 GDP 比重并不如美国，但后来却在很多领域成功实现了对美国的创新超越（陈劲和陈钰芬，2006）。总之，从创新资源优势转化为经济社会发展优势，既受到创新资源数量和质量的影响，也受到创新资源要素组合关系的影响，通过优化创新资源配置，能够实现创新资源要素的升级和要素关系的协调，最终实现创新驱动发展的目的。

3）开放性

区域创新资源配置具有一定的开放特征。这种开放性建立在创新资源流动性基础上，创新资源作为一种"活"的资源，既可以在区域内部流动，也可以在区域之间流动，包括可以在国与国之间流动。因此，区域创新资源配置既要配置区域内部的创新资源也要考虑如何配置区域之间的创新资源。事实上，任何一个区域想要汇聚所有最优质的创新资源是不可能的，每个区域都可能在某一种创新资源方面具有一定的数量比较优势、质量比较优势或资源特色，但是单一的创新资源对区域整体发展而言是不够的，需要区域通过提高创新资源配置能力和区域开放式创新能力吸引或搜寻所需要的创新资源，促进创新资源在区域间的合理流动，实现创新资源在区域间的有效和协调配置。

3. 区域创新资源配置与区域创新相关概念的关系

区域创新是区域发展管理、区域经济学、创新经济学等理论研究的热点之一，学者们主要从区域创新系统、区域创新环境、区域创新能力等方面进行研究，上述维度都与区域创新资源配置有一定的关联性，可以说，区域创新资源配置直接影响区域创新的系统、环境和能力。

1）区域创新资源配置与区域创新系统

技术创新与地理环境的互动是当代区域创新理论和经济地理学的研究重点之一（Scott and Storper，2003），而对区域创新的研究更多的是与区域创新系统相联系（Cooke，1992）。正如魏江和申军（2003）所指出的，从历史层面考察，从熊彼特的"企业家精神"创新到线性创新再到基于非线性创新的创新体系和创新网络理论，核心理念就是强调创新的"系统范式"——区域创新系统。就区域创新资源配置与创新系统的关系，有几点需要明晰，第一，创新资源是区域创新系统的重要组成部分。区域创新系统由创新主体、创新基础、创新资源、创新环境 4 个子系统构成（周柏翔等，2007），创新资源是构建区域创新系统的基础。创新过程在一定区域的根植形成了区域创新系统，这一创新过程包括创新资源的配置过程。并且，创新资源的高效配置和利用本身就是区域创新系统的目标之一。第二，区域创新资源配置是在区域创新系统中进行的资源配置。原因在于区域创新系统的重要功能就在于协调系统组成要素之间的关系，形成合理的资源要素配比关系，发挥特定的系统功能，引导创新目标的实现。并且，只有通过区域创新资源的配置过程才能将资源要素通过整合与利用形成一定的结构和功能，进而成为一个区域创新系统，否则创新资源只是分散在各个创新主体、各个领域或各个区域，并不能称为一个系统。第三，区域创新系统的水平会直接影响创新资源配置。"弱"的区域创新系统会导致创新资源的低效利用甚至会阻碍创新，而过于"强"的区域创新系统则有可能使区域忽视区域以外的创新资源（Carlsson and Jacobsson，1997）。第四，区域创新系统要发挥催化功能，需要将创新资源在禀赋较好的地区和较差的地区之间合理配置（黄鲁成，2000）。

2）区域创新资源配置与区域创新环境

区域创新环境是区域内有利于创新的"硬"环境和"软"环境的总称，包括基础设施、科技意识、创新资源、政策扶持和经济发展环境等。可以看到，创新资源环境是区域创新环境的重要组成部分，需要强调的是，创新资源环境所指向的也不仅仅是创新资源的数量或投入强度，它内在地要求创新资源要素比例关系的协调、功能作用的互补，也就是说要求实现创新资源配置的优化。良好的创新资源配置有利于改善区域创新环境。

3）区域创新资源配置与区域创新能力

区域创新能力是解释一个国家或地区经济发展水平的重要原因。区域创新能力是一种知识转化能力，是技术等创新资源的经济应用。决定区域创新能力大小的因素包括知识获取能力、知识创造能力、企业技术创新能力、创新环境、创新绩效等。新贸易理论的技术竞争论认为创新资源禀赋是区域创新能力的决定因素。区域创新资源的数量、质量、创新资源在不同主体和不同区域之间的配置状况直接影响区域创新能力，并且，知识的获取及从知识、技术转化为创新绩效的过程就是一个创新资源配置过程。也就是说，区域创新能力不仅仅取决于创新资源的投入，也取决于创新资源的配置，原因在于创新资源配置状况直接影响创新资源投入所带来的实际产出数量和质量，而这些产出是区域创新能力的重要衡量标准。区域创新资源配置通过影响区域创新资源投入产出导致区域创新能力的差异，优化创新资源配置能够提高区域创新产出的数量和质量，进而提高区域创新能力，反之，则会削弱区域创新能力。

进一步地，可根据创新资源禀赋和创新资源配置能力的差异，将区域分为四种类型（图 3-3）。位于第一象限的地区是最理想的状态，同时拥有创新资源禀赋优势和较高的创新资源配置能力，这类地区一般已经形成创新资源优势转为经济发展优势、经济发展优势又反过来提升创新资源禀赋的良性循环，具有很强的区域创新能力。位于第二象限的地区具有较高的创新资源禀赋，但创新资源配置能力较低，这类地区往往不能将创新资源优势转化为创新产出和经济发展优势，并存在创新资源流出的风险；位于第三象限的地区创新资源禀赋和配置能力都不具有优势，这类地区往往容易陷入"追赶—落后—再追赶"的困境，区域创新能力也较弱；位于第四象限的地区一般不具有创新资源禀赋优势，但是创新资源配置能力较强，这类地区可以通过资源配置，吸引创新资源进入本地区，提高创新资源水平，同时也能将有限的创新资源转化为创新产出和经济发展优势。据此可以看到，区域创新能力是创新资源禀赋与创新资源配置能力综合的结果。

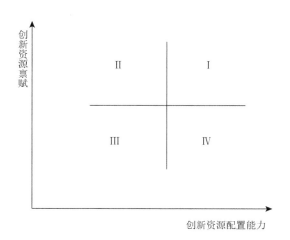

图 3-3　创新资源禀赋与创新资源配置能力影响区域创新能力的矩阵

综上所述，区域创新资源配置是区域创新系统形成演进的前提和基础，是区域创新资源环境的重要组成部分，是区域创新能力的决定性影响因素。

3.2.2   区域创新资源配置的实现过程

与区域创新系统的短链线性结构模式不同，区域创新资源配置是一个动态的循环过程，如图 3-4 所示。总体上由搜索与获取、分配与管理、整合与利用、保持与更新等若干个环节组成，是创新主体之间关系协调的过程，是创新主体对创新资源要素进行分配布置的过程，是创新资源在不同创新主体之间、区域内部及区域之间的流动和再分配过程，也是政府配置机制和市场配置机制共同作用的过程。

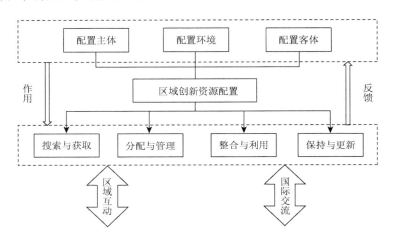

图 3-4   区域创新资源配置的实现过程

1. 搜索与获取

搜索与获取是区域创新资源配置的重要前提，具体又包括搜索与获取的主体、客体和方式。就主体而言主要是指各类创新主体，客体则是各种有形或无形的创新资源，方式则会因为创新主体的差异而呈现出显著的异质性。例如，企业主要通过模仿、引进、消化再吸收或自主创新等方式搜索与获取创新技术资源，且更加侧重于对应用型和市场型技术创新资源的搜索与获取；大学和科研院所则主要通过自主研发、合作研发等方式搜索与获取创新技术资源，且更加侧重于通过基础研究和试验发展搜索与获取技术创新资源。此外，对创新资源的搜索与获取还包括其目标范围是主体内部还是主体之间或者是区域内部还是区域外部，也就是说这种搜寻策略是封闭的还是开放的。

2. 分配与管理

分配影响和决定了区域创新主体拥有的创新资源数量和质量，管理则会影响分配行为和机制。对区域创新资源的分配与管理主要通过两种调节机制——政府主导机制和市场导向机制。一方面，政府主导机制一般通过政府行政命令将人、财、物、技术和信息等分配给相应的创新主体，包括分配的数量、质量、对象、范围、时间和方式等，同时政府通过建立一套监督管理体系或法规实现对创新资源分配过程和结果的管理。另一方面，市场导向机制是创新资源的供求双方根据各自的偏好、购买能力、创新资源的互补性、创新资源的交易价格等实现自发的分配过程，其对创新资源分配过程和结果的管理主要依靠市场秩序、诚信体系、市场违约惩罚机制等实现。最后，政府可以通过制定和实施各种政策工具影响市场的分配和管理行为。

3. 整合与利用

整合与利用是区域创新资源配置的重要环节，直接决定和影响区域创新资源配置的质量和效益或者说绩效。从某种意义上说，搜索与获取、分配与管理这两个环节都只是区域创新资源配置的手段，整合与利用则是区域创新资源配置的关键，其目的是要产生"1＋1＞2"的溢出效应。具体而言又包括不同资源间、不同主体间、不同区域间的整合与利用。第一，创新本身需要人、财、物等不同类型创新资源的共同作用，也只有充分发挥不同类型创新资源的功能优势，相互匹配形成不同类型创新资源的良性互补，才能实现既定的创新目标。第二，区域创新资源的整合与利用发生在不同创新主体之间，不同的创新主体拥有一定的差异化的创新资源禀赋优势，通过彼此之间的资源互补与协同，既能提升创新主体自身的创新能力和竞争力，也能获得单一主体无法取得的创新成果。例如，通过建立产学研合作关系，既能够使企业获得所需要的技术和人才资源，又能够提高高校院所的科研能力并提高人才培养质量，同时还能够通过共同研发带来新的技术和新产品。第三，区域创新资源的整合与利用同样需要在区域间进行，充分整合不同区域的创新资源，实现跨区域的协同创新。

4. 保持与更新

保持与更新是实现区域创新资源配置持续稳定的重要保障。主要包括配置强度、配置结构和配置环境三个方面的保持与更新。一是区域创新资源强度也就是规模数量的保持与更新，一定的区域创新资源配置强度是区域创新资源配置的重要基础，为此，既要通过搜索与获取为区域带来更多的创新资源，也要通过合理的分配与管理保障创新资源不会流失，同样需要通过整合与利用发挥现有创新资源的衍生作用以带来新的创新资源，并避免创新资源浪费；二是区域创新资源结构或比例关系的保持与更新，在一定的时期，一定创新资源比例关系是协调的，并能够实现区域创新的既定目标，这一阶段的配置重点是比例关系的保持。但随着创新环境的改变或创新资源自身发生的变化等，原有的创新资源比例关系可能会发生扭曲甚至是错配，这时就需要通过前面三个阶段的变革实现创新资源比例关系的更新；三是区域创新资源配置环境不是一成不变的，经济环境、社会环境、创新环境、政策环境都是动态变化的，这就需要克服"惯性"的束缚，不断改善或优化配置环境。

3.2.3　区域创新资源配置的基本模式

根据配置主体作用差异、区域范围差异、搜寻策略差异和创新资源来源差异等，可以将区域创新资源配置划分为不同的模式。

1. 基于配置主体作用差异的模式划分

基于配置主体在区域创新资源配置过程中的作用不同，可以将区域创新资源配置模式划分为政府主导、市场主导、多方协同及有效制度安排下的协调互动四种模式（表 3-2）。

表 3-2　区域创新资源配置的模式划分

维度	模式类型
配置主体作用差异	政府主导
	市场主导
	多方协同
	有效制度安排下的协调互动
区域范围差异	区域内配置
	区域间配置
搜寻策略差异	封闭式
	开放式
创新资源来源差异	引进模仿型
	吸收改进型
	自主创新型

第一，政府主导的区域创新资源配置模式是指政府在资源配置过程中起决定性作用的模式，具体而言又可以分为"强主导"和"弱主导"两种。"强主导"方式主要是指"命令控制型"的区域创新资源配置模式，政府主要通过强大的行政力量对创新资源配置进行直接干预，在这种模式下，政府是创新决策的制定者，是创新资源投入的主体，也是创新风险的主要

承担者，创新的执行者所进行的技术创新行为主要是为了完成政府指定任务。"弱主导"方式是与"强主导"相对而言的，在这种模式下，政府更多的是扮演引导、整合或监管的角色，政府的主要作用是提供公共创新资源，通过政策优惠的方式对特定创新资源投入给予支持，对创新主体的创新行为进行必要的监督管理，纠正市场配置创新资源可能出现的失灵问题及优化区域创新环境等。

第二，市场主导的区域创新资源配置模式是指市场在资源配置过程中起决定性作用的模式。在这种模式下，创新资源的配置主要取决于创新需求和供给之间的相互关系，创新主体根据市场状况决定创新资源配置的多少和优劣等，包括技术 R&D、新产品开发、新创企业等创新行为主要受市场状况和规则的影响和决定，同时，创新主体主要借助市场提供的信息实现创新资源供求关系、创新合作关系的对接。市场导向机制是这种模式的核心运行机制。

第三，多方协同的区域创新资源配置模式是指由相关创新主体共同配置创新资源的模式。在这种模式下，每个创新主体都发挥自身所具有的创新资源优势或资源配置能力优势，并与其他创新主体形成资源互补或能力互补，这种模式更有利于提高创新产出。产业创新联盟、政产学研合作、跨区域的创新共同体等都可以看作是多方协同的创新资源配置模式。

第四，有效制度安排下的协调互动模式。政府主导模式容易造成创新主体积极性的下降及创新资源配置成本的提高，市场主导模式则会因为信息不对称造成创新资源无法有效对接及创新资源的浪费，多方协同模式往往因为各创新主体的目标不一致而造成配置失灵，而有效制度安排下的协调互动模式能够避免上述三种模式的不足（李应博，2008）。理论上，有效制度是指能够克服政府失灵和市场失灵同时使创新主体资源配置目标一致的制度安排。有效制度既包括宏观层面的引导制度，也包括具体微观层面的规范创新资源配置行为的管理制度，既包括正式制度也包括非正式制度。有效的制度安排要求合理地划分政府和市场的边界，同时能够充分调动创新主体参与创新资源配置的主动性和积极性，强调政府与市场的协调及不同创新主体基于行为目标一致的有机互动。如果用通常的表述，有效制度安排下的协调互动模式是指市场主导、政府引导、多方参与、协调一致、互利共赢的模式。

2. 基于区域范围差异的模式划分

基于创新资源配置区域范围的差异性，可以将区域创新资源配置模式划分为区域内配置和区域间配置。前者是指创新资源配置的区域范围局限于某一个区域内部，创新主体对知识、技术、资金等基本要素在区域内部进行分配与管理，创新要素也在区域内的创新主体间流动。后者则是指区域与区域之间的跨区域创新资源配置，创新资源要素不仅在区域内流动，也在区域间流动，通过跨区域的创新资源搜索与获取，实现区域之间创新资源要素的整合与利用。需要说明的是，这里的区域间创新资源配置既包括一个国家地理范围内不同区域的资源配置，如不同省域、不同城市之间的创新资源配置，也包括不同国家之间的创新资源配置，通常是以国家之间的创新合作、跨国技术转移等方式实现。

3. 基于搜寻策略差异的模式划分

基于区域对创新资源的搜寻策略是内向的还是外向的，或者说根据区域是否获取或利用区域外部创新资源，可以将区域创新资源配置模式划分为封闭式和开放式。这种模式类型的划分与基于区域范围的模式划分密切相关，不同之处在于后者更强调地理和空间概念。具体而言，封闭式的创新资源配置方式对创新资源的搜索和获取主要局限于区域内部，而开放式的创新资源配置方式则将搜寻范围扩大到区域外部，旨在通过区域开放式协同创新的方式，获取更多的创新资源。比较而言，开放式模式能够比封闭式模式获得更多的创新资源，能够实现更好的创新资源互补，也更加有利于区域创新能力的提升。并且，考虑到创新资源的流动性特征，可以说，任何一个区域都难以仅仅依靠封闭式创新资源配置实现创新驱动发展。

4. 基于创新资源来源差异的模式划分

根据创新资源来源的不同及创新资源发展过程的变化，可以将区域创新资源配置模式划分为引进模仿型、吸收改进型和自主创新型（表3-2）。这种模式类型的划分与基于搜寻策略差异的模式划分密切相关，不同之处在于前者强调主动的创新资源配置行为，后者强调创新资源配置的实现结果。具体而言，引进模仿型主要着眼于解决当前区域经济社会发展对创新资源的现实需求，通过引进（购买）和模仿（复制）的方式实现对创新资源的搜索和获取；吸收改进型主要通过有选择地获取创新资源，并对其进行整合、再利用和更新，旨在实现创新资源的优化升级；自主创新型主要依靠自身创新力量开发区域经济社会发展所需要的创新资源。

3.2.4　区域创新资源配置的优化路径

根据区域创新资源配置的内涵特征、实现过程和基本模式，可以从理论层面上总结归纳出优化区域资源配置的实现路径。

1. 基于创新资源自身角度

从创新资源自身角度看，作为一种投入，可以从增加创新资源数量、提高创新资源质量、调整创新资源配置结构三个方面入手。特别是当一个地区的创新资源禀赋先天不足，后天增长乏力时，增加创新资源数量是优化创新资源配置的首要任务。这里还包括一个"闲置"创新资源的再利用问题，有一些创新资源之所以被"闲置"或被认为是没有价值的，可能仅仅是因为缺少发现这些创新资源价值的有效途径或方式，因此创新资源价值的再发现、再利用也是增加创新资源数量的重要路径。例如，对高校院所沉淀的专利价值的再挖掘，对闲置创新条件平台资源的再利用，等等。当然，正如之前我们所强调的，创新资源的数量并不是越多越好，一定数量的高质量的创新资源禀赋，合理的创新资源比例结构才是创新资源配置结构优化的重要标准。例如，一个区域集聚了大量的创新人才资源，却没有一批高技术企业和高端创新条件平台作为支撑，最终的结果很可能是创新人才的"闲置"和人才资源流失。

2. 基于创新资源的投入产出角度

创新主体投入创新资源的目的是获得最大化和最优化的创新产出。最大化是从量的角度扩大创新资源产出数量规模，也就是要在一定的创新资源投入下尽可能获得最多数量的创新产出，从这个角度出发，提高创新资源投入产出转化效率和效益至关重要。例如，我们经常提到要提高科技成果转化率，提升科技进步对经济增长的贡献率等。最优化则强调创新产出不仅仅是简单地越多越好，还需要是高质量的产出，这就要求通过创新投入所获得的专利、技术、产品或服务等具备高质量的特征，并且内在地要求创新产出与市场需求相匹配，实现科技与经济的有效结合。这就需要完善创新生态环境，推进创新链、产业链、资金链、人才链和政策链的深度融合，围绕产业链部署创新链，围绕创新链配置资金链，优化人才链和政策链。需要说明的是，基于社会整体福利的考量，最优化比最大化更加重要，为实现最优化而适当地放弃最大化目标也是可行的。

3. 基于创新资源的主体间配置角度

当创新资源数量和质量不变时，可以通过提高创新资源的互补性和替代性来优化创新资源配置。提高互补性是指在不同创新主体间优化配置以实现不同创新资源的优势互补，通常说的产学研结合就是通过提高互补性来实现创新资源配置优化的途径；提高替代性则是指通过将创新资源从低效主体向高效主体转移的替代性过程，来提升创新资源产出的综合效率和效益。在现实经济中，淘汰落后产能、兼并重组等是从生产角度提高资源替代性的重要方式，而从创新角度提高资源替代性往往体现在将重要的创新资源配置给最具创新能力的企业或高校院所。

4. 基于创新资源的区域间协调角度

优化区域创新资源配置的重点是实现创新资源在不同区域之间的自由流动和和谐流动。自由流动是指创新资源在不同区域间的转移不存在行政壁垒、技术壁垒、市场壁垒等障碍因素，自由流动有利于降低创新资源的搜索获取和分配管理成本，有利于创新资源的整合利用。但往往对于一些特殊的、特定的创新资源而言，自由流动难以实现。和谐流动是指创新资源在区域间的流动不是掠夺性的或恶性流动，之所以要提到和谐流动是因为创新资源配置能力强的地区往往可以通过经济优势、创新环境优势等形成对弱势地区的强大资源吸聚效应，会导致创新资源配置能力弱的地区流失大量创新资源要素，从区域间协调的角度来看，掠夺性配置导致的创新资源流动不利于区域协调发展。这就需要政府在制定相关政策制度或设计相关运行机制时，不仅要考虑效率因素，更要充分考虑区域创新资源配置的公平性、公正性和协调性。

3.3 区域创新资源配置影响经济高质量发展的传导机制

经济高质量发展是"能够更好满足人民不断增长的真实需要的经济发展方式、结构和动力状态"（金碚，2018），是以包容性和可持续性为目标的一系列基要的生产函数连续发生质变的过程，这一过程和目标的实现需要质量变革、效率变革和动力变革。其中，质量变革通过价值侧的不断进步来提高产品附加值，并不断向价值链高端攀升；效率变革强调生产要素的合理配置和组合，实现全局效率、地区效率和产业效率的帕累托最优；动力变革是新旧动能转换，以创新作为引领，驱动经济高质量发展。质量变革和效率变革都需要以动力变革为基础，以创新驱动产品及服务质量的提升，推进资源集约化利用，而质量升级和效率提升又会"反哺"经济发展动能，一方面为动力变革奠定了更好的经济社会"土壤"，另一方面对动力变革提出了更高要求，推进动力变革升级。因此，质量变革、效率变革、动力变革是辩证统一的关系。区域创新资源配置与这三大变革密切联系，并直接影响三大变革的过程和效果（图3-5）。

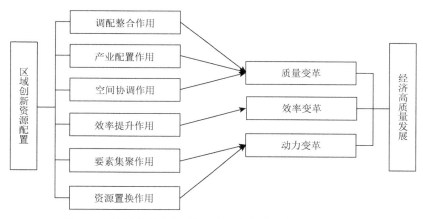

图 3-5　区域创新资源配置影响经济高质量发展的传导机制

3.3.1　区域创新资源配置与质量变革

质量变革是经济高质量发展的基础，既包括通常所说的产品和服务质量的改善，也包括国民经济各组成部分、各个环节综合素质的提高，还包括区域发展协调性的增强，需要增加有效和中高端供给，优化供给体系质量，是一场全方位的变革，并且，质量变革内在的要求使创新真正成为提高质量的强大动能。

第一，优化区域创新资源配置可以通过调配整合作用提高产品和服务质量。创新资源的分配与管理、整合与利用是区域创新资源配置的重要环节，优化区域创新资源配置能够形成不同类型创新资源的合理比例关系，形成区域创新的合力，实现"1+1>2"的溢出效应。这一方面有利于提高现有产品的有用性和附加值，如通过加大产品 R&D 力度，提高产品科技含量，提升产品质量层级；另一方面有利于产生新工艺、新技术和新产品，因为创新本身就意味着不同生产要素的新组合，也就是不同创新资源要素的优化组合与利用。

第二，优化区域创新资源配置可以通过产业配置作用促进产业迈向价值链中高端。产业配置能力是区域创新资源配置能力的重要组成部分，优化区域创新资源配置需要将现有的和获得的创新资源合理地分配到各个产业生产部门。合理的分配至少有两层内涵，一是将创新资源配置给资源短缺的产业生产部门，也就是从数量上实现资源合理分配，二是将创新资源配置给效率和效益较高的产业生产部门，特别是将优质的、稀缺的创新资源配置给那些创新能力和竞争实力更强、产品附加值更高的产业生产部门，这样有利于提高企业自主创新能力和产业创新能力，促进产业转型升级，提升产业在全球价值链中的分工地位。

第三，优化区域创新资源配置可以通过空间协调作用促进区域均衡发展。从空间的角度看，优化区域创新资源配置至少包含两层含义，一是在区域内部实现创新资源的合理配置，如省域内部实现创新资源在城市之间或城乡之间的合理配置；二是在区域之间实现创新资源的合理配置，也就是实现创新资源在区域之间的合理流动。优化区域内和区域间的创新资源空间配置都要求首先优化区域创新环境，这是将创新资源吸引到本区域的前提和基础，并且，如果一个区域不具备良好的创新环境，即便通过行政力量的干预获得一定的创新资源，也无法将创新资源沉淀到本地区。总之，空间协调作用能够促进创新资源的区域合理分配，增强区域发展协调性。

3.3.2　区域创新资源配置与效率变革

效率变革是经济高质量发展的主线。提升发展效率的目的在于实现要素高效配置，也就是要提高土地、资本、劳动、技术等生产要素的投入产出效率及要素对经济发展的实际贡献率，同时还要提高资源配置效率。优化区域创新资源配置可以通过效率提升作用推进效率变革。效率提升作用是指优化创新资源配置所带来的区域创新投入产出比例的改善和提高，也就是创新资源使用效益的提升，这就要求在市场上能够高效要素进得去，低效要素退得出。

首先，优化区域创新资源配置能够搜索和获取更多的创新资源，增加创新资源有效投入。在实践中，创新资源的投入既可能是一个有序的、有目的的行为，也可能是无序的、无目的的行为，在投入过程中，政府和市场扮演着不同的角色，二者之间既可能形成良好的协调关系，也可能出现政府部门的越位、错位或失位及市场的配置失灵问题。因此，通过提高治理能力，政府部门有为地优化配置区域创新资源将有利于增加有效投入减少无效投入。同理，通过建立健全有利于技术创新的市场导向机制也将取得同样的效果。

其次，优化区域创新资源配置能够将有限的创新资源合理分配到效率和效益较高的生产部门和环节，这样，在一定的创新资源投入前提下就能够带来更多的创新产出，并提高创新资源对经济发展的贡献率。如前所述，创新资源本身具有稀缺性特征，特别是优质的创新资源更具有稀缺性。如何最大限度地发挥有限创新资源的产出效果是优化区域创新资源配置的重点。如果将创新资源投向基础研究领域、关键核心技术领域、战略性新兴产业领域等，将极大提高区域创新能力，同时提高产品和产业附加值，促进产业转型升级，提升产业链现代化水平。相反，如果创新资源被配置到不能带来更多附加值、更多创新产出的领域，将对创新资源产生极大的浪费。

最后，优化区域创新资源配置也意味着要将创新资源从效率和效益降低的领域转移出去，促进创新资源要素的合理流动。区域创新资源由各种创新要素组成，创新要素的合理有效流动将极大促进创新成果的转移转化，这种成果转化将最终成为提高经济有效供给能力的重要催化剂，也将成为提供有效需求的重要支撑，这也就意味着经济整体运行效率将会提高。

3.3.3 区域创新资源配置与动力变革

动力变革是经济高质量发展的关键。新的经济发展阶段，最重要的问题是增长动力机制的重塑，也就是要使创新成为发展的第一动力，而推进资源要素的流动、集聚和合理分配则是重要途径。

一方面，优化区域创新资源配置可以通过要素集聚作用促进创新资源要素的流动和集聚。如前所述，创新资源具有流动性特征，区域创新主体通过对创新资源的搜索与获取提高了创新资源包括知识资源的流动性，促进不同创新资源在不同主体、不同区域之间的转移转化，最终将促进创新要素的空间地理集聚，而创新要素的空间集聚使创新资源更加容易获得，有利于形成区域创新系统、改善区域创新环境，提高区域创新能力。进一步地，优化区域创新资源配置能够通过这种集聚-扩散效应，形成促进经济高质量发展的正反馈机制。也即通过集聚形成区域创新系统，再通过区域创新系统的知识外溢机制形成对周边地区的辐射带动效应，促进周边地区创新能力的提高。

另一方面，优化区域创新资源配置可以通过资源置换作用促进资源合理分配。这里的资源置换作用主要是指创新资源要素或者说技术要素对土地、资本要素的置换作用，如前所述，优化区域创新资源配置能够使创新资源更加容易获得，并且通过创新资源的整合利用和合理分配，提高创新资源对经济发展的贡献率，这一方面能够在数量上满足区域创新和经济社会发展对创新资源的需要，另一方面能够提高技术等创新资源对土地和资本要素的可替代性，推进发展动力从要素驱动向创新驱动转换。

综上所述，优化区域创新资源配置是实现创新驱动发展的关键，是实现经济发展动力转换的前提，能够通过调配整合、产业配置、空间协调、效率提升、要素集聚及资源置换作用推进生产函数组成要素发生量变和质变，进而促进质量变革、效率变革和动力变革，实现经济高质量发展。实际上，优化区域创新资源配置的六大主要功能对经济高质量发展三大变革具有交互影响的作用，共同推进经济发展质量的提升（图 3-5）。当然，如果一个地区的区域创新资源配置出现扭曲或错配，则不利于质量变革、效率变革和动力变革，也会阻碍区域经济的高质量发展。

3.4　本　章　小　结

　　创新资源禀赋或投入并不是造成区域创新能力或经济发展水平差异的唯一原因，同样的创新资源在不同区域，其对创新驱动发展的影响可能是不同的，而创新资源配置是造成这种异质性影响的重要原因之一。区域创新资源是指一定时期、一定区域内，以实现创新发展为目的，参与新知识、新产品、新工艺、新技术等生产开发过程的各种物质资源和非物质资源的统称，具有价值性、多元性、流动性、稀缺性、难复制性和空间集聚性等特征。区域创新资源配置则是指一定时间、一定区域内，由政府、企业、高校院所、科技中介服务机构及非营利性组织等，对各种物质或非物质形态的创新资源要素进行搜索与获取、分配与管理、整合与利用、保持与更新的动态过程。根据配置主体作用差异、区域范围差异、搜寻策略差异和创新资源来源差异等，可以将区域创新资源配置划分为不同的模式。区域创新资源配置可以从创新资源自身、创新资源投入产出、创新资源主体间配置及创新资源的区域间协调角度，结合区域发展实际选择不同的优化路径。优化区域创新资源配置能够通过调配整合、产业配置、空间协调、效率提升、要素集聚及资源置换作用推进生产函数组成要素发生量变和质变，进而促进质量变革、效率变革和动力变革，实现经济高质量发展。反之，区域创新资源配置的扭曲则会阻碍经济高质量发展。

第4章 区域创新资源配置对经济高质量发展的影响效应

随着创新驱动发展战略的不断深入，中国区域创新资源配置的规模、结构、强度等都得到了一定的改善或提升，对经济高质量发展的正向促进效应也日益显现，但同时还存在一些资源配置扭曲的现象和问题，制约了区域创新能力的持续增强。本章重点分析区域创新资源配置的动态演进规律、配置扭曲的主要特征，基于配置效率视角，构建指标体系测算分析区域创新资源配置效率的时空分异特征，以全要素生产率表征狭义的经济高质量发展，评估区域创新资源配置效率对经济高质量发展的影响效应[①]。

4.1 区域创新资源配置的基本特征事实

4.1.1 区域创新资源的动态演进规律

1. 创新资源总量保持较快增长

一是创新人力资源规模扩大（图 4-1）。2019 年，全国 R&D 人员全时当量为 480.1 万人年，比 2000 年增加了 387.9 万人年，年均增长 9.07%；每十万人口高等学校平均在校生数为 2 857 人，比 2000 年增加了 2 134 人，年均增长 7.5%；根据国家统计局的数据，2019 年，每十万人口中受大专及以上教育人口数为 14 580 人，比 2000 年增加了 10 969 人[②]。二是创新财力资源增长迅速（图 4-1）。2019 年，R&D 经费投入总量为 221 436 亿元，是 2000 年的 24.7 倍，增速保持世界领先。2013～2016 年 R&D 经费年均增长 11.1%，而同期美国、欧盟和日本的 R&D 经费年均增长分别为 2.7%、2.3%和 0.6%。R&D 经费总量居世界第二位，年净增量已超过 OECD

---

① 本章部分内容发表在付丽娜，彭申超，易明. 基于共同前沿生产函数的区域创新资源配置效率研究. 宏观经济研究，2020，257（4）：85-102.

② 每十万人口中受大专及以上教育人口数=（抽样中大专及以上人口数/抽样总人口数）×100000，数据来源：中国统计年鉴。

成员国增量总和①。此外，科技金融生态系统逐步建立完善，多层次资本市场已经初步形成，特别是私募股权资金发展迅速。三是创新物力资源增长较快。简单以普通高校数来看，2019 年，全国有普通高校 2 688 所，比 2000 年增加了 1 647 所；因科研院所改制，2019 年科学研究与开发机构的数量比 2005 年减少了 684 个，但总体数量也稳定在 3 200 个左右；高技术产业 R&D 项目数从 2011 年的 53 888 个增加到 2019 年的 126 645 个。四是创新技术资源成倍增加。专利申请受理数从 2000 年的 17.1 万项增加到 2019 年的 438.1 万项，年均增长 18.62%，专利授权数从 2000 年的 10.5 万项增加到 2019 年的 259.2 万项，年均增长 18.4%。发明专利申请和授权数均在全球排名第一。与此同时，中国企业在美国获得的专利也在稳步上升，2019 年，以华为、京东方为代表的中国公司获取专利数量比上一年度增加34.14%，达到 16 900 件，成为仅次于美国、日本、韩国的第四大专利申请来源地②。五是创新信息资源条件极大改善。2019 年，电话普及率达到128 部/百人，2000 年该数据仅为 19.1 部/百人；互联网普及率从 2002 年的 4.6%提高到 2019 年的 64.5%；互联网国际出口带宽从 2005 年的136 106.04 位提高到2019 年的 8 827 751 位。

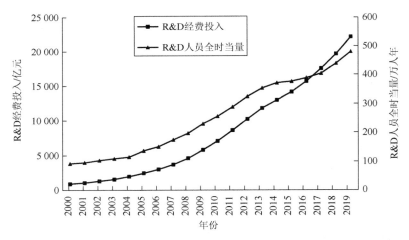

图 4-1　2000～2019 年 R&D 人员全时当量和 R&D 经费投入的演进规律

资料来源：根据历年全国及各地区统计年鉴、高新技术产业年鉴等相关数据计算整理绘制，下同

---

① 2017 年全国科技经费投入统计公报[EB/OL].http://www.stats.gov.cn/tjsj/sjjd/201810/t20181009_ 1626712.html. 2018-10-09. 此外，区域创新资源配置的特征事实分析的相关数据资料主要来自历年全国科技经费投入统计公报及中国统计年鉴，以下不再另行标注。

② 中国企业 2019 年在美获批专利增速最快[EB/OL]. http://ip.people.com.cn/n1/2020/0117/c179663- 31553735. html. 2020-01-17.

2. 创新资源投入结构有所改善

第一，基础研究经费占比有所提高。基础研究是引领创新的源头，2019 年，中国基础研究经费为 1 335.6 亿元，比上年增加 245.2 亿元，同比增长 22.49%；增速比上年增加，为近 5 年来的新高；基础研究经费占 R&D 经费的比重为 6.03%，较上年提高 0.5 个百分点，延续了 2014 年以来稳步回升的态势，达到 2005 年以来的最高水平。

第二，企业是 R&D 经费投入主体。2019 年，全国各类企业 R&D 经费支出 16 921.8 亿元，比上年增长 11.1%；政府属研究机构 R&D 经费支出 3 080.8 亿元，增长 14.5%；高等学校 R&D 经费支出 1 796.6 亿元，增长 23.2%。企业、政府属研究机构、高等学校 R&D 经费支出所占比重分别为 76.4%、13.9% 和 8.1%。

第三，行业集聚效应显著增强。2019 年，规模以上工业企业中 R&D 经费投入超过 500 亿元的行业大类有 9 个，R&D 经费合计 9 682 亿元，比上年增长 13.1%，增速高于规模以上工业企业 0.9 个百分点；这 9 个行业的 R&D 经费占规模以上工业企业的 69.3%，较上年提高 3.22 个百分点。

3. 创新资源投入强度持续提升

以 R&D 经费投入强度为例，全国 R&D 经费投入占 GDP 的比重由 2000 年的 0.9% 提高到 2019 年的 2.23%（图 4-2），投入强度已经超越欧盟 15 国的平均水平（2.13%），相对于 2017 年的国际数据，我国正不断接近 OECD 成员国的平均水平（2.37%），但是与美国（2.83%）、日本（3.26%）等科技强国相比尚显不足。

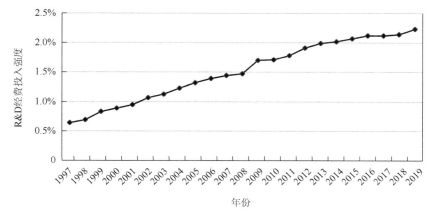

图 4-2　1997～2019 年 R&D 经费投入强度演进规律

4. 财政投入支持力度不断加强

2019年国家财政科学技术支出10 717.4亿元，比2000年增加10 141.8亿元，年均增长 16.64%，财政科学技术支出占当年国家财政支出的比重为4.49%，财政投入支持力度不断加强（图 4-3）；与此同时，税收优惠政策进一步支持了企业 R&D 活动。以规模以上工业企业为例，2019 年 R&D费用加计扣除减免税政策和高新技术企业减免税政策的惠及面分别达到66.0%和 56.2%，分别比上年提高 2.2 个和 0.1 个百分点[①]。

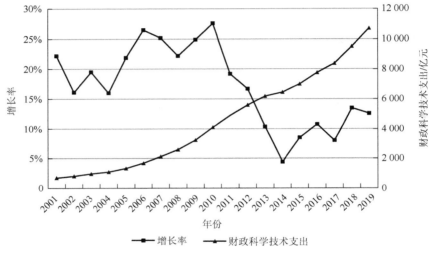

图 4-3   2001～2019 年财政科技投入增长规律

4.1.2   区域创新资源配置的扭曲特征

1. 创新资源配置结构依然不优

第一，基础研究有效支撑不够。主要表现在基础研究、应用研究和试验发展 R&D 经费的比例关系不协调（图 4-4）。2019 年，基础研究、应用研究和试验发展三项 R&D 经费支出分别为 1 335.6 亿元、2 498.5 亿元、18 309.5 亿元，在 R&D 总经费的占比结构为6：11.3：82.3。基础研究投入占全社会 R&D经费 6%左右的比例远远低于主要创新型国家的水平（10%以上）。基础研究经费仅占企业R&D 经费总额的 0.3%左右[②]，与发达国家基础研究占比 15%以

[①] 国家统计局社科文司首席统计师邓永旭解读《2019 年全国科技经费投入统计公报》[EB/OL].
    http://www.stats. gov.cn/tjsj/sjjd/202008/t20200827_1786200.html. 2020-08-27.

[②] 科技部发布 2019 年 R&D 经费投入特征分析[EB/OL]. http://www.most.gov.cn/xxgk/xinxifenlei/
    fdzdgknr/kjtjbg/kjtj2021/202106/t20210608_175085.html. 2021-06-08.

上的水平还有较大差距①。可以看到，一方面，基础研究投入不足的局面尚未实现根本转变，试验发展阶段的投入增长挤占了基础研究和应用研究投入的增加，导致原始创新能力仍然薄弱，高水平原创性成果不能满足产业创新的需求，构建现代化产业体系的关键核心技术供给不足；另一方面，企业基础研究意愿低、投入少、能力弱，基础研究能力和水平不高，导致企业关键核心技术攻关动力不足、进展缓慢、效果欠佳。

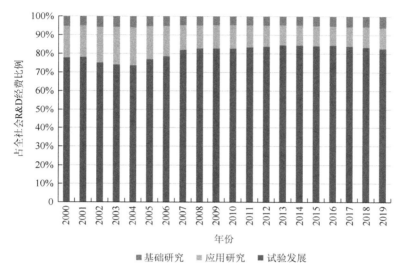

图 4-4　2000～2019 年三项 R&D 经费占全社会 R&D 经费的比例

第二，高校作为基础研究的主体，R&D 资金占比不高，企业虽然 R&D 经费高，但 R&D 活动少。一方面，2019 年，高等学校 R&D 经费支出为 1 796.6 亿元，仅占 R&D 总经费的 13.9%。高等学校基础研究经费支出为 722.2 亿元，占基础研究经费总支出的 54.07%，虽然基础研究经费占比超过了 50%，但与庞大的高等学校数量规模相比，基础研究经费仍然不足。另一方面，2019 年，规模以上工业企业 R&D 经费支出为 13 971.1 亿元，占 R&D 经费总支出的 63.1%，但是，规模以上工业企业有 R&D 活动的企业为 129 198 个，仅占规模以上工业企业总量的 34.2%。可以间接反映出 R&D 经费在规模以上工业企业的配置具有"二八定律"分布特征。

第三，企业 R&D 投入的行业分布不够合理。一方面，R&D 经费投入的行业差异较大。2019 年，计算机、通信和其他电子设备制造业、汽车制造和医药制造等行业的 R&D 经费投入都超过了 500 亿元，而传统行业特别是煤炭、石油、天然气、有色金属等采矿业的 R&D 经费投入总额还不到 300 亿元。另一方面，非制造业企业 R&D 经费投入占比仅为 3.1%，远低于美国等发达国家。

第四，经济发达地区或者说 R&D 资金投入较多地区，基础研究投入占比反而较少。2019 年，广东、江苏的 R&D 经费投入分别排在全国前两位，但是基础研究投入占比在全国排名分别为 22 和 29。西藏和青海的 R&D 经费投入分别排在全国最后一位和倒数第三位，但是其基础研究投入占比在全国排名为 1 和 2。

第五，创新人才资源的制约日益突出，与制造业和高技术产业高质量发展的人才现实需求偏离。这一点突出表现在制造业高端 R&D 人才缺口较大，传统制造业工作比较单调，企业文化、工作氛围和薪酬水平不如互联网等新兴行业，加上受金融、房地产等行业的挤出效应和虹吸效应影响，复合型人才、科技领军人才、基础技术人才和高技能人才呈现从制造业流出的趋势，"找不到、招不来、留不住"成为制造业招才引智的常态。此外，高校院所培养的学历型人才则因为与社会实践脱节，无法满足企业 R&D 生产的实际需要，企业往往需要对大学毕业生重新进行系统培训，增加了企业的人力资源投入成本。并且，由于高等院校大多集中在经济发达地区或经济中心城市，学历型人才的区域分布也呈现明显的地理集聚现象，一些二、三线城市往往面临学历型人才紧缺的制约。

2. 创新资源配置强度仍然不够

以 R&D 经费投入强度为例，虽然 2019 年 R&D 经费投入强度提高到 2.23%，但与创新型国家（2.5%以上）相比还有一定差距。2018 年，美国、德国和日本的R&D 经费投入强度已经分别达到了 2.84%、3.09%和3.26%[①]，韩国更是达到了 4.81%。从企业 R&D 经费投入强度看，按照国际通行标准，如果企业 R&D 投入强度达到 5%，能对企业的发展发挥较好的促进作用。国际上普遍认为，R&D 经费投入强度在 1%以内的企业难以生存，达到 2%则勉强维持，达到 5%以上才有竞争力。发达国家大型跨国企业的 R&D 强度一般保持在 5%～10%。2019 年，全国规模以上工业企业 R&D 经费投入强度仅为 1.32%，去上年相比增长幅度较缓；高技术产业企业 R&D 经费投入强度也仅为2.41%。可以看出，我国企业 R&D 投入强度远小于发达国家大型企业的水平。

3. 创新资源配置效益有待提升

创新资源配置的效益包括创新产出效益、劳动生产率提升效益、资源节约效益、环境保护效益等，这里我们重点考察创新产出效益。第一，国

---

① 世界银行数据库 https://data.worldbank.org.cn/indicator/GB.XPD.RSDV.GD.ZS?name_desc=false& view=chart. [2021-03-25]，数据仅更新至 2018 年。

家创新能力依然有待进一步提升。根据《彭博创新指数 2019》①，2019 年，国家创新能力排名前 10 的国家分别是韩国、德国、芬兰、瑞士、以色列、新加坡、瑞典、美国、日本、法国，中国仅排名第 16 位，与全球排名第 2 的经济总量并不匹配。并且，虽然国家创新能力的总体排名比上一年提升了 3 位，但这主要是由于从事科技与工程的人员在总劳动力中的占比越来越高以及创新专利数量的增加，需要看到，生产率和研究人员密集度两项指标仅分别排名第 47 位和第 39 位。第二，科技与经济的有效结合不够。大学和科研院所面向经济主战场的有效创新活动不足，大量的科研成果停留在论文和专利阶段，高校院所的科技供给输出少。近年来，专利低、小、散，70%的专利研发成本都在 10 万元以下，科技成果转化率低，社会科技成果转化方式中自我转化占比很大。技术转移服务体系尚不健全，缺少一批既懂技术又熟悉市场规律的技术经纪人，不利于科技成果在高校院所与企业之间的转移转化，产学研协同创新能力亟待增强。第三，产业创新能力不足。一个重要的表现是劳动生产率不高，金砖国家中仅仅比印度稍高，在 G20 国家中排名比较靠后。此外，技术严重依靠进口。例如，2019 年，规模以上工业企业的科技经费支出中，引进国外技术经费支出为 476.7 亿元，而引进技术消化吸收经费支出仅为 96.77 亿元，购买国内技术经费支出为 537.41 亿元，可以看到，大部分的科技经费是用于购买国外技术，且不是用于消化吸收再创新。又如，2017 年，中国集成电路进口量为 4 451.34 亿个，与去年同期相比增长 10.1%，进口金额 2 601.4 亿美元，同比增长 14.6%，集成电路用 12 英寸硅片几乎完全依赖进口②。

4. 创新资源区域配置明显失调

首先，从 31 个省域层面的比较来看，2019 年，R&D 经费投入超过千亿元的省（市）有 6 个，分别为广东（占 14%）、江苏（占 12.6%）、北京（占 10.1%）、浙江（占 7.5%）、上海（6.9%）和山东（占 6.8%）。如果按照 R&D 经费投入 2 000 亿元、1 000 亿元、500 亿元、200 亿元和 100 亿元的标准分成六个档次，广东、江苏、北京位居一档，浙江、上海、山东位居二档，湖北、四川、河南、湖南、安徽、福建、陕西、河北八个省位居三档，如表 4-1 和图 4-5 所示。

---

① 彭博创新指数构建了衡量经济体创新力水平的指标体系，包括研发、制造、高等教育、生产力、高技术公司、专利、研究人员等多个方面。

② 中商情报网. 2017 年 1-12 月中国集成电路进口数据分析：全年进口量为 3770 亿个[EB/OL]. https://baijiahao. baidu.com/s?id=1589535391647815780.2018-01-15.

表 4-1　2019 年按全国 R&D 经费投入水平的省域分档

R&D 经费投入档次	地区
一档（≥2 000 亿元）	广东、江苏、北京
二档（1 000 亿～2 000 亿元）	浙江、上海、山东
三档（500 亿～1 000 亿元）	湖北、四川、河南、湖南、安徽、福建、陕西、河北
四档（200 亿～500 亿元）	重庆、天津、辽宁、江西、云南
五档（100 亿～200 亿元）	山西、广西、吉林、内蒙古、黑龙江、贵州、甘肃
六档（<100 亿元）	新疆、宁夏、海南、青海、西藏

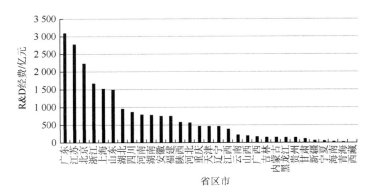

图 4-5　2019 年全国各省区市 R&D 经费总量排序

如果将 2009 年的数据与 2019 年的数据进行对比（图 4-6 和图 4-7），可以看到，10 年间各省 R&D 经费投入均有了翻倍的增长，其中江苏和广东两个省份的增长幅度最大，山东、北京、浙江、上海的增长幅度次之，这六个都是东部地区的省市,而中部、西部和东北部的增长幅度依次减小。此外，R&D 经费投入强度超过全国平均水平的省（市）有 7 个，分别为北京、上海、天津、广东、江苏、浙江、陕西。

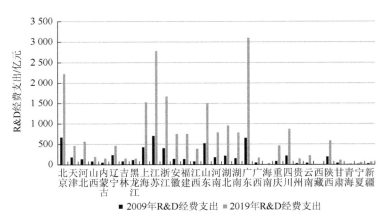

图 4-6　2009 年和 2019 年全国各省区市 R&D 经费支出比较

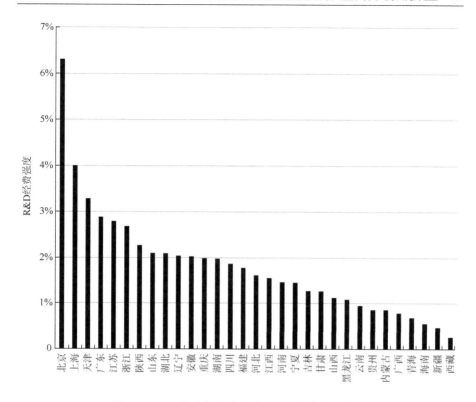

图 4-7　2019 年全国各省区市 R&D 经费强度排序

其次，从东部、中部、西部和东北部四大区域板块层面看，2019 年，四大区域板块 R&D 经费投入分别为 66.1%、17.5%、12.9%、3.5%（图 4-8），其中，从各区域和省市的分布看，东部地区的 R&D 经费投入占比最高，达到了 66.1%，超过了其余三个地区的 R&D 经费投入占比之和。东部地区的广东、江苏、北京、浙江、上海和山东的 R&D 经费投入在全国的排名分别为 1 到 6 位，六省市的总 R&D 经费投入占全国的 57.8%，且这六省市的 R&D 经费投入强度均超过全国的平均水平。中部六省的 R&D 经费投入占比为 17.5%，湖北的 R&D 经费投入在中部地区排名第一，全国排名第七，R&D 经费投入强度排名中部第一，全国第九。西部十二省市的 R&D 经费投入占比为 12.9%，其中四川的 R&D 经费投入排名最靠前，为全国第八位，其 R&D 经费投入强度排全国第 14 位；西藏的 R&D 经费投入排名最靠后，是全国最后一位，R&D 经费投入强度也排在最后。

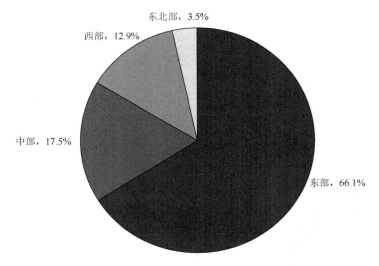

图 4-8　2019 年全国四大区域板块 R&D 经费占比

再次，从个别省份看，山西作为典型的资源型省份，2019 年，R&D
经费投入排在全国第 20 位，与 2009 年相比，经费投入增加两倍，但排
名倒退了一位，依靠创新投入实现经济转型的压力依然很大。东北三省
中，辽宁的 R&D 经费投入排在第四档，黑龙江和吉林都在第五档。在全
国的排名位次，辽宁、吉林和黑龙江分别从 2009 年的第 7、18 和 17 位
降到全国的第 17、22 和 24 位，经济不景气的同时 R&D 经费投入也十分
乏力，考虑到从创新投入到创新产出还有一定的滞后期，东北地区若不
能加快实现振兴，很有可能陷入"经济衰退—创新能力下降—经济衰
退"的恶性循环。

最后，科技金融资源和高技术产业呈现出较高的地理集中度。一方面，
以股权投资为代表的科技金融资源分布与区域经济发展程度分布基本一
致。北京、上海、广东、江苏、浙江私募股权投资的投资额和项目数名列
前茅。另一方面，2019 年，东部地区高技术产业主营业务收入占全国高技
术产业的比重达 68.86%，远高于中部地区（15.81%）和西部地区（13.46%），
特别是广东、江苏两省占全国的比重达到 29.41% 和 15.1%，而东北地区占
比最低，仅为 1.87%[①]。这表明，高技术产业在快速发展的同时，呈现出向
东部地区聚集的趋势，中西部与东部差距较大，存在产业区域发展不平衡
的问题。

---

① 资料源于《中国高技术产业统计年鉴 2020》，由作者计算得出。

5. 政府科技管理与创新服务职能不平衡

政府主导的创新资源配置模式导致在区域创新资源配置的过程中"政府偏强，市场偏弱"。如前所述，2001～2019 年，财政科技投入年均增长超过 16.6%，财政科技投入的大幅增加一方面说明了政府对科技创新的重视，另一方面也间接反映出政府在创新资源配置中的主导地位。当前，政府主导的创新资源配置模式及由此造成的扭曲状况还体现在以下几个方面：一是高校院所 R&D 经费主要来源于政府，而不是企业。例如，2019 年，高等学校 R&D 经费总支出 1 796.6 亿元，其中来自政府的经费支出占58.4%。科研和开发机构 R&D 经费总支出 3 080.8 亿元，其中来自政府的经费支出占 83.82%[①]。由此可以初步判断，产学研合作还不够深入，并且政府的财政支持可能产生了对产学研协同创新投入的"挤出效应"；二是过多强调"R&D 管理"，聚焦"R&D 环节"，而没能从创新链、产业链、资金链统筹的角度配置创新资源，也在一定程度上导致了科技成果转化不充分；三是政府在某些重大技术 R&D 领域投入了巨大的创新资源，但实际效果却不够理想，国家和区域创新体系的整体运作效率不高；四是现有的财政分权体制导致与中央相比，地方科技经费等创新资源的配置能力偏弱，中央和地方的事权和财权不匹配；五是政府部门仍然是传统的项目管理模式，重大关键核心技术的公共 R&D 平台建设不足。

4.2　模型构建及指标选取

4.2.1　模型构建

1. 区域创新资源配置效率的测算模型

1）共同前沿（Meta-frontier）模型

区域创新资源配置过程复杂多变，单一指标往往无法准确对其进行有效衡量，而区域创新资源配置效率能够在一定程度上反映其投入产出水平。利用 DEA 方法测算不同区域的创新资源配置效率时，其潜在假设认为被评价的决策单元（decision making units，DMU）具有类似的技术水平。但是，由于区域异质性的存在，仅采用总体样本无法准确衡量各区域真实的创新资源配置效率。Battese 和 Rao（2002）、O'Donnell 等（2008）基于共同边界生产函数分析框架，利用随机前沿分析方法构建共同前沿和群组前

---

① 2019 年我国高等学校 R&D 活动统计分析 [EB/OL].https://www.most.gov.cn/xxgk/xinxifenlei/fdzdgknr/kjtjbg/kjtj2021/202106/t20210622_175307.html. 2021-06-18.

沿，最后测算两类前沿之间的技术落差比率（technology gap ratio，TGR）。以下简单介绍基于 DEA 的 Meta-frontier 方法。

首先，由于东部、中部、西部和东北部地区的创新资源投入、产出和配置能力存在较大差距，并且宏观经济水平、创新政策环境、对外开放水平等影响因素方面也存在较大差别，不同的地区所面对的生产前沿实际上不同，而每个区域内部的差异性要小于整体，据此将研究样本划分为东部、中部、西部和东北部四个群组。

其次，根据 Battese 和 Rao（2002）的 Meta-frontier 模型，设 $x \in R^m, y \in R^n$ 分别为投入和产出变量，包含所有投入和产出的共同技术集合（T^{meta}）为

$$T^{\mathrm{meta}} = \{(x, y) : x \geqslant 0; y \geqslant 0; x \text{ 能够生产出 } y\} \tag{4-1}$$

其中，x 为投入变量，y 为产出变量，也就是得到一定产出 P^{meta} 需要的投入（x）在技术 T^{meta} 下所满足的条件。所对应的生产可能性集（共同边界）为

$$P^{\mathrm{meta}}(x) = \{y : (x, y) \in T^{\mathrm{meta}}\} \tag{4-2}$$

共同前沿技术效率（meta technology efficiency，MTE）的共同前沿距离函数（D^{meta}）可以表示为

$$0 \leqslant D^{\mathrm{meta}}(x, y) = \inf_{\theta}\left\{\theta > 0; \left(\frac{y}{\theta}\right) \in P^{\mathrm{meta}}(x)\right\} = \mathrm{MTE}(x, y) \leqslant 1 \tag{4-3}$$

东部、中部、西部和东北部四个群组技术集合（$T^{(i)}$）为

$$T^i = \{(x_i, y_i) : x_i \geqslant 0, y_i \geqslant 0, x_i \to y_i, \text{ 在群组 } i \text{ 中 } x \text{ 可生产 } y\} \tag{4-4}$$

所对应的生产可能性集（P^i）为

$$P^i(x) = \{y : (x, y) \leqslant T^i\}, \quad i = 1, 2, 3, 4 \tag{4-5}$$

群组技术效率（group technology efficiency，GTE）等价于群组前沿距离函数（D^i），可以表示为

$$0 \leqslant D^i(x, y) = \inf_{\theta}\left\{\theta > 0; \left(\frac{y}{\theta}\right) \in P^i(x)\right\} = \mathrm{GTE}(x, y) \leqslant 1 \tag{4-6}$$

最后，定义 TGR。TGR 反映了共同前沿和群组前沿技术水平之间的差距，其值越高表示实际生产效率越接近潜在生产效率（李静和马潇璨，2014），意味着技术水平越高（刘玉海和武鹏，2011）。投入产出组合为 (x, y) 时，TGR 可以表示为

$$0 \leqslant \mathrm{TGR}_{(x, y)} = \frac{D^{\mathrm{meta}}(x, y)}{D^i(x, y)} = \frac{\mathrm{MTE}(x, y)}{\mathrm{GTE}(x, y)} \leqslant 1, \quad i = 1, 2, 3, 4 \tag{4-7}$$

共同前沿技术效率、群组前沿技术效率和技术落差比的关系可以表示为

$$\mathrm{MTE} = \mathrm{GTE} \times \mathrm{TGR} \tag{4-8}$$

2）距离函数与 DEA 模型

对决策单元的评价需要结合 DEA 模型，该模型可以直接根据样本数据构建生产前沿面。在 CRS 假设条件下，可以求解基于投入最小化距离函数的 DEA 模型：

$$[D(x,y)]^{-1} = \text{TE}(x,y) = \min \theta$$

$$\text{s.t.} \sum_{j=1}^{n} \lambda_j y_j \geqslant y_0 \quad \sum_{j=1}^{n} \lambda_j y_j \leqslant \theta x_0 \quad \lambda_j \geqslant 0, \ j=1,2,\cdots,n \quad (4\text{-}9)$$

这里的 x,y 分别表示决策评价单元的投入与产出，λ 为权重乘数，θ 为技术效率值，TE 为综合技术效率。但实际情况不一定满足 CRS 的假设。因此，本书另行引入规模报酬可变（variable returns to scale，VRS）的假设，将 CRS 的区域创新资源配置综合技术效率（technical efficiency，TE）进一步分解为 VRS 下的纯技术效率（pure technical efficiency，PTE）及规模效率（scale efficiency，SE）。其中，纯技术效率值为下列线性规划问题的最优解，δ 为技术效率值：

$$[D(x,y)]^{-1} = p\text{TE}(x,y) = \min \delta$$

$$\text{s.t.} \sum_{j=1}^{n} \lambda_j y_j \geqslant y_0 \quad \sum_{j=1}^{n} \lambda_j y_j \leqslant \delta x_0 \quad \lambda_j \geqslant 0, \ j=1,2,\cdots,n \quad (4\text{-}10)$$

根据传统 DEA 理论，还可以进一步分解得到规模效率——CRS 的生产前沿面与规模报酬变化的生产前沿面之间的距离。综合技术效率、纯技术效率和规模效率之间的关系可以用以下公式表示。

$$\text{TE} = \text{PTE} \times \text{SE} \quad (4\text{-}11)$$

2. 全要素生产率的测算模型

经济发展质量的理论内涵是丰富多样的，对其评价较为复杂。有学者提出经济高质量发展的关键在于提高全要素生产率，可以用全要素生产率表征狭义的经济高质量发展（何立峰，2018；贺晓宇和沈坤荣，2018；王一鸣，2018）。

当前关于全要素生产率的测算方法主要集中在索洛余值法（参数或半参数回归方法）和 DEA 方法，DEA 方法以线性规划形式，具有不受指标量纲限制的优势，同时马氏全要素生产率指数以一定时期为基期，测算的是全要素生产率的变化指数（Banker and Natarajan，2008）。故本书采用 DEA-Malmquist 指数方法测算中国 30 个省区市[①]的全要素生产效率指数，基本测算公式为

---

① 由于数据资料的可得性，研究样本为除西藏、港澳台以外的中国 30 个省区市。

$$m_0(q_s,x_s,q_t,x_t)=\left[\frac{d_0^s(,q_t,x_t)}{d_0^s(,q_s,x_s)}\times\frac{d_0^t(,q_t,x_t)}{d_0^t(,q_s,x_s)}\right]^{1/2} \qquad (4\text{-}12)$$

以几何平均值形式表示全要素生产率变化能够有效避免当 t 期或 s 期指数等价时的选择随意性问题。关于 DEA-Malmquist 全要素生产率线性规划求解公式及其分解已有大量文献给出阐述，此处不再赘述。

全要素生产率测算指标已经相对成熟，本书以 2000 年为基期，以不变价 GDP 作为产出指标，运用张军等（2004）提出的永续盘存法测算的资本存量作为资本投入，全社会就业人员数作为劳动投入，并利用 DEAP 2.1 进行测算。

3. 区域创新资源配置效率影响全要素生产率的分析模型

多位学者通过 DEA 与 Tobit 模型结合计算效率的影响因素（杜江等，2017；肖建华和熊娟娟，2018），但是这些代表性论文忽略了 Tobit 模型固定效应的存在，仅考虑随机效应，忽视个体差异在截断数据中的应用，因而估计的影响因素系数可能存在偏差。本书在 Honoré（1992）的基础上，采用其编写的 Pantob 代码估算区域创新资源配置效率影响经济高质量发展的面板 Tobit 固定效应。一般情况下，固定效应结果优于随机效应的结果，本书将利用 Hausman-Test 检验面板 Tobit 固定效应和随机效应结果。面板 Tobit 模型定义如下：

$$y_{it}^* = x_{it}\beta + \alpha_i + \varepsilon_{it} \qquad (4\text{-}13)$$

$$y_{it} = \max\{0, y_{it}^*\} \qquad (4\text{-}14)$$

其中，$x_{it},\beta,\alpha_i,\varepsilon_{it}$ 分别表示影响因素变量、待估参数、个体特殊（固定）效应及随机因素。在上述模型中，被解释变量 y 存在固定门槛，对于每一个研究个体 i，解释变量为 $x_i = (x_{i1}, x_{i2}, \cdots, x_{iT})$。本书根据前文理论模型及实际情况选取宏观经济水平、产业结构、区域协调程度、政策环境、对外开放水平作为控制变量分析区域创新资源配置效率对经济发展高质量的实际影响效应（付丽娜等，2020）。

4.2.2　变量选择、数据来源及处理

1. 变量选择

1）区域创新资源配置的投入变量

第一，区域创新人力资源。R&D 人员是区域创新人力资源的重要组成部分，R&D 劳动力投入对区域创新资源配置效率的提升具有决定性作用。因此，选取 R&D 人员全时当量作为区域创新人力资源的代理变量。

第二，区域创新财力资源。财力投入或者说资本投入对区域创新资源

配置有直接影响。通常而言，在一定条件下财力资源投入越多，区域创新活动越多，更有利于提升区域创新资源配置效率。考虑到数据的可获取性，选用 R&D 经费支出作为区域创新财力资源的代理变量。

第三，区域创新物力资源。区域创新物力资源包括土地和厂房、生产设备、R&D 设备等，其中，R&D 机构科研用仪器设备是最主要的创新物力资源投入。考虑到数据的可获取性，选取 R&D 人员仪器和设备支出作为区域创新物力资源的代理变量。

第四，区域创新技术资源。专利 R&D 在科技创新技术中有着重要地位，专利投入是企业获得技术进步的主要途径。借鉴已有研究对专利变量的处理方法，选取万名就业人员专利申请数来衡量区域创新技术资源投入。

第五，区域创新信息资源。区域创新信息资源包括电话通信、互联网等信息基础设施，特别是电话等信息技术的普及有效提高了沟通效率、加强了信息互通。鉴于数据的可获得性，同时参考已有做法，选择电话普及率——人均电话数（移动电话与固定电话合计）表示区域创新信息资源[①]。

2）区域创新资源配置的产出变量

区域创新资源配置不仅能够带来创新产出进而影响区域创新能力，还能够通过对生产工艺水平等的影响进一步影响劳动生产率。此外，对区域创新资源配置产出绩效的衡量，不仅应当考虑上述期望产出，还需要将资源消耗、环境污染等非期望产出纳入衡量体系中。原因在于，区域创新能够提高资源能源开发利用技术水平和环境治理能力，对资源节约与环境保护具有重要支撑作用，是解决人口、资源与环境矛盾、提高资源环境承载力的重要途径。据此，本书将区域创新资源配置的产出进一步划分为创新类产出、效率类产出、资源类产出和环境类产出。

第一，创新类产出。现有研究选取的反映区域创新能力或绩效的指标非常丰富，往往涉及多个维度，如论文、专利、技术合同交易额、高技术产业主营业务收入等。但比较而言，前三个要素均可视为中间投入变量，同时考虑到指标的代表性和可获取性，高技术产业主营业务收入能够更直接地反映区域创新的最终产出——产业高技术化和高技术产业化。同时考虑到区域发展的不平衡性，选取高技术产业主营业务收入/地区生产总值来表征创新类产出水平。

第二，效率类产出。劳动生产率是指劳动者在一定时期内创造的劳动成果与其相对应的劳动消耗量的比值。劳动生产率可以用单位时间内所生

---

① 也有学者，如中国科学技术发展战略研究院（2018）编写的《中国区域科技创新评价报告 2018》中选用互联网上网人数作为信息化水平的代理变量。

产的产品数量来表示，也可以用生产单位产品所耗费的劳动时间来表示。单位时间内生产的产品数量越多，劳动生产率就越高，反之，则越低；生产单位产品所需要的劳动时间越少，劳动生产率就越高，反之，则越低。综上，本书选取劳动生产率来衡量效率类产出。

第三，资源类产出。能源资源是人类赖以生存和发展的重要物质基础。综合能耗产出率是指一定时期内 GDP 与能耗消耗总量之比，能够在一定程度上反映能源资源消耗与经济增长之间的密切关系，综合能耗产出率越高，说明单位能耗带来的产出水平越高，反之则越低。本书选取综合能耗产出率衡量资源类产出。

第四，环境类产出。由于污染物的产生和排放与区域之间经济水平的相关性较大，在环境指标的选取上，污染物排放指标从污染源来看有生产和生活两类；从呈现的物质形态看有气体污染排放、液体污染排放和固体废弃物。环境质量指数是环境质量参数和环境质量标准的复合值，它同时考虑了生产和生活污染排放和治理状况，并被广泛应用于评价环境污染治理效果。据此，本书选取环境质量指数用于衡量环境类产出[1]。

3）影响效应分析的控制变量[2]

经济高质量发展是一个多主体、多因素共同作用的复杂过程，因此，影响经济高质量发展的因素复杂、多变，包括经济因素、教育因素、创新环境因素、政策因素、经济开放程度、结构因素等。基于现有关于经济高质量发展的相关研究，同时考虑指标的代表性和可获取性，本书选取宏观经济水平、产业结构、区域协调程度、政策环境、对外开放水平作为控制变量（表4-2）。

表4-2　变量及指标体系汇总

变量类型		变量解释	变量单位
投入指标	人力资源	1. R&D 人员全时当量	人年
	财力资源	2. R&D 经费支出	万元
	物力资源	3. R&D 人员仪器设备支出	万元/人年
	技术资源	4. 万名就业人员专利申请数	件
	信息资源	5. 电话普及率	部/百人

---

[1] 环境质量指数根据《国民经济和社会发展第十二个五年规划纲要》中有关空气中二氧化硫排放量、水中化学需氧量排放量、空气达到二级以上天数（本报告中使用的是按地区下辖的各地级市的常住人口加权计算的空气达到二级以上天数）等指标的规划目标，其计算公式为：环境质量指数 = 空气达到二级以上天数占比重×0.6+废水中化学需氧量排放达标率×0.2+二氧化硫排放达标率×0.2。

[2] 在区域创新资源的产出绩效指标中已经考虑资源环境问题，因此，控制变量未将资源环境因素纳入影响因素体系。

变量类型		变量解释	变量单位
产出指标	创新类产出	6. 高技术产业主营业务收入占 GDP 比重	%
	效率类产出	7. 劳动生产率	万元/人
	资源类产出	8. 综合能耗产出率	元/千克煤
	环境类产出	9. 环境质量指数	%
控制变量	宏观经济水平	10. 人均 GDP	元
	产业结构	11. 第三产业增加值占 GDP 的比重	%
	区域协调程度	12. 城镇化率（城镇人口占总人口的比重）	%
	政策环境	13. 财政支出占 GDP 的比重	%
	对外开放水平	14. 进出口贸易总额占 GDP 比重	%

第一，宏观经济水平（gdp）。一定的经济发展水平和速度是保持经济稳定可持续发展的重要前提和基础，是实现经济发展从量变到质变的重要前提。一般来说，人均 GDP 是比较常见的衡量宏观经济水平的关键指标。

第二，产业结构（indus）。产业结构由"硬"向"软"的不断服务化趋势，能够带来知识产业不断发展和壮大，同时，第三产业更具规模经济效益和社会效益，因此，第三产业发展能够促进技术进步和生产效率提升。参考通常的做法，采用第三产业增加值占 GDP 的比重代表产业结构状况。

第三，区域协调程度（urban）。区域经济发展的不平衡、不协调是世界性的难题，区域协调程度直接影响经济发展的可持续性和社会稳定，进而影响经济发展质量。影响区域协调程度的因素众多，但比较而言，城镇化的进程和质量对区域协调发展的影响更为显著，原因在于，城镇化是区域发展的重要动力之一，同时也是区域协调发展的重点任务。结合已有研究成果，选用城镇化率（城镇人口与总人口的比重）反映区域协调程度。

第四，政策环境（gov）。财政政策和货币政策是宏观经济政策的两大工具，比较而言，财政政策更容易对 R&D 活动和技术进步产生直接影响。因此，本章选用财政支出占 GDP 的比重反映地方政府的宏观经济政策，需要说明的是，其对全要素生产率的影响具有不确定性，一方面，对科教文卫等社会发展事业的支出具有较强的规模经济效益和生产率提升效应，另一方面，政府对宏观经济干预容易导致资源配置向最优方向的偏移，带来发展效率的损失。

第五，对外开放水平（open）。技术创新及知识产品具有较强的外溢性，适度开放的经济体更容易接受国际先进的管理理念和创新技术，能够促进全要素生产率的提高。采用进出口贸易总额占 GDP 的比重表示对外开放水平。

2. 研究区域、数据来源及处理

鉴于数据的可获得性，采用 2004～2018 年中国 30 个省区市的面板数据进行统计及计量分析。相关数据主要来源于历年中国统计年鉴、中国宏观经济数据库、中国科技统计数据库、中国财政统计数据库等。其中，进出口贸易总额利用年度平均汇率折算为以元为计价单位的数额。

为保持数据平稳性，对相关指标数值作对数处理。对相关数据样本特征进行详细的描述性统计分析，结果如表 4-3 所示。其中，可以看到，人力资源、财力资源、物力资源、技术资源、效率类产出、资源类产出、环境类产出、宏观经济水平、区域协调程度、对外开放水平的均值分别为 1.563 0、2.116 0、10.831 8、14.048 5、2.208 2、3.805 8、−2.621 5、9.227 5、0.526 9、0.312 9，对比最大值和最小值，结果显示样本特征接近于非正态分布。从样本数据的标准差值大小出发，信息资源、创新类产出、宏观经济水平、产业结构、政策环境的标准差分别为 0.401 0、0.754 5、0.496 6、0.091 8、0.096 8，以上的标准差值说明这些变量数据呈现出相对集中的特征。

表 4-3 变量取对数的描述性统计汇总

指标类型	缩写	均值	标准差	最小值	最大值
1. 人力资源	L	1.563 0	0.607 8	−2.096 4	3.515 1
2. 财力资源	K	2.116 0	1.340 5	−0.755 0	5.705 3
3. 物力资源	C	10.831 8	1.208 0	7.097 5	13.292 7
4. 技术资源	LA	14.048 5	1.492 4	9.677 2	17.022 0
5. 信息资源	P	−0.152 3	0.401 0	−1.551 2	0.824 4
6. 创新类产出	T	1.587 6	0.754 5	−0.478 0	3.665 7
7. 效率类产出	LR	2.208 2	0.513 3	0.412 1	3.365 7
8. 资源类产出	EC	3.805 8	1.089 2	−2.577 7	8.443 2
9. 环境类产出	EQ	−2.621 5	1.083 3	−6.095 9	−0.647 3
10. 宏观经济水平	gdp	9.227 5	0.496 6	8.012 0	10.665 3
11. 产业结构	indus	0.423 0	0.091 8	0.274 1	0.809 8
12. 区域协调程度	urban	0.526 9	0.141 2	0.138 9	0.896 1
13. 政策环境	gov	0.217 2	0.096 8	0.062 4	0.627 4
14. 对外开放水平	open	0.312 9	0.381 9	0.016 8	1.721 5

4.3　区域创新资源配置效率的实证结果分析

根据所构建的区域创新资源配置效率测算指标体系，综合利用 Meta-frontier 模型测算共同前沿和群组前沿下的区域创新资源配置 MTE、GTE 和技术落差比 TGR，并分析共同前沿下的纯技术效率和规模效率演变特征。通过 MaxDEA 7.8 软件计算，结果如表 4-4 到表 4-8 所示。

表 4-4　2004～2018 年共同前沿和群组前沿下的区域创新资源配置效率统计描述

地区	共同前沿技术效率（MTE）				群组前沿技术效率（GTE）			
	均值	标准差	最小值	最大值	均值	标准差	最小值	最大值
东部地区	0.934 79	0.071 65	0.769 08	1	0.953 22	0.056 7	0.769 08	1
中部地区	0.861 69	0.091 08	0.696 33	1	0.953 03	0.057 2	0.813 31	1
西部地区	0.853 36	0.102 79	0.611 82	1	0.953 3	0.052 99	0.795 86	1
东北部地区	0.867 81	0.083 27	0.728 84	1	0.975 65	0.032 13	0.877 97	1
全国总体	0.879 41	0.087 2	0.701 52	1	0.958 8	0.049 76	0.814 06	1

资料来源：根据 MaxDEA 软件计算结果汇总整理，（本章）下同

表 4-5　2004～2018 年共同前沿和群组前沿下的分省区域创新资源配置效率统计描述

区域	省区市	MTE 均值	按 MTE 值排序	GTE 均值	TGR 均值
东部地区	上海	0.994 06	2	0.994 06	1
	海南	0.994 01	3	0.994 41	0.999 6
	广东	0.992 93	4	0.992 93	1
	天津	0.980 49	5	0.981 81	0.998 62
	江苏	0.968 73	7	0.972 44	0.996 28
	福建	0.947 37	8	0.961 61	0.985 15
	北京	0.930 91	11	0.932 08	0.998 77
	浙江	0.863 38	15	0.867 88	0.995 2
	山东	0.847 63	18	0.890 44	0.952 33
	河北	0.828 33	22	0.944 54	0.877 4
中部地区	江西	0.996 7	1	0.999 22	0.997 46
	安徽	0.874 05	14	0.930 28	0.938 19
	湖南	0.844 14	20	0.939 95	0.897 47
	河南	0.839 94	21	0.936 36	0.897 26
	湖北	0.824 58	24	0.942 34	0.874 78
	山西	0.790 7	28	0.970 03	0.814 49

续表

区域	省区市	MTE 均值	按 MTE 值排序	GTE 均值	TGR 均值
西部地区	内蒙古	0.978 81	6	0.987 01	0.991 51
	广西	0.935 63	9	0.995 34	0.939 73
	青海	0.935 51	10	0.989 65	0.944 28
	新疆	0.896 13	13	0.958 3	0.935 14
	贵州	0.850 73	17	0.952 65	0.890 83
	宁夏	0.846 92	19	0.972 62	0.868 95
	重庆	0.813 82	25	0.942 68	0.861 09
	四川	0.811 33	26	0.943 95	0.859 5
	陕西	0.802 17	27	0.952 17	0.841 29
	云南	0.788 25	29	0.932 31	0.844 22
	甘肃	0.727 72	30	0.859 66	0.845 94
东北部地区	吉林	0.921 02	12	0.991 3	0.928 82
	黑龙江	0.854 78	16	0.979 08	0.873 05
	辽宁	0.827 62	23	0.956 58	0.863 86

表 4-6　四大区域板块 TGR 统计描述

地区	均值	标准差	最小值	最大值
东部地区	0.980 33	0.039 53	0.845 94	1
中部地区	0.903 28	0.066 83	0.753 11	1
西部地区	0.892 95	0.072 86	0.749 23	1
东北部地区	0.888 58	0.069 05	0.770 44	1

表 4-7　四大区域板块共同前沿下的 TE、PTE 和 SE 均值

地区	综合技术效率（TE）	纯技术效率（PTE）	规模效率（SE）
东部地区	0.934 79	0.942 06	0.992 21
中部地区	0.861 69	0.871 72	0.988 6
西部地区	0.853 36	0.878 54	0.970 67
东北部地区	0.867 81	0.874 1	0.992 25
全国总体	0.879 41	0.891 605	0.985 932 5

注："TE"值即为共同前沿的"MTE"值，下同

表 4-8　各区域分省共同前沿下的 TE、PTE 和 SE 均值

区域	省区市	综合技术效率（TE）	纯技术效率（PTE）	规模效率（SE）
东部地区	北京	0.930 91	0.942 75	0.986 66
	福建	0.947 37	0.960 5	0.986 36
	广东	0.992 93	0.994 04	0.998 87
	海南	0.994 01	0.995 18	0.998 81
	河北	0.828 33	0.831 42	0.996 26
	江苏	0.968 73	0.984 28	0.984 17
	山东	0.847 63	0.852 06	0.994 87
	上海	0.994 06	0.994 81	0.999 23
	天津	0.980 49	0.989 37	0.990 83
	浙江	0.863 38	0.876 21	0.986 07
中部地区	安徽	0.874 05	0.892 32	0.980 02
	河南	0.839 94	0.848 38	0.990 46
	湖北	0.824 58	0.833 8	0.989 62
	湖南	0.844 14	0.851 68	0.991 59
	江西	0.996 7	0.997 05	0.999 65
	山西	0.790 7	0.807 1	0.980 23
西部地区	甘肃	0.727 72	0.749 1	0.971 07
	广西	0.935 63	0.951 95	0.982 75
	贵州	0.850 73	0.893 97	0.948 91
	内蒙古	0.978 81	0.981 99	0.996 67
	宁夏	0.846 92	0.916 95	0.921 35
	青海	0.935 51	0.961 8	0.970 64
	陕西	0.802 17	0.818 2	0.979 93
	四川	0.811 33	0.826 06	0.982 24
	新疆	0.896 13	0.925 66	0.967 87
	云南	0.788 25	0.796 51	0.989 53
	重庆	0.813 82	0.841 78	0.966 38
东北部地区	黑龙江	0.854 78	0.858 42	0.995 82
	吉林	0.921 02	0.924 5	0.995 9
	辽宁	0.827 62	0.839 39	0.985 03

4.3.1 共同前沿和群组前沿下的综合技术效率分析

第一，从不同地区 MTE 和 GTE 的比较来看，MTE 和 GTE 分别是 DMU 以共同边界和群组边界为比较基准的距离函数值，分别反映其在相同投入水平下实际产出到共同边界和群组边界产出的距离（刘玉海和武鹏，2011）。

如表 4-4 所示：样本期内，首先，共同前沿和群组前沿下全国区域创新资源配置效率分别为 0.879 41 和 0.958 8，表明如果以全国最优技术为参照，区域创新资源投入还有 12.059% 的节约空间，如果以区域最优技术为参照，节约空间只有 4.12%。结果的偏差主要是由于两者的技术参考集不同（肖仁桥等，2015）——共同前沿以所有样本潜在最优区域创新资源配置效率为参考构造前沿面，而群组前沿则以各群组现有的区域创新资源配置效率构造前沿面。其次，共同前沿下 MTE 均值从高到低依次为东部、东北部、中部和西部，其中，东部地区的 MTE 均值为 0.934 79，这表明如果东部地区采用潜在的共同边界技术进行生产，仍将有 6.521% 的效率改善空间，中部、西部和东北部地区则分别有 13.831%、14.664% 和 13.219% 的效率改善空间。比较而言，中西部和东部地区创新资源配置效率仍然偏低，这表明东部、中部和西部三个地区创新资源的使用较为粗放，有效开发利用不足，同时既可能存在一定的 "创新资源浪费" 问题也可能存在创新资源投入不足问题。再次，群组前沿下 GTE 均值从高到低依次为东北部、西部、中部和东部，分别有 2.435%、4.67%、4.697% 和 4.678% 的效率改善空间。最后，两种前沿相比较，一方面中部创新资源配置效率值基本没有改变，另一方面在区域排序方面，东部、东北部地区和西部在四大区域板块中的创新资源配置效率排位均发生变化，其中东部与东北部的排位发生了很大变化，并且这三个区域创新资源配置效率值发生了很大的改变。造成这种现象的原因可能是，东部的创新资源投入、创新能力、宏观经济水平、教育发展水平等优于其他三个区域，基本代表着全国最优水平，两种前沿下的技术集合基本相同；而中西部和东北部在两种前沿下的技术集合差异较大，两类前沿面的距离发生了较大变化（黄奇等，2014）。

第二，从四大区域板块分省域的创新资源配置效率比较来看（表 4-5），东部地区创新资源配置效率表现最好的是上海，在共同前沿和群组前沿下的创新资源配置效率均位于东部地区的第一位，其 MTE 均值远高于其他省市（江西除外），达到了 0.994 06，接近于 DEA 有效。共同前沿下表现最差的是河北，其 MTE 均值为 0.828 33，也就是说与所有样本共同边界技术水平相比，仍有 17.167% 的效率改善空间。群组前沿下表现最差的是浙江，其 GTE 均值为 0.867 88，也就是说与东部地区群组边界技术水平相比，仍有 13.212% 的效率改善空间。以此类推,可进一步分析其他区域各省区市的创新资源配置效率,在此不再赘述。

第三,从时间变化趋势上看,一方面,在共同前沿下(图 4-9),四大区域板块的创新资源配置效率(MTE)均呈现出先下降后逐步提升的"V"字形变化趋势,但下降区间有所不同。其中,东部、中部、西部地区的 MTE 下降区间为 2004～2009 年,谷底为 2009 年,上述三个区域板块 MTE 在"十一五"末开始呈现一定程度的提升,在"十二五"期间总体比较平稳;东北部地区的 MTE 下降区间为 2005～2007 年,谷底为 2007 年,在"十一五"初期开始呈现一定的上升趋势,在"十二五"期间上升趋势更为明显。四大区域板块的 MTE 值基本上呈现出从"十五"末、"十一五"初期下降到"十一五"末和"十二五"期间上升的态势,其下降可能与 2008 年金融危机的不利影响有关,其上升则可能与 2012 年党的十八大报告提出实施创新驱动发展战略、建设创新型国家有一定关联[1]。

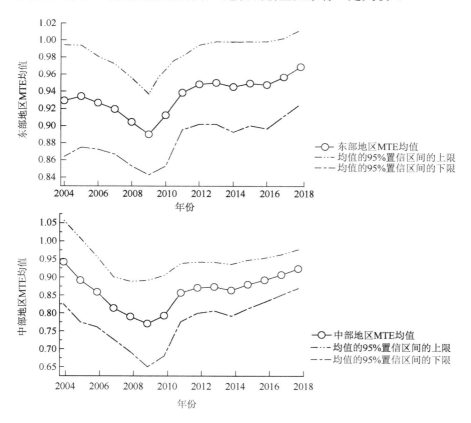

① 出于篇幅原因,本章并没有深入考察导致区域创新资源配置效率变动的原因。

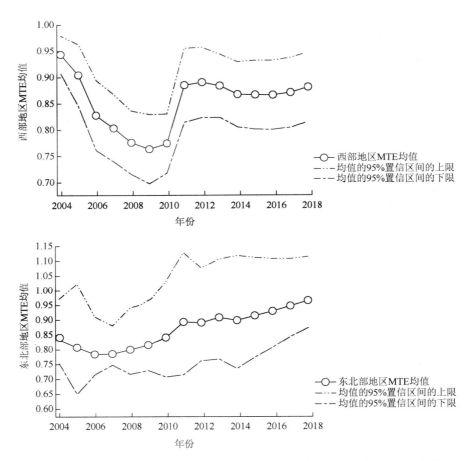

图 4-9   2004～2018 年共同前沿下四大区域板块创新资源配置效率时间变化趋势

　　另一方面，在群组前沿下（图 4-10），四大区域板块的创新资源配置效率（GTE）的变化规律呈现出更多差异性特征。其中，东部地区和中部地区的 GTE 在 2004～2009 年呈现明显的下降趋势，2010～2011 年陡然提升后有所回落但后期基本保持平稳；西部地区的 GTE 在 2011 年之前与中部地区的变化趋势基本类似，但在 2013 年后开始出现一定幅度的下降；东北部地区的 GTE 在 2004～2007 年呈现下降趋势，2007～2009 年则出现了短时间的上升，而后在 2010 年再次短暂回落，2011 年开始主要呈现上升趋势。

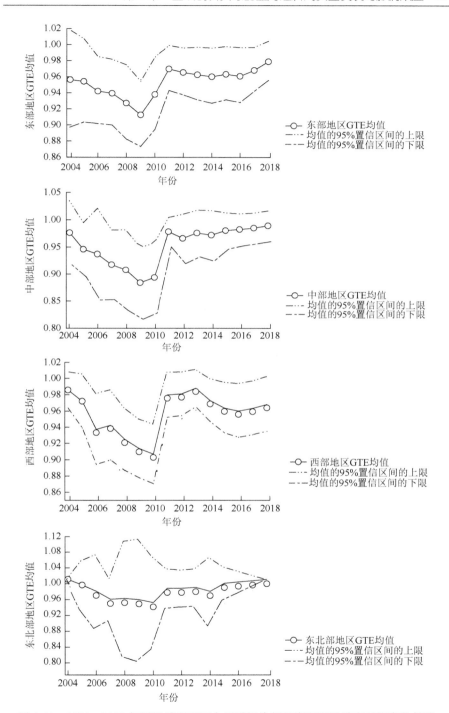

图 4-10　2004～2018 年群组前沿下四大区域板块创新资源配置效率时间变化趋势

第四，就 TGR 而言，TGR 反映了特定群组制度环境所造成的群组技术水平与潜在共同边界技术水平之间的缺口。当 TGR 越高时，表明 DMU 的实际技术水平越接近共同边界技术水平，也就是说相应的制度环境条件下的技术水平越高（刘玉海和武鹏，2011）。一方面，从样本期东部、中部、西部及东北部的 TGR 均值看（表 4-6），四大区域板块的 TGR 均值均小于 1，其中，东部地区样本期内 TGR 均值为 0.980 33，接近于 1，处于较高水平，表明东部地区群组较接近共同技术前沿，其达到潜在共同边界技术水平也就是潜在区域创新资源配置效率的 98.033%；而西部和东北部地区的 TGR 均值均在 0.9 以下，距离共同技术前沿相对较远，其中，东北部地区的 TGR 均值 0.888 58，说明其仅达到潜在区域创新资源配置效率的 88.858%，仍有 11.142%的效率改善空间。同时，四大群组 TGR 均值所呈现出的差异性也在一定程度上说明了本书群组划分的合理性（李静和马潇璨，2014）。

另一方面，从样本期东部、中部、西部及东北部的 TGR 变化趋势来看（图 4-11），2004～2018 年东部地区的 TGR 值基本保持不变，说明东部地区生产前沿与共同前沿的距离基本保持不变；中部和西部地区的 TGR 值分别由 2004 年的 0.960 15 和 0.960 78 下降至 2018 年的 0.933 和 0.911 71，说明中部和西部地区生产前沿与共同前沿的距离有一定的扩大，也即中西部地区创新资源配置效率与潜在的创新资源配置效率的差距在扩大；东北部地区的 TGR 值由 2004 年的 0.833 88 上升至 2018 年的 0.965 31，表明东北部地区生产前沿与共同前沿的距离有一定的缩小，也即东北部地区创新资源配置效率与潜在的创新资源配置效率的差距在缩小，东北部地区的创新资源配置效率对东部和中西部具有追赶效应（李胜文等，2013）。

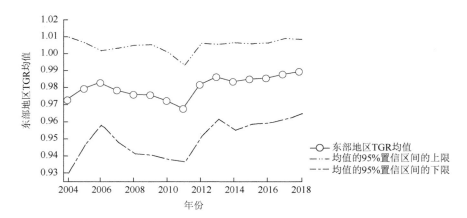

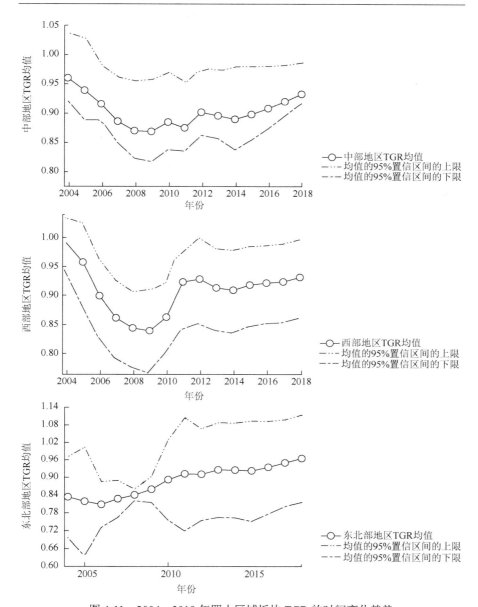

图 4-11　2004～2018 年四大区域板块 TGR 的时间变化趋势

4.3.2　纯技术效率及规模效率分析

考虑到 VRS，共同前沿下的综合技术效率可以进一步分解为纯技术效率（PTE）和规模效率（SE）。其中，PTE 能够在一定程度上反映区域能否通过创新资源配置能力的提升和已有的创新资源技术条件，有效利用创新资源使产出最大化（也就是投入创新资源要素的使用效率）。PTE 值越高，说明区域创新资源配置能力越强，区域创新资源的有效使用程度越高。SE能够在一定程度上反映区域能否通过调整创新资源的投入与产出比例使产出最大化，SE 值越高，说明区域创新资源投入的规模越合适。

第一，从全国四大区域板块的 PTE 均值看（表 4-7），一方面，共同前沿下全国及四大区域板块的纯技术效率均未达到 DEA 有效，存在一定的纯技术效率改善空间；另一方面，四大区域板块中，东部 PTE 值最高，中部最低，PTE 均值从高到低依次为东部、西部、东北部和中部。这表明四大区域板块中，东部创新资源配置能力最强，区域创新资源的有效使用程度最高。比较而言，中部最需要提高区域创新资源配置能力，避免创新资源浪费。

第二，从全国总体、东部、中部、西部和东北部四大区域板块的 SE 均值看（表 4-7），首先，共同前沿和群组前沿下全国及四大板块的规模效率也均未达到 DEA 有效，存在一定的规模效率改善空间；其次，四大区域板块的 SE 均值从高到低依次为东北部、东部、中部和西部地区。这表明四大区域板块中部、东部地区的创新资源投入规模最为合适，而比较而言，西部地区最需要加大创新资源投入或提高创新资源配置产出；再次，四大区域板块的规模效率均在纯技术效率之上，这在某种程度说明综合技术效率不高的原因主要来自纯技术效率，与规模效率相比，纯技术效率的改进空间更大；最后，不论是综合技术效率还是纯技术效率和规模效率，东部地区均高于中西部地区，这也能够在一定程度上解释为什么创新资源和活动越来越向经济发展水平高的地区集聚——东部地区的创新资源配置能力更强，创新资源投入规模更为合适。

第三，从分省域的纯技术效率和规模效率均值看（表 4-8），共同前沿下 PTE 均值位列前三的省市分别是海南、上海和广东，排名靠后的三个省市分别是甘肃、云南和山西；SE 均值位列前三的省市分别是上海、广东和海南，排名靠后的三个分别是宁夏、贵州和新疆。可以看到，上海的 PTE 和 SE 值均较高。此外，对比海南和陕西两省，福建的 PTE 和 SE 值分别为 0.960 5 和 0.986 36，远高于陕西的 PTE 和 SE 值（0.818 2 和 0.979 93），不论是区域创新资源配置能力还是资源投入的规模与产出比例关系，福建都优于陕西，这也就能够回答为什么福建和陕西创新资源投入差不多但创新产出却呈现很大差异性。

4.3.3　不同区域创新资源配置无效率的分解

虽然 Meta-Frontier 方法可以测算区域创新资源配置的共同前沿效率 MTE、群组效率 GTE 和技术落差比 TGR，但无法确定不同省域之间区域创新资源配置的效率差异及无效率的真实根源。TGR 的数值差异为区分不同省市的区域创新资源配置无效率根源提供了解决办法（Chiu et al.，2012；王群伟等，2014；肖仁桥等，2015），部分学者研究发现当前效率损失的主要原因在于前沿技术差距和群组管理决策引起的管理低效率。借鉴肖仁桥等（2015）的研究思路，将区域创新资源配置的无效率值（meta-frontier total inefficiency，MTI）分解为技术差距无效率（technology gap ratio inefficiency，TGRI）和群组管理无效率（group-specific managerial inefficiency，GMI），TGRI 和 GMI 共同构成总无效率损失 MTI，具体计算公式为式（4-15）～式（4-17），其测算结果如表 4-9 所示。

$$\mathrm{TGRI}_n^j = \mathrm{GTE}_n^j \times (1 - \mathrm{TGR}_n^j) \tag{4-15}$$

$$\mathrm{GMI}_n^j = 1 - \mathrm{GTE}_n^j \tag{4-16}$$

$$\mathrm{MTI}_n^j = \mathrm{TGRI}_n^j + \mathrm{GMI}_n^j \tag{4-17}$$

需要说明的是，结合区域创新资源配置实际特征，参照 Chiu 等（2012）的研究思路，当 TGRI 所占比重明显偏高（超过 70%）时，表明需通过改善群组创新环境以提高区域创新资源配置效率；而当 GMI 所占比重偏高（超过 70%）时，则表明需通过提高区域创新资源配置能力以提高效率水平；当 TGRI 和 GMI 所占比例相当时，则表明该群组需要同时改善创新环境，并提高区域创新资源配置能力。

表 4-9　分区域分省区市创新资源配置无效率分解及效率提升的主要路径

区域	省区市	MTI	TGRI	GMI	TGRI 比重	GMI 比重	改进群组技术	提高管理水平
东部地区	北京	0.069 09	0.001 17	0.067 92	0.016 934	0.983 066		△
	福建	0.052 63	0.014 24	0.038 39	0.270 568	0.729 432		△
	广东	0.007 07	0	0.007 07	0	1		△
	海南	0.005 99	0.000 39	0.005 59	0.065 977	0.933 222		△
	河北	0.171 67	0.116 21	0.055 46	0.676 938	0.323 062	△	△
	江苏	0.031 27	0.003 71	0.027 56	0.118 644	0.881 356		△
	山东	0.152 37	0.042 81	0.109 56	0.280 961	0.719 039		△
	上海	0.005 94	3.23E-7	0.005 94	5.44E-5	1		△
	天津	0.019 51	0.001 32	0.018 19	0.067 658	0.932 342		△
	浙江	0.136 62	0.004 5	0.132 12	0.032 938	0.967 062		△
中部地区	安徽	0.125 95	0.056 23	0.069 72	0.446 447	0.553 553	△	△
	河南	0.160 06	0.096 41	0.063 64	0.602 337	0.397 601	△	△
	湖北	0.175 42	0.117 76	0.057 66	0.671 303	0.328 697	△	△
	湖南	0.155 86	0.095 81	0.060 05	0.614 718	0.385 282		△
	江西	0.003 3	0.002 52	0.000 78	0.763 636	0.235 333	△	
	山西	0.209 3	0.179 33	0.029 97	0.856 808	0.143 192	△	

续表

区域	省区市	MTI	TGRI	GMI	TGRI 比重	GMI 比重	改进群组技术	提高管理水平
西部地区	甘肃	0.272 28	0.131 94	0.140 34	0.484 575	0.515 425	△	△
	广西	0.064 37	0.059 72	0.004 66	0.927 761	0.072 394	△	
	贵州	0.149 27	0.101 92	0.047 35	0.682 79	0.317 21	△	△
	内蒙古	0.021 19	0.008 2	0.012 99	0.386 975	0.613 025	△	△
西部地区	宁夏	0.153 08	0.125 7	0.027 38	0.821 139	0.178 861	△	
	青海	0.064 49	0.054 15	0.010 35	0.839 665	0.160 49	△	
	陕西	0.197 83	0.149 99	0.047 83	0.758 176	0.241 773	△	
	四川	0.188 67	0.132 62	0.056 05	0.702 92	0.297 08	△	
	新疆	0.103 87	0.062 18	0.041 7	0.598 633	0.401 463	△	△
	云南	0.211 75	0.144 07	0.067 69	0.680 378	0.319 669	△	
	重庆	0.186 18	0.128 86	0.057 32	0.692 126	0.307 874	△	
东北部地区	黑龙江	0.145 22	0.124 3	0.020 92	0.855 943	0.144 057	△	
	吉林	0.078 98	0.070 27	0.008 7	0.889 719	0.110 154	△	
	辽宁	0.172 38	0.128 96	0.043 42	0.748 115	0.251 885	△	
平均值	东部	0.065 22	0.018 44	0.046 78	0.153 067	0.846 858		△
	中部	0.138 32	0.091 34	0.046 97	0.659 208	0.340 61	△	△
	西部	0.146 64	0.099 94	0.046 69	0.688 649	0.311 388	△	△
	东北部	0.132 19	0.107 84	0.024 34	0.831 259	0.168 699	△	

注：△表示未来需要提升的路径方向

第一，从群组来看，不同的群组无效率损失及提升路径具有明显的异质性（图 4-12）。2004~2018 年，东部地区 TGRI 为 0.018 44，而 GMI 为 0.046 78，TGRI 的贡献度为 15.306 7%，GMI 的贡献度则达到了 84.685 8%，表明未来东部地区提升区域创新资源配置效率的关键还是进一步提高区域创新资源配置能力；中部地区和西部地区 TGRI 的贡献度分别达到了 65.920 8% 和 68.864 9%，具有相当的比例，GMI 的贡献度则分别为 34.061% 和 31.138 8%，表明未来既需要提高区域创新资源配置能力也需要改善区域创新环境。东北部地区所在的群组前沿与共同前沿之间的技术差距所造成的损失更为严重，需要通过改善区域创新环境以提高效率水平。

第二，从分省的情况看，不同的省份无效率损失及提升路径也具有明显的异质性。TGRI 贡献度超过 70% 的省区市有山西、广西、宁夏、青海、陕西、四川、黑龙江、吉林和辽宁，这类地区未来提高区域创新资源配置效率的关键是改善区域创新环境；GMI 贡献超过 70% 的省市有北京、福建、广东、海南、江苏、山东、上海、天津和浙江，这类地区未来提高区域创新资源配置效率的关键是进一步提高区域创新资源配置能力；其余的省区

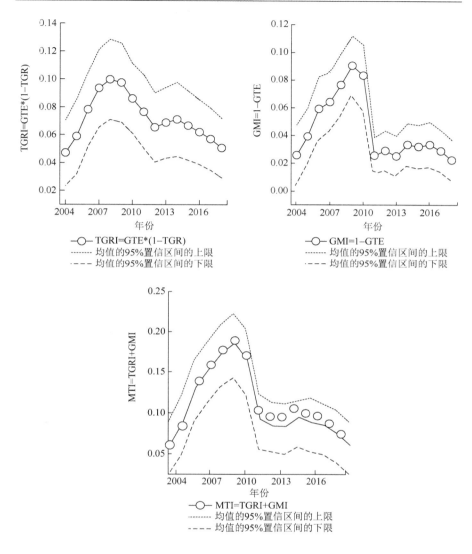

图 4-12　TGRI、GMI 和 MTI 的变化趋势

市 TGRI 和 GMI 的比例基本相当，属于同时需要改善区域创新环境并提高区域创新资源配置能力的省区市。

第三，从时间变化趋势来看，2009 年是一个重要的时间拐点。首先，TGRI 在 2004～2009 年逐步上升，2009 以后开始逐渐下降，表明 2009 年之前区域创新环境持续恶化，2009 年之后则显示出不断改善的趋势；其次，GMI 的变动规律与 MTI 基本类似，表明 2009 年之前区域创新资源配置能力持续下降，而 2009 年之后则显出不断提升的趋势；最后，MTI 值的变动规律也呈现出倒"V"字形,表明区域创新资源配置效率的无效率损失呈现出先上升后逐步下降的趋势,这与区域创新资源配置综合技术效率先下降后上升的演变趋势正好相反,也再次验证了之前的实证检验结论。

4.4 影响效应的实证结果分析

以全要素生产率(样本期各省区市 TFP 均值结果如图 4-13 所示)作为表征经济高质量发展的被解释变量,以共同前沿下的区域创新资源配置综合技术效率作为解释变量,以宏观经济水平(gdp)、产业结构(indus)、区域协调程度(urban)、政策环境(gov)、对外开放水平(open)作为控制变量,考察基准回归下的区域创新资源配置效率对经济发展高质量的总体影响效应时间变化规律,然后通过分组分析不同区域影响效应的空间差异性。

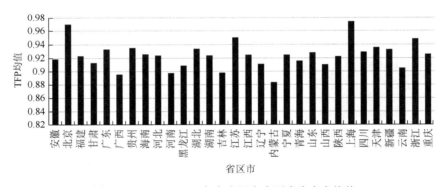

图 4-13 2004～2018 年各省区市全要素生产率均值

对全要素生产率的测算结果显示,全要素生产率呈现截断型特征,为了有效校正估算偏差,本书采用面板 Tobit 模型,设定左截断数值为 0,估计结果如表 4-10 所示。模型的 χ^2(ChiSq)检验结果表明估计结果均通过检验,其 p 均为 0,面板数据的协整性等条件也得到很好满足,说明模型设定较为合理。同时,面板 Tobit 固定效应(fixed effect,FE)和随机效应(random effect,RE)的 Hausman-Test 值为 27.84,其 p-value 为 0,显著地在 1%的水平上通过检验,即面板 Tobit 固定效应模型优于随机效应,因此主要考察固定效应模型的检验结果[①]。

---

① 面板 Tobit 固定效应模型采用 pantob 命令[EB/OL]. http://www.princeton.edu/～honore/stata/index.html. [2021-03-27].

表 4-10　区域创新资源配置影响经济高质量发展的模型回归结果

变量	（1）一般面板效应	（2）面板 Tobit 固定效应	（3）面板 Tobit 随机效应
MTE	0.009 35*** （0.003 43）	0.002 86 （0.003 49）	0.014 8*** （0.003 86）
gdp	−0.002 54 （0.001 60）	0.002 51*** （0.000 157）	−0.005 43*** （0.001 91）
indus	0.002 66 （0.004 91）	0.006 92*** （0.000 434）	6.47×10^{-5} （0.005 58）
urban	−0.005 93 （0.004 93）	0.002 18 （0.003 63）	0.001 52 （0.005 40）
gov	−0.015 10*** （0.003 81）	0.003 96 （0.004 04）	−0.035 90*** （0.005 97）
open	0.004 57*** （0.001 40）	0.002 03** （0.001 04）	0.001 98 （0.001 86）
sigma_u			0.004 02*** （0.000 710）
sigma_e			0.004 96*** （0.000 174）
Cons	1.012 00*** （0.013 1）		1.037*** （0.015 9）
χ^2	53.030 00*** （$p = 0.00$）	139.860 00*** （$p = 0.00$）	52.450 00*** （$p = 0.00$）
Observations	450	450	450
Number of id	30	30	30

*** $p < 0.01$，** $p < 0.05$

注：括号内为标准误

如表 4-10 所示，面板 Tobit 固定效应模型估计区域创新资源配置效率影响经济高质量发展的系数显示，区域创新资源配置效率能够显著提升经济高质量发展。并且可以看到，随机效应和一般面板效应模型明显高估了区域创新资源配置效率对经济高质量发展的影响。在控制变量方面，宏观经济水平（1%）、产业结构（1%）和对外开放水平（5%）三个变量的系数均显著为正，表明这三个变量能够促进经济的高质量发展；就正向影响程度而言，产业结构的影响程度最大，对外开放水平的影响程度最小。

此外，为确保上述结论的可靠性，调整 α 显著性水平进行后验 χ^2 检验[①]，其稳健性检验结果与基准估计结果基本一致，进一步证实了区域创新资源配置效率对经济发展质量的影响效应并不依赖于变量与样本容量的选择。

4.4.1　时间异质性分析

表 4-11 显示了，2004～2018 年区域创新资源配置效率影响经济高质

---

① 为节省篇幅，省略后验检验的具体数值结果和图示。

量发展效应的时间变化特征，具体而言：2009 年是一个明显的拐点，在此之前，区域创新资源配置效率对经济发展质量的影响程度由 2004 年的 0.002 37 上升至 2008 年的 0.008 69，均在 1%的水平上显著地通过检验（2004 年的估计系数未通过显著性检验）；2009 年出现了"断崖"式的下降，影响程度仅为 0.000 927，可能的原因是 2008 年金融危机影响的滞后延续。2009 年以后区域创新资源配置效率对经济高质量发展的影响程度基本保持稳定，在样本期内围绕 0.005 7 上下波动，均在 1%的水平上显著地通过检验。

表4-11　区域创新资源配置效率影响经济高质量发展的时间异质性（固定效应）

年份	MTE	gdp	indus	urban	gov	open
2004	0.002 37 (−0.002 33)	−0.000 51 (−0.001 9)	0.002 08 (−0.001 47)	−0.002 73 (−0.005 34)	−0.004 63** (−0.002 35)	0.003 33*** (−0.001 09)
2005	0.005 20*** (−0.000 91)	−0.000 170** (−7.30×10⁻⁵)	0.000 905 (−0.002 2)	−0.007 05*** (−0.002 03)	−0.005 51*** (−0.001 13)	0.003 95*** (−5.69×10⁻⁵)
2006	0.005 96*** (−0.000 81)	−0.000 741*** (−0.000 17)	0.001 58 (−0.001 11)	−0.007 85*** (−0.000 82)	−0.007 16*** (−0.000 88)	0.004 56*** (−0.000 3)
2007	0.006 80*** (−0.001 34)	−0.000 403*** (−9.63×10⁻⁵)	0.002 15 (−0.001 46)	−0.007 85*** (−0.000 8)	−0.006 47*** (−0.001 31)	0.004 02*** (−0.000 22)
2008	0.008 69*** (−0.000 84)	−0.000 678*** (−0.000 26)	0.004 75*** (−0.001 35)	−0.008 04*** (−0.000 27)	−0.007 09*** (−0.002 53)	0.003 75*** (−0.000 19)
2009	0.000 927 (−0.001 06)	−9.36×10⁻⁵ (−0.000 33)	0.001 46 (−0.000 99)	−0.009 01*** (−0.000 23)	−0.006 66*** (−0.000 24)	0.004 55*** (−0.000 13)
2010	0.007 03*** (−0.002 01)	−0.000 83 (−0.000 79)	0.002 51 (−0.001 88)	−0.007 90*** (−0.000 36)	−0.007 48*** (−0.002 68)	0.004 41*** (−0.000 11)
2011	0.005 61*** (−0.000 49)	−0.001 26*** (−0.000 4)	0.003 69*** (−0.001 43)	−0.007 29*** (−0.000 57)	−0.008 12*** (−0.001 74)	0.004 61*** (−0.000 19)
2012	0.006 80*** (−0.000 78)	−1.43×10⁻⁵ (−4.90×10⁻⁵)	−0.000 95 (−0.001 09)	−0.007 96*** (−0.000 67)	−0.005 37*** (−0.001 29)	0.004 21*** (−2.13×10⁻⁵)
2013	0.006 60*** (−0.000 33)	−0.000 25 (−0.000 16)	−0.000 26 (−0.000 22)	−0.007 43*** (−7.57×10⁻⁵)	−0.005 97*** (−1.92×10⁻⁵)	0.004 19*** (−0.000 1)
2014	0.006 14*** (−0.000 61)	−0.000 466* (−0.000 2)	0.001 35 (−0.001 52)	−0.007 42*** (−0.000 64)	−0.006 35*** (−0.001 07)	0.004 21*** (−0.000 21)
2015	0.006 45*** (−0.000 84)	−0.000 59 (−0.000 54)	0.003 14*** (−0.000 34)	−0.006 90*** (−0.000 13)	−0.006 28*** (−0.000 75)	0.003 85*** (−0.000 5)
2016	0.006 06*** (−0.001)	−0.000 68 (−0.001 09)	0.001 86*** (−0.000 48)	−0.007 71*** (−0.001 72)	−0.007 01*** (−0.000 2)	0.004 40*** (−0.000 59)
2017	0.005 52*** (−0.001 1)	−0.000 52 (−0.000 79)	−0.000 70 (−0.001 77)	−0.008 67*** (−0.001 41)	−0.006 91*** (−0.000 46)	0.004 97*** (−0.000 52)
2018	0.005 34*** (−0.000 66)	−0.000 47 (−0.000 51)	−0.000 780* (−0.000 43)	−0.008 69*** (−0.000 44)	−0.006 82*** (−0.002 54)	0.004 94*** (−0.000 18)

*** $p<0.01$，** $p<0.05$，* $p<0.1$
注：括号内为标准误

4.4.2　空间异质性分析

2004~2018 年区域创新资源配置效率影响经济高质量发展的空间差异特征如表 4-12 所示，具体而言：一方面，区域创新资源配置效率显著提升了东部（1%）和中部地区（1%）的经济发展质量，但对西部地区的影响不显著，且东北部地区的区域创新资源配置效率显著降低了经济发展质量，在 1% 的水平上通过检验。西部地区和东北部地区共同前沿下的 MTE 值偏低、区域创新资源配置能力偏弱导致无法充分发挥区域创新资源配置对经济高质量发展的影响作用等，可能是造成上述现象的重要原因。另一方面，控制变量对不同区域经济高质量发展的影响也呈现出明显的空间异质性。第一，宏观经济水平对东部、中部和西部地区的经济高质量发展均具有一定的正向促进作用，但对东北部地区有负向作用，说明东北部地区需要进一步提高经济发展水平，加快推进产业结构调整；而东部地区的产业结构对经济高质量发展产生负向作用，这表明产业结构对经济高质量发展并非简单的线性关系，引导资源要素流向第三产业的同时也可能限制工业发展，从而无法支撑经济高质量发展。第二，区域协调程度对西部地区经济高质量发展具有负向作用，对东部、中部和东北部地区则具有一定的正向促进作用，这说明西部地区需要持续推进城镇化建设来促进经济发展质量稳步提升。第三，政策环境对西部和东北部地区的经济高质量发展具有正向促进作用，但是对中部地区具有负向作用，这意味着中部地区政府对宏观经济的干预可能在一定程度上具有负面作用，偏离了发展效率的最优化。第四，中部和东部地区的对外开放水平也对经济高质量发展产生了负面影响，出现这种现象可能归结于引进外资从而带来的一系列资源环境问题或是对国内企业发展造成挤占。

表 4-12　区域创新资源配置影响经济高质量发展的空间异质性（固定效应）

变量	全国总体	东部地区	中部地区	西部地区	东北部地区
MTE	0.002 86 (0.003 49)	0.009 46*** (0.002 58)	0.012 80*** (0.003 31)	0.000 20 (0.003 26)	−0.020 00*** (0.004 75)
gdp	0.002 51 (0.001 57)	0.005 90 (0.011 1)	0.000 67 (0.001 43)	0.010 30*** (0.003 83)	-7.19×10^{-5} (0.002 40)
indus	0.006 92 (0.004 34)	−0.050 10* (0.030 4)	0.017 50*** (0.006 23)	0.013 20 (0.009 18)	−0.019 00 (0.012 5)
urban	0.002 18 (0.003 63)	0.048 20 (0.036 0)	0.004 69** (0.002 10)	−0.005 35 (0.012 7)	0.007 68 (0.007 84)
gov	0.003 96 (0.004 04)	0.045 30 (0.037 8)	−0.023 00*** (0.007 86)	0.012 80 (0.012 1)	0.014 60*** (0.004 10)

变量	全国总体	东部地区	中部地区	西部地区	东北部地区
open	0.002 03** (0.001 04)	−0.004 90 (0.014 3)	−0.003 37*** (0.000 671)	0.031 20*** (0.011 4)	0.004 67 (0.003 71)
χ^2	139.860 00*** $p = 0.000$	98.290 00*** $p = 0.00$	444.220 00*** $p = 0.00$	82.340 00*** $p = 0.00$	18.890 00*** $p = 0.004\ 3$
Observations	450	45	150	90	165

*** $p < 0.01$，** $p < 0.05$，* $p < 0.1$
注：括号内为标准误

4.5 基 本 结 论

通过对区域创新资源配置特征事实的描述，以及对区域创新资源配置效率的经济高质量发展影响效应的评估，得到的主要结论如下。

第一，区域创新资源的动态演进呈现出总量保持较快增长、投入结构有所改善、投入强度持续提升及财政投入支持力度不断加强的特征。但与此同时，区域创新资源配置的扭曲状况也较为明显，主要表现在：配置结构依然不优、强度仍然不够、效益有待提升、区域配置明显失调及政府科技管理与创新服务职能不平衡。

第二，从共同前沿和群组前沿的综合技术效率和技术落差比来看：①共同前沿和群组前沿下全国区域创新资源配置效率分别为 0.879 41 和 0.958 8，参考对应的技术集，分别有 12.059% 和 4.12% 的效率改善空间；②共同前沿下 MTE 均值从高到低依次为东部、东北部、中部和西部，群组前沿下 GTE 均值从高到低依次为东北部、西部、中部和东部，反映出不同地区的综合技术效率具有很大差异；③从四大区域板块分省的创新资源配置效率比较来看，不论是共同前沿还是群组前沿，区域创新资源配置效率表现最好的是上海，共同前沿下表现最差的是河北，群组前沿下表现最差的是浙江；④从时间变化趋势上看，一方面，在共同前沿下四大区域板块的创新资源配置效率（MTE）均呈现出先下降后逐步提升的变化趋势，在群组前沿下四大区域板块的创新资源配置效率（GTE）的变化规律则呈现出更多的差异性；⑤从东部、中部、西部及东北部的 TGR 均值看，四大区域板块的 TGR 均值均小于 1，其中，东部地区样本期内 TGR 均值为 0.980 33，更为接近共同技术前沿，而中西部和东北部地区距离共同技术前沿相对较远。

第三，从共同前沿下的纯技术效率和规模效率来看：①全国及四大区域板块的纯技术效率均未达到 DEA 有效，存在一定的效率改善空间，四大区域板块 PTE 均值从高到低依次为东部、西部、东北部和中部。这表明东部地区的创新资源配置能力最强，区域创新资源的有效使用程度最高，中部地区最需要提高区域创新资源配置能力，避免"创新资源浪费"；②共同前沿和群组前沿下全国及四大板块的规模效率均未达到 DEA 有效，存在一定的效率改善空间，四大区域板块 SE 均值从高到低依次为东北部、东部、中部和西部。这表明东北部地区的创新资源投入规模最合适，西部地区最需要加大创新资源投入；③分省的纯技术效率（PTE）和规模效率（SE）均值结果表明，共同前沿下 PTE 均值位列前三的省市分别是海南、上海和广东，排名靠后的三个省市分别是甘肃、云南和山西；SE 均值位列前三的省市分别是上海、广东和海南，排名靠后的三个省区市分别是宁夏、贵州和新疆。

第四，面板 Tobit 固定效应模型估计区域创新资源配置效率影响经济高质量发展的系数显示：①区域创新资源配置效率能够显著提升经济高质量发展；②宏观经济水平、产业结构和对外开放水平能够促进经济的高质量发展，而区域协调程度和政策环境对经济高质量发展的影响为负；③区域创新资源配置效率对经济高质量发展的影响效应呈现出显著的时空异质性。

本章研究的主要贡献体现在：第一，考虑了资源利用和环境污染对区域创新资源配置效率的影响，将综合能耗产出率和环境质量指数引入区域创新资源配置效率的测度模型中，避免仅用单一创新产出指标衡量区域创新资源配置产出的缺点；第二，鉴于区域创新资源配置的阶梯性和空间异质性，引入 Meta-frontier 生产函数，综合运用 Meta-frontier 模型测算共同前沿和群组前沿下的区域创新资源配置效率，同时还考虑了 CRS 和 VRS 两种情形，探讨共同前沿技术效率、群组前沿技术效率、纯技术效率和规模效率；第三，将全要素生产率作为表征狭义经济高质量发展的变量，将宏观经济水平、产业结构、区域协调程度、政策环境、对外开放水平作为控制变量，利用面板 Tobit 固定效应模型探讨区域创新资源配置效率影响经济高质量发展的时空异质性。

本章详细测算和分析了区域创新资源配置效率及经济高质量发展的时间演变和空间分异特征，并在此基础上实证分析区域创新资源配置效率影响经济高质量发展的具体结果。但本书还存在有待改进的地方：一方面，控制变量的选取有待商榷，本书主要考虑区域创新资源配置效率对经济高质量发展的影响，选择的控制变量能够对最后结果产生不同程度的影响，因而选择合适的控制变量有待进一步检验和识别；另一方面，对区域创新资源配置效率测算结果的统计偏误还有待探讨，需要通过 Bootstrap 等方法进一步估算效率的偏误结果。

4.6 本 章 小 结

区域创新资源配置对经济高质量发展具有直接影响。本章重点揭示区域创新资源配置的动态演进规律、配置扭曲的主要特征，综合运用 DEA 和 Meta-frontier 模型测算 2004～2018 年 30 个省区市共同前沿和群组前沿下的区域创新资源配置效率，并分解出纯技术效率和规模效率，进而利用面板 Tobit 固定效应估计区域创新资源配置效率对经济高质量发展的影响效应。研究结果表明：①区域创新资源的动态演进呈现出总量保持较快增长、投入结构有所改善、投入强度持续提升及财政投入支持力度不断加强的特征，但区域创新资源配置的扭曲状况也较明显；②不论是共同前沿还是群组前沿下的综合技术效率值均显示出不同区域、不同省市区域创新资源配置效率有明显的异质性；③全国及四大区域板块区域创新资源配置的纯技术效率和规模效率均未达到 DEA 有效，具有一定的效率改善空间；④不同群组和省市的无效率损失及提升路径具有明显的空间异质性；⑤区域创新资源配置效率能够明显提升经济高质量发展，但呈现出显著的时空异质性特征。

第 5 章　R&D 资源配置扭曲、全要素生产率与人力资本的纠偏机制

　　新时代中国经济步入新的发展阶段，传统依靠要素驱动经济增长的后发优势不再，一味追求经济增长的发展观也导致了人与自然、人与社会、人与人之间的矛盾不断突出，有悖于"以人为本"的可持续发展。实现新旧动能转换，加快推进从要素驱动向创新驱动转变是实现经济高质量发展的必然选择。一方面，由要素驱动向创新驱动转变是消除经济发展低端锁定，实现经济向"好"、向"强"发展的关键；另一方面，资源合理配置是突破资源约束、实现全要素生产率收敛的重要途径（Hsieh and Klenow，2009）。全要素生产率是狭义的经济高质量发展的重要表征，从这个意义出发，创新资源特别是 R&D 资源的有效配置能够提高创新效率和激发创新活力，加快创新驱动经济高质量发展的前进步伐。当前中国 R&D 资源配置存在一个特殊现象：R&D 投入的"索洛悖论"——R&D 投入强度不断提高但全要素生产率增长停滞不前甚至出现倒退（余泳泽和张先轸，2015；程惠芳和陈超，2017），2013 年中国 R&D 经费总量首次跃居世界第二位，而根据国家统计局发布的《2019 年全国科技经费投入统计公报》，2019 年中国 R&D 投入强度为 2.23%，达到中等发达国家水平，发明专利申请和授权数均在全球排名第一，但与发达国家相比，中国整体 R&D 水平仍然存在大而不强、多而不优的情况，特别是全要素生产率表现出增长缓慢甚至呈下降趋势（也有学者得出不同的结论），产生这一现象的根源在于 R&D 投入与人力资本的不匹配，需要进一步加强人力资本的配置结构优化（李静等，2017b）。因此，本章试图从 R&D 资源配置视角对中国当前存在的 R&D 投入"索洛悖论"给出一定的理论解释，重点解决以下关键科学问题：一是当前 R&D 资源配置是否存在扭曲？二是 R&D 资源配置扭曲是否造成了全要素生产率的损失？三是人力资本能否在摆脱 R&D 投入的"索洛悖论"中发挥纠偏作用？为解决上述问题，本章基于知识生产函数测算中国 30 个省区市 R&D 资源配置扭曲状态，评估 R&D 资源配置扭曲对全要素生产率

的影响，并分析人力资本发挥纠偏作用的实现机制①。

5.1　基础理论与研究假说

5.1.1　R&D 资源配置扭曲对全要素生产率的影响机制

R&D 资源可以划分为 R&D 人员和 R&D 资金两类。合理且有效地配置 R&D 资源能够实现创新产出向最优前沿面靠近，提高创新水平和创新效率。R&D 资源具有一般资源的稀缺性和趋利性，也具有独特的外溢性和不完全独占性，完全依靠市场配置 R&D 资源一定程度上会给初创者带来"搭便车"风险，增加创新主体的不确定风险，影响创新积极性，带来社会生产效率的损失，此时需要政府发挥制度优势参与 R&D 资源配置。当前，政府部门主要通过政策优待和科技计划等参与 R&D 资源的配置活动。政府参与 R&D 资源配置，有利于纠正市场配置的缺陷，弥补 R&D 活动的外部风险，但也应当看到，由于信息不对称和缺乏需求导向，政府主导的模式也会导致 R&D 资源配置与最优状态的偏移，制约R&D产出水平和全要素生产率增长。

具体到两类创新资源，第一，R&D 人员作为创新能动主体，具有学习性、创造性和知识外溢性的基本属性。R&D 人员通过区际流动和相互交流，加速新知识、新理念、新创造的沟通和融合，在新的"思想火花"碰撞下，往往更容易形成创新成果，加快技术进步进程。同时，新创造和新观念进入生产及流通过程，一方面，能够改善生产工艺、提高生产效率，另一方面，新的市场需求形成能够推动企业进行规模化生产，带来规模经济效益，总体上实现技术效率的提升。技术进步与技术效率的提升带来生产前沿的截距上移和产出的不断向前沿推进，促进全要素生产率增长。然而，现实经济中由于市场势力和流动摩擦因子的存在，R&D 人员并不能够如理想状态般自由流动和配置到最能发挥其创新能力的部门。首先，二元经济结构带来劳动要素市场扭曲和就业信息的严重不对称，R&D 人员受到市场扭曲和信息不对称的噪声干扰，往往容易配置至次优岗位；其次，国有企业与其他企业相比存在一定程度的同工高酬现象，大量 R&D 人才在扭曲的工资机制下投入到效率相对较低的国有企业工作；最后，地方政府"R&D 锦标赛"下对 R&D 人员具有很强的需求，出台各种吸引 R&D 人员的福利政策，政策优待干扰了 R&D 人员的择业选择。R&D 人员非有效配置、甚至未配置到创新部门的直接后果就

① 本章部分内容发表在易明，吴婷. R&D 资源配置扭曲、TFP 与人力资本的纠偏作用. 科学学研究，2021，39（1）：42-52.

是创新产出减少并制约了技术进步。同时，R&D 人员的创新吸收能力和应用能力也会受到很大限制，在缺乏创新氛围的工作环境和社会环境中，R&D 人员的创新想法没有支撑团队和市场引领力，创新成果难以被封闭的市场认可，容易磨灭 R&D 人员的创新积极性，并带来技术效率的损失。

　　第二，R&D 资金配置扭曲主要源于 R&D 寻租行为。例如，"GDP 锦标赛"，当前，R&D 投入强度作为区域创新发展水平的表征和评价指标备受各地政府追崇，各地区陷入了某种程度的对"R&D 崇拜"的激烈竞争中（余泳泽和张先轸，2015）。然而，R&D 活动具有高投入与高风险并存的特点，创新经济利润的回报周期也相对较长，企业由于资金紧张或不愿承受创新的潜在风险，自主创新动力和激励相对较弱。地方政府为提高区域创新水平，在"R&D 崇拜"刺激下通常以财政拨款、税收优惠、融资担保和贷款贴息等财政支出（补贴）的形式对企业 R&D 活动进行大量资金资助（孙晓华等，2017）。2019 年地方财政科学技术支出 6 544.2 亿元，增长 13.2%，占财政科学技术支出比重（中央占比为 38.9%）61.1%[①]。其中广州市对 200 万元及以上 R&D 投入的企业给予最低 10 万元、最高 2 000 万元的奖励性补助[②]；山东省根据企业年销售收入，给予企业不同算法的 10% 的 R&D 费用加计扣除比例[③]。虽然这种方式能够分担企业创新成本和风险，激发企业创新积极性和主动性，但是由于通过这种方式获取 R&D 资金具有更低的成本，一方面，在融资难、融资贵的大背景下，R&D 资金可能被挪用于其他基础性支出甚至是工资性支出，使创新投入产出比大打折扣（Boeing，2016）；另一方面，政府补贴性 R&D 资金最终会成为企业超额利润的重要组成部分，基于生产者逐利本性，企业对于获得政府 R&D 资金具有较强的竞争性，此时非生产性的寻租行为可能成为有效手段，但这种脱离市场信号的资源配置手段不仅带来了 R&D 资金配置扭曲，也弱化了企业创新动力，导致生产效率下降（毛其淋和许家云，2015），使创新发展出现 R&D 投入不断增长与创新产出停滞的怪象（Catozzella and Vivarelli，2011）。同时，各地方政府竞相投入大量 R&D 资金，但在缺乏与区域创新资源禀赋匹配的情况下可能存在资源浪费。一方面，R&D 人员

---

① 2019 年全国科技经费投入统计公报[EB/OL]. http://www.stats.gov.cn/tjsj/zxfb/202008/t20200827_1786198. html. 2020-08-27.
② 广州市科学技术局 广州市财政局 广州市统计局 国家税务总局广州市税务局关于修订广州市企业研发经费投入后补助实施方案的通知（穗科规字〔2019〕2 号）[EB/OL]. http://gzkj.cn/index.php?ac=article& at=read&did=430 . 2020-04-20.
③ 《山东省人民政府办公厅关于进一步促进科技成果转移转化的实施意见（鲁政办字〔2017〕221 号）》[EBO/OL].http://www.shandong.gov.cn/art/2018/1/4/art_2259_24724.html.2018-01-04.

的培养周期较长，R&D 人员难以像 R&D 资金那样大批量投入，同时，R&D 资金对 R&D 人员存在一定的"侵蚀效应"，具体表现为伴随 R&D 资金大量投入的技术引进和模仿创新活动会增加 R&D 人员的学习周期和适应周期（Reis and Sequeira，2007）；另一方面，R&D 是一个需要耗费大量时间和精力的活动，但是在科研项目和 R&D 资金激励下，R&D 人员往往需要在较短时间内完成大量创新成果，在某种程度上可能导致 R&D 质量大打折扣，同时 R&D 资金管理不善也会带来 R&D 资金滥用和配置扭曲。因此，"R&D 崇拜"下大量 R&D 资金投入市场，刺激了寻租行为，同时也无法与 R&D 人员有效匹配，导致创新产出下降，制约了技术进步和生产效率提高。

　　基于以上分析提出本章的研究假说 5-1：R&D 人员和资金的配置扭曲制约了技术进步和生产效率提升，抑制了全要素生产率增长；创新生产系统 R&D 资源配置扭曲表现为过多的 R&D 资金和不足的 R&D 人员。

5.1.2　人力资本对 R&D 资源配置和全要素生产率的影响机制

　　如前文所述，政府主导型 R&D 资源配置模式主要通过大量 R&D 资金投入对创新活动进行扶持，使得 R&D 资金使用成本远远低于市场价格，而 R&D 人员由于具有一定的稀缺性，往往需要花费大量成本进行引进。因此，一方面，R&D 资金更可能发生配置过多的扭曲，进入低效率生产领域形成沉淀成本；另一方面，根据技术选择相关理论，技术创新活动会倾向于节约 R&D 人员而大量使用 R&D 资金，更加剧了 R&D 资金的过多配置扭曲。当 R&D 资金相对于 R&D 人员存在配置过多的扭曲状态时，需要综合考虑区域的技术吸收能力，与人力资本相关的技术吸收能力是全要素生产率增长的重要源泉（朱军，2017）。人力资本是指个体或群体获得的具有经济价值的知识、技能、能力及健康等质量因素之整合（李建民，1999）。人力资本是创新活动的重要主体，是推动技术进步的重要力量，人力资本水平提高是教育层次高度化的表现（刘智勇等，2018），人力资本的攀升是落后经济体实现技术赶超和趋同的关键（Benhabib and Spiegel，1994；魏婕和安同良，2020）。人力资本能够发挥技术吸收能力并实现对 R&D 资金配置扭曲的纠偏作用，主要表现在以下三个方面：首先，作为企业从业人员，高教育层次的从业人员在一定程度上能够协助 R&D 人员从事一些力所能及的创新活动，成为 R&D 人员团队的有益补充，完成许多 R&D 相关工作；其次，缄默性知识溢出是技术溢出的重要方式，高教育层次的从业人员具有较强的学习能力和创新能力，可以通过与 R&D 人员的日常接触形成自己的新思想，运用到企业的创新活动中，提高 R&D 活动的管理效率；最后，人力资本的深化带来良好的社会创新氛围的同时，也是中国知识中产群体不断扩大的表现（高培勇等，2020），有利于促进消费结构升级，能够使创新成果更快被市场认可并不断生成新的创新型产品需求，加速下一轮 R&D 活动，进一步消化 R&D 资金。但是应当看到，人力资本同样会受到 R&D 资金过度投资的"侵蚀效应"，加大人力资本技术吸收难度，只有通过更长时间的学习才能吸收 R&D 资金支持下引进的新技术，这对人力资本水平提出了更高要求。也就是说，人力资本能否有效发挥其技术吸收效应取决于人力资本水平，只有当人力资本水平达到一定高度才能吸收投资过度的 R&D 资金，才能进一步推动技术进步和技术效率提升，纠正 R&D 资金配置扭曲对全要素生产率增长的不利影响。

基于以上分析提出本章的研究假说 5-2：当 R&D 资金出现配置过多的扭曲状态时，高水平人力资本能够发挥技术吸收效应，成为 R&D 活动的补充力量，促进全要素生产率提升。

综上所述，基于以上理论假设和分析，可以构建 R&D 资源配置扭曲影响全要素生产率及人力资本发挥纠偏作用的影响机制基本概念模型，如图 5-1 所示。

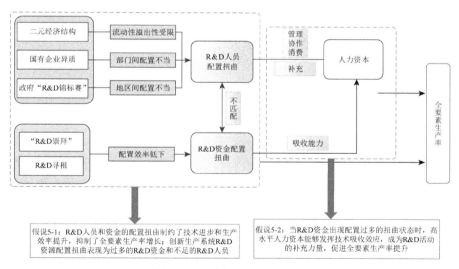

图 5-1　影响机制的概念模型

5.2　模型构建及指标选取

5.2.1　模型构建

为了验证理论假说 5-1，构建如下面板数据回归模型考察 R&D 资金和人员配置扭曲对全要素生产率的影响，具体表达式如下：

$$\mathrm{TFP}_{it} = \beta_1 \mathrm{disrdk}_{it} + \beta_2 \mathrm{disrdl}_{it} + \beta_3 \mathrm{innov}_{it} + \beta_4 \mathrm{infor}_{it} \\ + \beta_k \mathrm{controls}_{it} + f_i + \lambda_i + \varepsilon_{it} \tag{5-1}$$

其中，TFP 为全要素生产率，disrdk 和 disrdl 分别表示 R&D 资金和人员配置扭曲指数，是本章的核心解释变量，考虑到经济社会发展的其他因素对全要素生产率的影响，纳入其他控制变量并加入地区和时间变量控制区域的时空差异和政策效应对被解释变量的影响，ε_{it} 为随机扰动项。

为进一步验证理论假说 5-2，考察人力资本是否能与过多配置的 R&D 资金形成有效互补，在 R&D 资金配置扭曲与全要素生产率间形成门槛效应，带来 R&D 资金配置扭曲与全要素生产率间的非绝对线性关系，借鉴 Hansen 的做法，构建如下面板数据门槛效应模型：

$$\mathrm{TFP}_{it} = \beta_{11} \mathrm{disrdk}_{it} \mathrm{I}(h_{it} \leqslant \gamma) + \beta_{12} \mathrm{disrdk}_{it} \mathrm{I}(h_{it} > \gamma) + \beta_2 \mathrm{disrdl}_{it} + \beta_3 \mathrm{innov}_{it} \\ + \beta_4 \mathrm{infor}_{it} + \beta_k \mathrm{controls}_{it} + f_i + \lambda_i + \varepsilon_{it}$$

$$\tag{5-2}$$

其中，γ 为门槛值，h 为门槛变量，也就是人力资本，$h_{it} \leqslant \gamma$ 和 $\mathrm{I}(h_{it} > \gamma)$ 为示性函数。其他变量与式（5-1）一致，式（5-2）为仅考虑单一门槛效应的模型设定，多重门槛效应模型的设定基本相同，具体门槛个数有待实证检验。

5.2.2　变量选择、数据来源及处理

1. R&D 资源配置扭曲

对 R&D 资源配置扭曲的测算综合考虑了 R&D 资源的相对使用成本，测算 R&D 资源在不同主体（省区市）的合理配置以实现创新产出最大化的诉求，以区域作为独立的创新生产主体，测算结果内含了 R&D 资源在各创新主体（省区市）内部产业、企业的使用结构差异。陈永伟和胡伟民（2011）发展了 Syrquin（1986）的研究，提出要素扭曲系数的概念及其算法，白俊红和刘宇英（2018）借鉴其相关做法，以其公式中的扭曲"税"作为生产领域中劳动和资本的错配指数。本章在上述研究基础上，试图将资源错配算法引入知识生产函数，探讨 R&D 资源在中国各省区市的配置状态。以创新要素的扭曲"税"作为 R&D 人员和 R&D 资金的配置扭曲指数。如同生产过程中劳动和资本要素投入带来产值，知识生产过程中 R&D 要素投入会带来创新产出（Fritsch，2004）。具体公式如下：

$$\gamma_{\mathrm{rdk}_i} = \frac{1}{1 + \mathrm{disrdk}_i}, \gamma_{\mathrm{rdl}_i} = \frac{1}{1 + \mathrm{disrdl}_i} \tag{5-3}$$

disrdk_i 和 disrdl_i 为 R&D 要素的扭曲"税"，用其表示 R&D 资源配置的扭曲指数，disrdk_i 大于 0，说明 R&D 资金投入小于实现最优产出的比例，

即 R&D 资金投入不足，小于 0 则为投入过多。γ_{rdk_i} 和 γ_{rdl_i} 表示 R&D 资金和 R&D 人员的价格绝对扭曲系数，代表的是地区 i 的 R&D 资源面对无扭曲时的加成状况，考虑到中国区域市场分割和 R&D 要素特别是 R&D 人员流动障碍的存在（戴魁早和刘友金，2016），R&D 资源在区域间价格扭曲是存在的，故实际测算时采用相对扭曲系数。相对价格指数表示与同等创新产出水平的地区相比，地区 i 的 R&D 要素价格扭曲的相对值，公式为

$$\gamma_{rdk_i} = \frac{RDK_i}{RDK} \bigg/ \frac{s_i \beta_{rdk_i}}{\beta_{rdk}}, \gamma_{rdl_i} = \frac{RDL_i}{RDL} \bigg/ \frac{s_i \beta_{rdl_i}}{\beta_{rdl}} \tag{5-4}$$

其中，β_{rdk} 为以 s_i 为权重的 R&D 资金对产出的贡献值，为 i 省（市）产出占比，计算公式为：$\beta_{rdk} = \sum_{i=1}^{N} s_i \beta_{rdk_i}$，方程分母 $\frac{s_i \beta_{rdk_i}}{\beta_{rdk}}$ 为无配置扭曲时 R&D 资金在各地区的最优配置状况，分子 $\frac{RDK_i}{RDK}$ 为实际经济中的配置情况，故二者比值反映的是实际的区际配置与理想配置状态的偏差。γ_{rdk_i} 值与 1 进行比较，大于 1 说明配置过多的 R&D 资金，小于 1 则相反。

R&D 资源配置扭曲指数测算的关键在于计算 R&D 人员和 R&D 资金的产出弹性，参考季书涵等（2016）的做法，构建不变规模报酬的柯布道格拉斯形式的知识生产函数，以要素弹性系数作为要素贡献值：

$$RDY_{it} = A RDK_{it}^{\alpha} RDL_{it}^{1-\alpha} \tag{5-5}$$

其中，RDY 为创新产出，以发明专利申请授权数表示，基于知识生产过程及其成果有效性及应用性，发明专利申请授权数能够更好地体现创新成果。RDK 为 R&D 资金投入，采用基于 2000 年不变价永续盘存法进行测算，折旧率选取为 20.6%（孙凤娥和江永宏，2018），RDL 为 R&D 人员全时当量。α 为 R&D 资金的产出弹性。

对式（5-5）两边同时除以 RDL 并取对数得

$$\ln\left(\frac{RDY_{it}}{RDL_{it}}\right) = \ln A + \alpha \ln\left(\frac{RDK_{it}}{RDL_{it}}\right) + \mu_i + f_t + \varepsilon_{it} \tag{5-6}$$

基于式（5-6）采用最小二乘虚拟变量法测算中国各省区市 R&D 资金投入的产出弹性，变系数的最小二乘虚拟变量法加入地区虚拟变量和地区虚拟变量与解释变量的交乘项，使各个省区市拥有不同的截距和系数，能够有效测算出每个地区的 R&D 要素产出弹性。考虑创新投入与创新产出之间存在一定的时滞性，选取解释变量与被解释变量的时滞为 2 年。回归结果显示解释变量及解释变量与省市虚拟变量交乘项的系数都显著，得到各省市 R&D 资金和人员的产出弹性，代入式（5-4）和式（5-3），可以得

到 R&D 资金和人员的配置扭曲指数。

2. 人力资本水平

人力资本（h）是社会教育程度深化的表现，以各学历就业人员占比乘以相应的学习年限数作为人力资本的代理变量，考虑到未上学从业人员具有的社会学习经验，将其赋值为 1。

3. 控制变量

考虑到研究的延续性及本章研究对象的变化，选取的控制变量与前文相同，如表 5-1 所示，主要包括宏观经济水平（gdp）、产业结构（indus）、区域协调程度（urban）、政策环境（gov）和对外开放水平（open），此外考虑到创新资源配置会受到创新环境和信息技术的影响，本章额外控制了创新环境（innov）及信息化水平（infor），选取创新环境和信息化水平作为控制变量的原因如下。

表 5-1 变量选取及处理

全要素生产率数据		R&D 资源配置扭曲数据	
产出变量	2000 年不变价 GDP	R&D 产出	发明专利申请授权数
投入变量	资本存量	R&D 投入	R&D 资本存量
	就业人员	（滞后期为 2）	R&D 人员全时当量
其他控制变量			
人力资本	各学历就业人员占比×相应的学习年限数（未上过学取 1）		
宏观经济水平	人均 GDP		
产业结构	第三产业产值占 GDP 比重		
区域协调程度	城镇化率（城镇人口占总人口的比重）		
政策环境	财政支出占 GDP 的比重		
对外开放水平	进出口贸易总额占 GDP 比重		
创新环境	不变价技术市场成交额对数		
信息化水平	电话普及率		

第一，创新环境（innov）。良好的创新环境有利于激发创新主体的创新积极性，也能够加速创新成果的市场化和产品更新换代，是推动技术进步和生产效率提升不可或缺的重要因素。鉴于技术市场成交额能够直接反映技术供给方和需求方的交易意愿，并间接反映区域创新环境状况，本章采用不变价技术市场成交额代表创新环境，考虑到技术市场成交额存在的指数增长趋势，在数据处理上进行了对数化。

第二，信息化水平（infor）。信息化水平的提高能够加速知识和技术的溢出，纠正市场信息不对称，有利于全要素生产率提升，特别是电话等信息技术的普及有效提高了沟通效率、加强了信息互通。考虑到数据的可获得性，同时参考已有做法，选择电话普及率表示信息化水平。

4. 研究区域及数据来源

本章的研究区域为除西藏和港澳台之外的 30 个省区市，样本周期为2004～2018 年，相关数据来源于历年中国统计年鉴、统计公报和 EPS 数据库。

5.3　计量检验与结果分析

5.3.1　R&D 资源配置扭曲的描述

根据知识生产函数和上文计算方法测算中国 30 个省区市 2004～2018 年 R&D 资金和人员的配置扭曲指数。同时，根据 Hsieh 和 Klenow（2009）的观点，资源配置效率的改善能够带来全要素生产率的不断收敛。因此基于知识生产函数测算中国各省市创新全要素生产率的离差程度，以便与 R&D 资源配置扭曲结果进行对比。R&D 资金、R&D 人员的配置扭曲指数和创新全要素生产率的离差在时间上的总体平均变化趋势如图 5-2 所示。

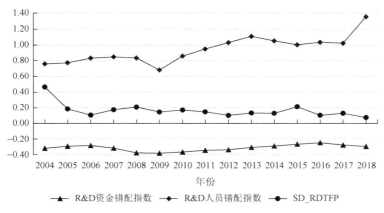

图 5-2　R&D 资源配置扭曲的总体变化趋势

扭曲指数大于 0 表明要素使用成本相对较高，配置不足，扭曲指数小于 0 则表明要素使用成本相对较低，该地区使用了过多该种生产要素，创新全要素生产率离差不断向 0 靠拢表明资源配置效率的不断改善。如图 5-2所示，R&D 资源要素存在 R&D 人员配置不足，R&D 资金相对配置过多的现象，且 R&D 资金的配置扭曲远小于 R&D 人员的配置扭曲，该结论与中国经济发展的现实具有较强的吻合性。可以从以下几个方面来解释这一现象，首先，从测算资源配置扭曲的内在价格因素看，改革开放以来，中国 R&D 人员长期处于相对紧缺状态，各地不断出台各种"招才引智"优惠政策，但无论从国内还是国外引进 R&D 人员都需要花费高额成本，相反，政府财政支出向 R&D 资金投入的偏向，使 R&D 资金使用成本过低，R&D 人员配置不足，R&D 资金配置过多；其次，无论是区域间还是区域内部的企业，都希望成为某项 R&D 的第一个创新者以获取后续长期的中央或地方 R&D 资金支持，因此带来了 R&D 重复投资，Jones 和 Williams（1998）将其称为"踩脚效应"；再次，R&D 技术进步呈现出资本偏向——节约 R&D 人员却使用更多 R&D 资金，而 R&D 资金对 R&D 人员的替代使用过程可能表现为 R&D 资金的粗放使用，带来资源使用的效率损失（杨振兵，2016）；最后，大量依靠 R&D 资金投入产生的"侵蚀效应"进一步加剧了 R&D 资金与人员的不匹配。

具体到 R&D 人员和 R&D 资金的扭曲指数，测算结果表明，R&D 人员的配置扭曲存在先下降后上升的趋势，且 2009 年后配置不足的扭曲程度不断加强，而 R&D 资金的配置扭曲表现为先上升后下降的趋势，拐点同样是在 2009 年，这可能与政策因素或经济周期有关，具体的背后机理有待相关研究验证。创新全要素生产率离差长期以来与 R&D 资金配置扭曲状态保持了较强的一致性，都表现为在波动中配置效率不断提高，这可能与技术进步的资本偏向有关，但是应当看到，虽然技术进步的 R&D 资金偏向存在效率损失，带来了 R&D 资金配置过多的扭曲，但一定程度上推动了各地区创新全要素生产率的收敛。

进一步地，按东部、中部、西部和东北部四大区域板块进行分类，分析 R&D 资源配置扭曲状态及其演变的区域异质性（图 5-3）。首先，从东部地区 R&D 人员配置扭曲的时间变化趋势看，配置扭曲状态先上升后下降，2004～2007 年表现为配置扭曲不断加剧，2007 年之后配置扭曲在波动中不断下降，可能原因在于改革开放以来，伴随着产业结构优化调整，东部对 R&D 人员需求不断增加，同时，东部地区不断涌入大量国内外 R&D 资金，R&D 人员呈现相对短缺，而随着交通通达性加强和人员流动硬约束不断消除，东部地区发展优势吸引了大批 R&D 人员注入，R&D 人员配置扭曲不断减少。东部地区 R&D 资金配置扭曲最低且保持相对平稳，2012 年开始出现扭曲增大趋势。其次，中部地区的 R&D 资源配置扭曲程度在四大区域中较为严重，是 R&D 资源配置亟须调整优化的区域，具体到两大 R&D 资源的配置扭曲变化，中部地区 R&D 人员配置扭曲不断加剧，R&D 资金扭曲在 2008 年后有所减缓，但总体作用效果并不明显。再次，西部地区 R&D 人员和 R&D 资金呈现出截然相反的变化趋势，R&D 资金配置扭曲的减小与 R&D 人员配置扭曲的扩大同时发生，反映出该地区 R&D 资源内部结构错配较为严重。最后，东北部地区 R&D 资源配置扭曲最为严重，表现为 R&D 人员配置扭曲和 R&D 资金配置扭曲同时增强的不断恶化状态。本部分的研究结论与 Uras 和 Wang（2014）的结论总体上一致，即东部地区 R&D 资源配置扭曲较小且不断优化，中部、西部和东北部地区 R&D 资源配置扭曲较为严重且发展态势不太明晰。需要说明的是，R&D 资源配置扭曲的原因与地区经济发展阶段、地区和企业 R&D 资源的内部管理存在较大相关性，具体原因有待相关研究进一步展开，本章研究重点在于 R&D 资源配置的后向影响，故此处不再展开。

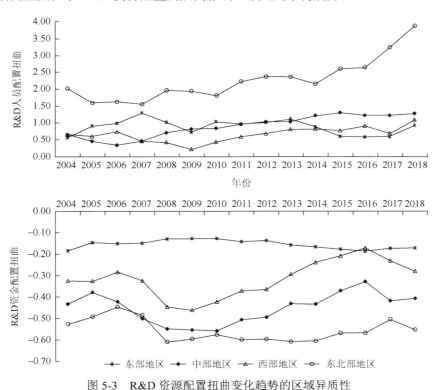

图 5-3　R&D 资源配置扭曲变化趋势的区域异质性

5.3.2　模型估计结果分析

1. 基准回归结果分析

运用固定效应 OLS 回归分析 R&D 资源配置扭曲对全要素生产率的影响，具体结果如表 5-2 和表 5-3 所示。表 5-3 中，列（1）给出了 R&D 资金和 R&D 人员配置扭曲对全要素生产率的影响，列（2）加入了与上章相同的控制变量，列（3）在列（2）基础上控制创新环境与信息化水平，列（4）

和列（5）分别呈现仅包含 R&D 资金和 R&D 人员配置扭曲对全要素生产率的影响，以防止 R&D 资金和 R&D 人员配置扭曲的内在相关性造成回归结果的不稳健。所有的基准回归均表明 R&D 资金和人员配置扭曲制约了全要素生产率的增长，验证了假说 5-1，地方政府部门为了实现创新驱动发展目标，对创新生产领域给予大量的 R&D 补贴和支持，在一定程度上带来了资源浪费和 R&D 结构的扭曲，阻碍了全要素生产率增长。其中，R&D 资金配置扭曲制约全要素生产率增长的作用更强，可能的原因在于 R&D 资金投入具有更强的全要素生产率产出弹性（杨振兵，2016）。控制变量中，创新环境正向促进了全要素生产率提升，表明良好的创新氛围有利于激发创新主体的创造积极性，提高生产率；以人均电话数表示的信息化水平并未对全要素生产率增长产生显著影响。

表 5-2　变量的描述性统计[①]

变量缩写	均值	标准差	最小值	中位数	最大值
TFP	0.998 6	0.006 8	0.978 0	0.998 0	1.035 0
disrdk	−0.299 4	0.628 1	−2.540 4	−0.432 8	2.559 2
disrdl	0.947 2	2.252 0	−5.614 5	0.964 9	9.706 4
h	9.066 5	1.126 0	6.336 9	6.336 9	13.442 3
innov	2.586 6	1.650 2	−2.899 4	2.600 2	6.856 5
infor	0.841 2	0.399 9	0.100 3	0.830 9	2.280 5

表 5-3　R&D 资源配置扭曲对全要素生产率影响作用的基准回归分析结果

变量	（1）	（2）	（3）	（4）	（5）
disrdk	−0.003 6*** (0.001 2)	−0.003 7*** (0.001 3)	−0.003 4*** (0.001 2)	−0.002 7** (0.001 2)	
disrdl	−0.000 8** (0.000 3)	−0.000 6** (0.000 3)	−0.000 7** (0.000 3)		−0.000 5* (0.000 3)
innov			0.000 7** (0.000 3)	0.000 5 (0.000 4)	0.000 5 (0.000 4)
infor			−0.010 5 (0.004 2)	−0.010 5 (0.004 1)	−0.012 6 (0.003 9)
控制变量	Y	Y	Y	Y	Y
地区效应	Y	Y	Y	Y	Y
时间效应	Y	Y	Y	Y	Y
R^2	0.437 9	0.471 7	0.485 7	0.477 6	0.472 8
Observations	450	450	450	450	450

*** $p<0.01$、** $p<0.05$、* $p<0.1$

注：括号内为标准误；数据结果由 STATA 16.0 整理得到

——————

① 与前文一致的变量为避免重复，在此描述性统计表格中未给出。

2. 稳健性检验

1）两阶段最小二乘法估计结果

固定效应 OLS 回归可能会忽略两个统计上的问题导致模型存在内生性和研究结果的不稳健，一是 R&D 资源配置扭曲与全要素生产率可能存在双向因果关系，二是模型可能存在遗漏变量问题，因此需要采用两阶段最小二乘法（TWO-2SLS）对模型进行修正。两阶段最小二乘法与固定效应 OLS 的豪斯曼检验值为 51.5，在 1%的水平上拒绝不存在内生性的原假设，说明采用工具变量法更合理。工具变量参考相关学者选取解释变量滞后项的做法，以 R&D 资金、人员配置扭曲指数的二阶和三阶滞后项作为工具变量，工具变量的 Sargan-Hansen 检验表明工具变量选择是合理的，识别不足检验和弱工具变量检验均拒绝了原假设，表明模型设定不存在识别不足和弱工具变量问题。因此，以固定效应的两阶段最小二乘法回归结果分析 R&D 资源配置扭曲对全要素生产率的影响（表 5-4）。固定效应的两阶段最小二乘法回归结果依然表明 R&D 资源配置扭曲对全要素生产率增长存在负向作用。相比于固定效应 OLS 回归结果，两阶段最小二乘法回归结果中 R&D 资源配置扭曲对全要素生产率增长的影响系数变大了，表明忽略内生性问题会低估 R&D 资源配置扭曲对全要素生产率的影响。

表 5-4　R&D 资源配置扭曲对全要素生产率影响作用的工具变量回归结果

变量	（1）		（2）	
disrdk	−0.007 0**	（0.002 9）	−0.007 0**	（0.002 9）
disrdl	−0.001 8*	（0.001 0）	−0.001 8*	（0.001 1）
控制变量	N		Y	
地区效应	Y		Y	
时间效应	Y		Y	
Wald Test	586.080 0		13 783.790 0	
Sargan-Hansen	0.686 0	0.709 8	1.382 0	P（0.501 2）
R^2	0.282 7			
Observations	390		390	

** $p<0.05$、* $p<0.1$

注：括号内为标准误；数据结果由 STATA 16.0 整理得到

2）随机前沿模型估计结果

本书将基于 DEA 测算的全要素生产率作为被解释变量进行面板固定效应回归，这种两阶段的估计方法一直存在较大质疑，第二阶段回归由于缺乏连贯的数据生成过程，可能与 DEA 的效率估计之间存在序列相关性，这种相关性出现在有限的样本中，会导致估计边界上的观测扰动，使回归结果无效率（Simar and Wilson，2007）。因此采用随机前沿分析方法进行稳健性检验，随机前沿分析方法将影响因素纳入生产函数，作为影响技术无效率的环境影响因素，能够克服学者们对两阶段效率回归问题的质疑。构建如下超越对数生产函数模型：

$$\ln y_{it} = \alpha_0 + \alpha_1 \ln k_{it} + \alpha_2 \ln l_{it} + 1/2\alpha_3(\ln k_{it})^2 + 1/2\alpha_4(\ln l_{it})^2 + \alpha_5 \ln k_{it} \ln l_{it} + v_{it} - u_{it}$$

（5-7）

$$u_{it} = \beta_0 + \beta_1 \mathrm{disrdk}_{it} + \beta_2 \mathrm{disrdl}_{it} + \beta_3 \mathrm{innov}_{it} + \beta_4 \mathrm{infor}_{it}$$
$$+ \beta_k \mathrm{controls}_{it} + \varepsilon_{it}$$

（5-8）

其中，y_{it}，k_{it}，l_{it} 与 DEA 测算中的产出和投入保持一致。u_{it} 为技术效率损失项，具体影响与上文回归中解释变量一致。由于 u_{it} 具有非负性，因此 β_i 为负表示有正向的影响。

加入其他控制变量和未加入其他控制变量的 R&D 资源配置扭曲对技术效率损失的影响如表 5-5 所示，回归系数为正表明负向作用于全要素生产率。两个回归结果均表明 R&D 资金配置扭曲和 R&D 人员配置扭曲都制约了全要素生产率的增长，再次验证了假说 5-1。

表 5-5　R&D 资源配置扭曲对全要素生产率影响作用的随机前沿分析结果

	（1）技术非效率项回归		（2）技术非效率项回归		
disrdk	0.293 9***	（0.033 4）	disrdk	0.018 0*	（0.010 6）
disrdl	0.010 2*	（0.005 1）	disrdl	0.014 5***	（0.004 7）
σ^2	0.102 9***	（0.003 5）	σ^2	0.019 0***	（0.001 2）
γ	0.094 1*	（0.052 8）	γ	0.516 2***	（0.098 8）
控制变量	N		控制变量	Y	
LogL	−113.204 1		LogL	330.815 4	
LR Test	32.574 5		LR Test	983.458 6	

*** $p < 0.01$、* $p < 0.1$

注：括号内为标准误；数据结果由 frontier4.1 整理得到

3. 门槛效应回归分析

考虑人力资本因素后，门槛效应模型回归结果表明人力资本纠正 R&D 资金配置扭曲的作用在统计上是真实存在的（图 5-4），R&D 资金配置扭曲与全要素生产率间确实存在非线性关系（表 5-6）。R&D 资金配置扭曲与全要素生产率间具有单一门槛效应，门槛值为 10.160 8。当人力资本水平小于等于 10.160 8 时，R&D 资金配置扭曲依然制约全要素生产率增长；当人力资本水平大于 10.160 8 时，尽管 R&D 资金存在过多配置的扭曲，却能够促进全要素生产率增长，原因在于人力资本同样作为重要的创新要素，具有较强的技术吸收能力，在 R&D 人员存在配置扭曲时，一定程度上能够成为 R&D 人员的有益补充，与 R&D 资金形成有益的互补，吸收投资过多的 R&D 资金，推动技术进步和生产效率提升，验证了假说 5-2。该结论与朱军（2017）的研究结论一致，区域技术吸收能力能够加速技术存量的应用，加速全要素生产率增长的实现。然而，现阶段中国大多数省市的人力资本水平都没有达到 10.160 8，在本书样本期内，只有北京、上海和天津的人力资本水平能够达到该水平，许岩和尹希果（2017）的研究表明当人力资本达到一定水平后，选择资本偏向的技术进步可以实现适度赶超，但生产领域的人力资本门槛值远低于 R&D 资金配置扭曲时所需的门槛值。

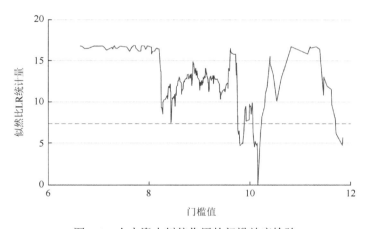

图 5-4　人力资本纠偏作用的门槛效应检验

表 5-6　门槛效应回归结果

变量	门槛值	95%置信区间	F 统计量	p-value	临界值		
					1%	5%	10%
disrdk	10.160 8	[10.104 2；10.211 2]	17.660 0**	0.020 0	19.265 7	14.025 1	11.962 4
变量	系数		标准差	T 统计量	P 值		
disrdk ($h\leqslant$10.160 8)	−0.003 8***		（0.001 2）	−3.190 0	（0.003 0）		
disrdk （$h>$10.160 8）	0.003 8*		（0.001 9）	2.020 0	（0.005 3）		
disrdl	−0.000 6**		（0.000 3）	−2.340 0	（0.026 0）		
控制变量		Y					
地区效应		Y		时间效应		Y	

*** $p<0.01$、** $p<0.05$、* $p<0.1$

注：Bootstrap 重复抽样 500 次；数据结果由 STATA 16.0 整理得到，门槛估计命令为 xthreg

5.4　R&D 资源配置扭曲的前因分析

本章在理论基础部分探讨了政府主导和"R&D 崇拜"对 R&D 资源配置扭曲的影响，本部分尝试在其基础上进行实证检验。基于数据的可获得性，重点考查地方政府科技政策（ST）和行政垄断（AM）对 R&D 资源配置扭曲的影响，其中地方政府科技政策以地方财政科技支出占地方财政支出的比重表示，行政垄断以规模以上国有控股企业销售产值占比表示。

实证结果如表 5-7 所示，无论是科技政策还是行政垄断都加剧了 R&D 资金配置的扭曲，对 R&D 人员配置扭曲的影响并不显著。究其原因，科技政策在于给予区域科技创新资金支持和推动创新人才引进，但政策的结果依然表现为"R&D 崇拜"，导致了过多的 R&D 资金配置扭曲，同时 R&D 人员的政策效果并不明显，进一步加剧了 R&D 内部结构的不匹配。行政垄断主要通过作用于创新资源的支配权，导致 R&D 资源无法像完全竞争市场下那样进入高效率部门，进而降低了创新资源的配置和使用效率[①]（陈林和李康萍，2018）。R&D 资源配置扭曲的政策前因分析进一步说明了虽然中国过去依靠大规模投入的模仿创新模式取得了一定成绩，但在技术赶超的关键阶段依然需要通过人才实现核心技术突破，需要依靠人力资本的吸收能力实现创新驱动高质量发展的持续生命力。

表 5-7　R&D 资源配置扭曲的前因实证结果

变量	disrdk	disrdl	disrdk	disrdl
ST	0.070 4*** （0.021 6）	−0.032 0 （0.082 1）		
AM			1.417 3*** （0.162 1）	−0.187 7 （0.663 3）
控制变量	Y	Y	Y	Y
地区效应	Y	Y	Y	Y
时间效应	Y	Y	Y	Y
R^2	0.121 4	0.113 2	0.242 8	0.113 0
Observations	450	450	450	450

*** $p < 0.01$

注：括号内为标准误；数据结果由 STATA 16.0 整理得到

[①] 行政垄断对 R&D 人员配置扭曲的效应不显著与前文中 R&D 人员部门配置不当并不矛盾，因为实证侧重各地区国有企业对 R&D 资源配置扭曲的影响，而理论侧重 R&D 人员在地区内部国有部门与非国有部门间选择造成的配置扭曲，由于数据限制，实证部分并不能体现该问题。

5.5　基　本　结　论

　　R&D 投入递增而全要素生产率增长停滞不前甚至倒退严重影响了经济的高质量发展，本章基于资源配置视角从 R&D 资源错配和人力资本吸收能力两个方面探究中国 R&D 投入的"索洛悖论"。主要研究内容包括以下三个方面：一是借鉴陈永伟和胡伟民（2011）等扩展的 Syrquin（1986）模型，综合考虑要素相对使用成本造成的资源配置扭曲，将生产领域测算资源错配的方法引入知识生产过程，探讨 R&D 资源是否存在配置扭曲及配置扭曲的程度；二是采用固定效应的两阶段最小二乘法估计了 R&D 资源配置扭曲对全要素生产率的影响效应；三是基于门槛效应回归模型探讨人力资本能否在 R&D 资本配置过多时发挥技术吸收作用，纠正 R&D 资金配置扭曲对全要素生产率的负向影响。研究结果表明：第一，中国各省市 R&D 资源确实与最优配置状态存在偏离，总体而言，R&D 资金由于使用成本相对较低存在配置过度，而 R&D 人员却存在相对配置不足，且 R&D 资金过多的配置扭曲远小于 R&D 人员配置不足的扭曲。原因可能在于地方政府存在"R&D 崇拜"，通过政府主导的 R&D 资源配置模式，以财税政策支持等方式向市场投放了过多低于要素价格的 R&D 资金，而 R&D 人员增长却不能与 R&D 资金增长形成有效匹配。同时，R&D 资源配置扭曲存在明显的区域异质性；第二，R&D 资金配置扭曲与 R&D 人员配置扭曲均制约了全要素生产率增长，且 R&D 资金配置扭曲对全要素生产率增长的抑制作用更大，可能的原因是中国 R&D 资金具有要素禀赋优势，使 R&D 技术进步存在资本偏向性，而激进的 R&D 资金配置政策带来了技术结构扭曲，进而制约了全要素生产率的增长，且 R&D 资金对 R&D 人员的"侵蚀效应"使 R&D 资金配置扭曲对全要素生产率的影响更大；第三，完善创新环境和提高对外开放水平有利于提高全要素生产率，而过多的政府政策干预则显著地制约了全要素生产率的增长；第四，人力资本在 R&D 资金配置扭曲与全要素生产率间存在非线性的门槛效应，当人力资本水平跨越 10.160 8 的门槛值时，人力资本能够充分发挥其技术吸收能力，与过多配置的 R&D 资金形成互补，促进全要素生产率增长，但是，当前中国大多数省市并未达到这一人力资本门槛值，故 R&D 资金配置扭曲的问题需要高度重视。

　　本章研究的理论价值主要体现在将资源错配理论引入创新资源范畴，将 R&D 资源分为 R&D 人员和 R&D 资金，测算并分析了 R&D 资源配置扭曲对全要素生产率的影响，同时考虑了人力资本的纠偏作用，是对相关研究成果的进一步深化，突出强调了人力资本梯度升级对提高全要素生产率和实现经济高质量发展的重要价值；现实意义则体现在指出了只有人力资本达到一定水平才能发挥对 R&D 资源配置扭曲的纠偏作用，进一步验证了加大创新人才培养和提高人力资本水平的重要性。

虽然本书丰富了资源配置和人力资本的相关研究，但依然存在一些不足和有待进一步深化的地方。主要在于，本书展现了 R&D 资源配置扭曲状态的最终结果，是对创新系统配置扭曲过程中主体配置效应、溢出效应和产业结构配置效应的总体呈现。进一步地，可以探究 R&D 资源在不同创新主体间的配置及利用方式，以及了解引起差异化 R&D 资源配置扭曲的深层次制度因素，同时探究 R&D 资源配置的结构效应能够了解各地区技术创新的方式的适宜性，即研究产业结构异质性下三种创新模式（原始创新、集成创新和引进消化吸收再创新）的选择差异。

5.6　本 章 小 结

R&D 投入递增而全要素生产率增长停滞不前甚至倒退严重制约了经济的高质量发展。本章基于 R&D 资源配置视角，根据 2004~2018 年中国 30 个省区市的面板数据，将资源错配研究方法引入知识生产函数，测算中国创新生产系统 R&D 资金和人员的配置扭曲状况，探究 R&D 资源配置扭曲对全要素生产率的影响，以及人力资本在 R&D 资源配置扭曲中发挥纠偏作用的门槛效应。研究结果表明：①中国 R&D 资源存在资金配置过度而人员配置不足的问题，且 R&D 资源配置扭曲存在明显的区域异质性；②R&D 资源配置扭曲制约了全要素生产率的增长，且 R&D 资金配置扭曲的负向影响作用更大；③创新环境和对外开放对提高全要素生产率具有正向作用，而过多的政府政策干预则显著制约全要素生产率增长；④人力资本达到一定水平后能够吸收配置过多的 R&D 资金，但中国大多数省市并未达到这一门槛值水平。为优化 R&D 资源配置并发挥其对全要素生产率的正向促进作用，应当建立完善以市场为主导配置 R&D 资源的长效机制，通过优化创新环境、提高对外开放水平等，促进 R&D 资源要素合理流动。同时，评估政府配置 R&D 资金政策的有效性，不断完善 R&D 资金的财税政策支持规则和方式。为了发挥人力资本的纠偏作用，需要加大教育培训和健康投资，提高人才素质和人力资本水平，推进以"人力资本红利"代替"人口红利"。

第6章 人才的资源匹配及其对经济高质量发展的影响

创新驱动的本质是人才驱动，人才资源是第一资源。人才是高素质和高质量的劳动者，"人口红利"向"人力资本红利"或"人才红利"转变是实现新时代新旧动能转换和经济高质量发展的重要基础和保障。近年来，随着创新驱动发展战略的不断深入，地方政府逐渐将工作的重点转移到招才引智方面，并出台了一系列配套优惠政策。特别是 2017 年以来，北京、上海、西安和武汉等 20 多个城市相继出台了以落户、住房和补贴等为主的吸引人才政策，掀起了一轮又一轮的人才争夺战，涉及的人才范围既包括高技术领域的 R&D 人才，也包含大专及以上学历人才（主要是大学生）。人才争夺战加速了人才区域间流动，推动了施政地区人力资本结构的优化升级，但同时引起了诸多争议。首先，区域间的人才竞争是否只是"人口红利"逐渐消退后地方政府"GDP 锦标赛"的变相？人才是经过知识和教育武装、具有较强吸收能力的高素质劳动者，对高质量发展的核心作用在于对新知识的吸收、利用和转化以推动技术进步，如果不能有效发挥这一作用而是依靠衣食住行等消费行为和参与低端劳动刺激经济增长，那么，政策效果将仅仅表现为"人口红利"的延续。其次，以地方政府行政力量主导或干预的人才资源配置模式是否会导致区域技术进步水平差距的进一步拉大和经济发展的不收敛？虽然人才集聚能够通过技术溢出效应推动经济高质量发展，但基于区域协调视角的人才非有效配置可能是零和博弈。例如，西部地区相对缺乏吸引人才的自然和经济环境，在人才竞争博弈中容易出现"西部开花、东部结果"的现象（魏江等，2015）。进一步地，如果 A 地区的人才集聚技术进步效应是以 B 地区的人才大量流失为代价，而这个过程中如果 A 地区出现集聚的拥挤效应（规模不经济），而 B 地区人才尚处于边际效用递增期，整体视角下，人才配置扭曲就会存在较大的效率缺口。最后，很多地区在人才引入上存在"留而不用"的现象，即不结合地区产业结构和经济发展基础的人才引入使得"英雄无用武之地"，导致人才集聚的"红利"无法实现，造成人才资源集聚的"浪费"，反而可能会制约经济高质量发展。因此，人才与区域经济发展的资源匹配和区域之间的人才资源协调配置显得尤为重要。

本章将人才的资源匹配定义为"人才与其他技术、经济、制度等资源条件的匹配",具体包括人才与地区、结构、产业、R&D 水平等资源的匹配,重点探讨以下关键科学问题:中国目前的人才资源配置是否存在扭曲?如果存在,这种扭曲状况对经济高质量发展产生了什么样的影响?在不同的区域,这种影响效应是否存在空间差异性?对上述问题的回答有利于从人力资本视角丰富经济高质量发展的相关理论知识,也是对区域协调发展的有益探讨(吴婷和易明,2019)[①]。

6.1 人才的资源匹配理论基础

对资源进行合理配置,既要关注要素的数量和层次,更要关注不同资源之间的匹配问题。因此,"人才红利"得以实现既需要人才这一高质量生产要素的基础性作用,也需要人才与其他经济技术参数和资源的有机契合(戴翔和刘梦,2018)。关于人才的资源匹配及其对经济高质量发展的影响,现有相关研究主要从两个方面展开,一是基于生产函数从资源错配视角探讨劳动要素配置扭曲对全要素生产率的影响,二是考虑劳动要素异质性探究劳动要素的资源匹配对经济发展的影响。

从要素配置扭曲视角(企业、产业、地区)探讨全要素生产率差异成为近年来的研究热点(Hsieh and Klenow,2009),Aoki(2012)指出生产要素的流动性摩擦导致了资源配置扭曲并形成了部门间全要素生产率差异,这一视角的要素配置扭曲研究与本章的研究主题较为一致,其后也有大量学者跟随并发展这种做法探讨劳动要素配置扭曲对全要素生产率的制约作用。相对于资本,劳动更容易发生配置扭曲,原因在于城乡二元和所有制结构的体制障碍(Vollrath,2009;马草原等,2017)。要素价格是资源配置扭曲最核心的体现,具体表现为劳动要素价格与边际产出的偏离(钱雪亚和缪仁余,2014)。袁志刚和解栋栋(2011)从城乡分割视角将社会生产部门划分为农业部门和非农业部门,认为劳动要素在部门间存在较大程度的配置扭曲,中国户籍制度的改革有利于劳动要素配置扭曲不断下降。柏培文(2012)以三大产业部门摩擦探讨劳动资源在各地区配置扭曲的状态,得出劳动资源配置扭曲不断下降的结论,具体到产业部门内部,第二产业的配置扭曲最为严重。当然,仅研究劳动要素的配置扭曲存在劳

---

① 本章部分内容发表于吴婷,易明. 人才的资源匹配、技术效率与经济高质量发展. 科学学研究,2019,37(11):1955-1963.

动要素刚性的内在假定,考虑劳动和资本两大要素的替代关系对于纠正劳动要素配置扭曲的产出提升潜力更大(柏培文,2014)。

考虑劳动要素异质性并分析其与其他资源匹配对经济发展影响的研究主要从三个方面展开。一是探讨劳动要素与资本要素的替代性问题。De la Grandville(1989)认为劳动—资本替代能有效促进经济增长,但不同层次和质量的劳动要素与资本的替代弹性存在差异,Growiec 等(2011)指出资本能够对低质量劳动要素产生替代效应,而与高质量劳动要素形成互补。基于中国数据,张月玲和林锋(2017)认为资本与低素质劳动要素的替代并没有带来经济增长,只有通过技能劳动替代一般劳动要素才能发掘"人才红利"。二是探讨劳动要素与产业和部门的匹配问题。刘渝琳等(2014)指出中国结构性"失业"的原因在于劳动异质性与产业结构异质性不能有效匹配。赖德胜和纪雯雯(2015)通过构建人才部门匹配模型指出,高质量劳动在政府部门和国有部门配置造成人才配置扭曲,带来创新效率的下降。李静等(2017a)从创新部门出发,认为 R&D 人员与 R&D 投入不能形成有效匹配是造成 R&D 投入不能带来全要素生产率增长的重要原因。三是探讨高质量劳动要素与制度的匹配问题,基于熊彼特理论企业家精神理论,周方召和刘文革(2013)指出企业家精神与制度及产业的匹配具有显著区域异质性,因此政策匹配需要因地制宜,戴翔和刘梦(2018)也指出人才与制度匹配是中国制造业全球价值链攀升的关键。

总体而言,一方面,大量学者基于生产函数对中国地区、产业、部门和行业劳动要素配置扭曲进行了评价,尽管研究结论存在一定的差异,但确定性的结论是劳动要素合理且有效配置能够促进产业结构升级、技术创新和全要素生产率增长。同时,由于计量方法发展的局限性,劳动要素配置的评价及影响效应无法脱离生产函数本身探索外生影响因素,且这类研究纳入劳动要素异质性进行研究的不多。另一方面,劳动的资源匹配对经济发展的影响研究主要是将劳动要素进行划分,探究不同劳动要素与外生经济发展因素匹配对技术进步和创新发展的影响,其中将劳动要素分为人力资本层次、R&D 人员和企业家精神三类。但此类研究较少考虑区域发展环境和发展阶段的异质性。

综上所述,本章将人才划分为考虑了人力资本因素的大专及以上从业人员和创新属性的 R&D 从业人员(企业家精神存在难以量化问题予以忽略)两类,同时考虑区域资源禀赋差异及发展环境异质性,进而构建包含异质性劳动的超越对数生产函数,采用随机前沿生产函数(stochastic frontier approach，SFA）方法探究这两类人才在地区、产业及部门的匹配对技术效率和经济高质量发展的影响。

6.2　模型构建及指标选取

超越对数生产函数的随机前沿分析方法，能够反映技术进步和技术效率，并综合考虑引起技术效率损失的因素，在一定程度上体现经济高质量发展的质量变革、动力变革和效率变革（金碚，2018）。原因在于：①要素可替代性能够反映人才在生产过程中与其他生产要素的互补或替代关系；②技术进步非中性能够全面反映 TFP 变化的技术进步效应和生产效率变化效应等。

6.2.1　模型构建

Battese 和 Coelli（1995）、Pires 和 Garcia（2012）的随机前沿生产函数模型指出，引起效率变化的除了生产过程中可直接观测到的投入产出要素，还包含引起技术效率损失的其他外部经济社会因素。基本形式可以表示为

$$Y_{it} = f(X_{it}, t)e^{V_{it} - U_{it}} \tag{6-1}$$

其中，Y_{it} 为产出；X_{it} 为投入；t 为时间趋势项；$V_{it} - U_{it}$ 为复合误差项；V_{it} 为随机误差项；U_{it} 为技术无效率项，且 $V_{it} \sim N(0, \sigma_v^2)$，$U_{it} \sim N^+(m_{it}, \sigma_u^2)$，$U_{it} > 0$ 表示存在技术非效率，即决策单元的生产组合与技术前沿面存在一定的差距，U_{it} 与 V_{it} 相互独立。待估计参数 γ 为引起技术效率损失的方差占比，能体现技术非效率对产出的解释力度，$\gamma = \sigma_u^2 / (\sigma_u^2 + \sigma_u^2)$，取值为 0～1。

超越对数生产函数具有较强的灵活性和转换能力，并且能够全面揭示 TFP 的效率构成。本章采用超越对数模型构建包含人才和其他要素的生产函数，当技术效率改进只存在趋势变化不考虑具体因素时，随机前沿生产函数可以设定为

$$
\begin{aligned}
\ln Y_{it} = {} & \alpha_0 + \alpha_1 \ln K_{it} + \alpha_2 \ln L_{it} + \alpha_3 \ln S_{it} + \alpha_4 t + \frac{1}{2}\alpha_5(\ln K_{it})^2 + \frac{1}{2}\alpha_6(\ln L_{it})^2 \\
& + \frac{1}{2}\alpha_7(\ln S_{it})^2 + \frac{1}{2}\alpha_8 t^2 + \alpha_9 \ln K_{it}\ln L_{it} + \alpha_{10}\ln K_{it}\ln L_{it} + \alpha_{11}\ln L_{it}\ln S_{it} \\
& + \alpha_{12} t \ln K_{it} + \alpha_{13} t \ln L_{it} + \alpha_{14} t \ln S_{it} + V_{it} - U_{it}
\end{aligned}
$$

$$\tag{6-2}$$

在生产效率函数中，Y、K、L、S 分别表示产出、资金投入、一般劳动要素投入和人才投入，人才包含学历人才（E）和 R&D 人才（R）。

进一步地，考虑引起技术效率损失的影响因素，技术效率损失的公式

表示为

$$m_{it} = E(U_{it}) = \beta_0 + \beta_k Z_{it} \tag{6-3}$$

其中，Z 代表人才的资源匹配变量；β_k 为人才的资源匹配对技术效率损失的影响系数，由于 U_{it} 的非负性，所以 β_k 为正表示人才的资源匹配对技术效率作用为负，反之为正。具体到人才的资源匹配对生产技术效率损失的影响公式为

$$m(E)_{it} = \beta_0 + \beta_1 E(R) - \text{distr}_{it} + \beta_2 E(R) - \text{constru}_{it} + \beta_3 E(R) - \text{indus}_{it} \tag{6-4}$$
$$+ \beta_4 E(R) - \text{rd}_{it} + \beta_k \text{controls}_{it}$$

其中，$m(\cdot)$ 表示不同类型人才带来的技术效率损失，作为被解释变量，解释变量包含人才的地区匹配［人才的地区配置（$E(R)$ - distr）］、人才结构互补（$E(R)$ - constru）、人才产业匹配（$E(R)$ - indus）和学历人才 R&D 结构匹配（$E(R)$ - rd），加入学历人才二次项探讨区域异质情况下学历人才的规模效应，中国 R&D 人才正处于成长期，数量仍处于相对紧缺状态，故不考虑其二次项。controls 为控制变量，与前面章节保持一致，为宏观经济水平（gdp）、产业结构（indus）、区域协调程度（urban）、政策因素（gov）和对外开放水平（open）。

6.2.2　变量选择、数据来源及处理

本章选取的指标主要包括生产效率测算指标及影响技术效率损失的人才的资源匹配指标。

1. 生产效率测算指标及数据

生产效率测算包含投入指标和产出指标,关于产出和资金投入指标选取的发展已经相对比较成熟。劳动要素异质性的存在使学者们在指标选取上存在较大差异,主要包括劳动人员数量和人力资本两类。本章坚持研究问题导向并借鉴相关学者的做法,产出指标和资金投入指标处理方法与以往研究基本一致,劳动投入指标考虑劳动要素异质性并与人力资本结构有效结合,分为两类。

首先,产出指标采用 2000 年不变价 GDP 表示;其次,资金投入参考张军等（2004）的永续盘存法计算,形成以 2000 年为基期的资本存量;最后,劳动投入要充分考虑劳动质量的异质性,故本章将要考察的人才分为两类,一是大专及以上从业人员,二是 R&D 从业人员,并将这两类人才与其他劳动要素区分开形成两个生产函数。之所以将人才分成这两类进行分析,原因在于:第一,从人力资本深化对经济发展的影响效应看,人力资本梯度升级(高等教育从业人员占主导)能够促进产业结构的转型和经济效率提升,是经济高质量发展的保证（袁富华等,2015）;第二,从

中国发展现实看，大专及以上从业人员是近年来地区"人才战"争夺的重点对象，考察这类劳动要素如何带来技术效率提升和经济高质量发展尤为重要；第三，从宏观视角看，新古典经济增长理论指出技术进步内生于经济增长，以 R&D 投入为基础的创新行为是技术进步的内核，从微观视角看，实证产业组织理论认为，通过投资 R&D 进行技术创新的企业具有更高的生产效率，故选取 R&D 人员作为人才具有合理性。大专及以上从业人员作为人才的量化参考人力资本算法，以从业人员数乘以教育因子，未上过学、小学、初中、高中、大专、本科、研究生教育及以上分别赋值为1、6、9、12、15、16 和 19。以 R&D 人员作为人才只考虑数量效应，为了避免重复计算，普通劳动投入为总量减去人才量化值。

2. 技术非效率影响因素指标

第一，人才的地区匹配（$E(R)\text{-}distr_{it}$）。中国当前仍处于人力资本第二梯度，高等教育从业人员与 R&D 从业人员的资源有限性引起资源争夺，政策因素及其他社会因素致使人才在地区间可能存在错配，人才地区匹配扭曲不可避免会带来经济发展效率损失（马颖等，2018）。以各地区人才数量占比表示人才的地区配置，同时考虑近年来大量大学毕业生前往北上广深等地就业，加入学历人才二次项探讨区域异质情况下学历人才是否存在集聚效应。

第二，人才的结构互补（$E(R)\text{-}constru_{it}$）。以人才结构表示不同劳动要素间的互动溢出，人才作为高层次劳动要素，具有较强的正外部性，能够带动其他劳动要素的人力资本积累和梯度升级（梁文泉和陆铭，2015）。一方面，人才的地理集聚能够有效带动地区相关产业发展，创造更多的就业机会；另一方面，人才具有的知识技术溢出性能够带动社会劳动生产率提高。以人才的数量与其他劳动要素数量的耦合协调度代表人才的结构互补。

第三，人才的产业匹配（$E(R)\text{-}indus_{it}$）。人才与产业发展具有耦合共生性，能够促进转型升级，产业升级又进一步吸引人才（Krugman，1991）。第二级人力资本梯度为主的地区主要从事劳动密集型产业，表现为经济的粗放发展，高质量发展需要人力资本的梯度升级，以人才促进高技术产业发展，以高技术产业发展带动人才质量攀升。以人才数量与高技术产业主营业务收入的耦合协调度代表人才的产业匹配。

第四，人才的 R&D 结构匹配（$E(R)\text{-}rd_{it}$）。R&D 投入不断增加，但技术进步和全要素生产率并未得到有效提升是当前的经济现实（李静等，2017b），学者们指出，内在的原因可能是 R&D 要素投入不匹配，R&D 强度存在"过则不及"的效果，只有适度匹配的 R&D 投入才能有效推动技术进步和技术效率提升（Englander et al，1988）。R&D 经费既需要在创新系统内部与 R&D 人才进行有效匹配，也需要与基于人力资本升级的社会吸收

能力实现匹配。选取人才数量与 R&D 内部经费支出的耦合协调度表示
R&D 结构匹配。

人才的结构互补、人才的产业匹配和人才的 R&D 结构匹配基于以下
耦合协调度模型测算：

$$C_{it} = \left\{ u_{1i,t} \times u_{2i,t} \bigg/ \frac{u_{1i,t} + u_{2i,t}}{2} \right\}^{\frac{1}{2}} \tag{6-5}$$

其中，C_{it} 为耦合协调度，也就是匹配；$u_{1i,t}$ 和 $u_{2i,t}$ 分别表示两种不同的资
源，在变量选取中已经进行了说明。

6.2.3　研究区域、数据来源及处理

本章研究区域为中国除西藏和港澳台之外的 30 个省区市，样本周期
为 2004～2018 年，数据来源于《中国科技统计年鉴》《中国工业经济统计
年鉴》《中国高技术产业统计年鉴》，劳动要素的部分缺失数据从各地方政
府统计年鉴中整理得到。

6.3　计量检验与结果分析

6.3.1　描述性统计

通过描述性统计可以发现（表 6-1），学历人才和 R&D 人才在各地区
的差异较大；学历人才的结构匹配远大于 R&D 人才的结构匹配，且年份
间和区域间的变化幅度也较大；学历人才的产业匹配大于 R&D 人才，同
样具有更大的差异，可能在于学历人才分布产业更多元；学历人才的 R&D
结构匹配无论是在数量上还是差异上都远低于 R&D 人才，这与 R&D 人
才的创新属性相关。基于描述性统计可以发现人才的资源匹配均表现出较
大的时空差异，故基于空间异质性的面板实证检验具有必要性。

表 6-1　变量的描述性统计

变量	平均值	标准差	最小值	中位数	最大值
$\ln Y$	8.102 6	0.845 3	5.691 8	8.098 5	9.666 4
$\ln K$	10.092 6	0.921 3	7.566 6	10.195 2	12.019 4
$\ln L$	7.415 2	0.848 1	5.520 2	7.519 5	8.686 3
$\ln E$	8.178 9	0.878 0	5.607 2	8.275 5	9.898 7

续表

变量	平均值	标准差	最小值	中位数	最大值
$\ln L_1$	7.591 1	0.805 4	5.670 0	7.633 0	8.817 0
$\ln R$	1.621 8	1.209 7	−2.113 0	1.684 5	4.334 0
E-distr	0.139 1	0.094 3	0.030 1	0.117 8	0.574 3
E-constru	0.652 0	0.157 9	0.341 5	0.647 7	1.000 0
E-indus	0.765 8	0.198 0	0.316 6	0.809 9	0.809 9
E-rd	0.029 1	0.012 2	0.012 3	0.026 8	0.081 8
R-distr	0.003 8	0.004 2	0.000 0	0.002 0	0.022 0
R-constru	0.110 6	0.052 7	0.036 0	0.098 0	0.291 0
R-indus	0.267 7	0.109 2	0.066 0	0.251 0	0.560 0
R-rd	0.391 1	0.082 2	0.232 0	0.376 5	0.668 0

6.3.2　模型选择

随机前沿生产函数技术非效率项的估计有两阶段和一阶段估计两种方法，两阶段估计方法通过影响因素对已计算出的技术效率进行回归，但存在两个问题，一是技术效率方程在设定时已经包含无效率影响，使得二阶段回归显得冗余；二是两阶段有偏估计具有持续影响性（Wang and Schmidt，2002）。一阶段估计将无效率因素与生产函数结合起来更合适。因此采用一阶段半正态极大似然估计方法（maximum likelihood estimate，MLE）检验人才的资源匹配对技术效率的影响。进行估计前需要对随机前沿生产函数的有效性进行检验，通过 LR（likelihood ratio）检验发现，所有模型都存在技术非效率，且符合半正态分布，其中东部和中部地区学历人才和 R&D 人才的生产函数具有时变性，采用半正态时变随机前沿模型，西部地区的学历人才生产函数采用半正态非时变随机前沿模型。

6.3.3　实证结果分析

1. 全国结果分析

如表 6-2 所示，总体而言，用学历人才测算出的技术效率和以 R&D 人才测算出的技术效率两者相差并不大（0.7155 和 0.6921），体现了技术效率测算结果的相对稳健性。σ^2 和 γ 结果均显著，说明人才的资源不匹配确实存在并且能够解释技术无效率，相比于学历人才，R&D 人才配置扭曲可能更大并造成了更大的产出效率损失（0.999）。

表 6-2　人才资源匹配的随机前沿生产函数回归结果

变量	（1）		变量	（2）	
	全国（TE = 0.715 5）			全国（TE = 0.692 1）	
$\ln K$	0.977 7***	（0.319 7）	$\ln K$	3.516 5***	（0.388 4）
$\ln L_1$	0.392 7*	（0.204 6）	$\ln L_2$	0.875 1***	（0.316 8）
$\ln E$	0.190 9	（0.271 7）	$\ln R$	0.100 4*	（0.056 1）
t	0.063 7*	（0.033 3）	t	0.077 1*	（0.046 9）
$\ln K^2$	−0.386 4***	（0.111 2）	$\ln K^2$	−0.648 7***	（0.072 5）
$\ln L_1^2$	−0.208 9***	（0.047 8）	$\ln L_2^2$	−0.326 3***	（0.044 8）
$\ln E^2$	0.080 1	（0.116 3）	$\ln R^2$	0.115 9***	（0.025 1）
t^2	−0.002 1*	（0.001 2）	t^2	−0.001 9*	（0.001 0）
$\ln K \ln L_1$	0.303 0***	（0.049 6）	$\ln K \ln L_2$	0.398 0***	（0.048 1）
$\ln K \ln E$	0.141 3	（0.093 5）	$\ln K \ln R$	0.139 6***	（0.036 4）
$\ln L_1 \ln E$	−0.202 8***	（0.062 1）	$\ln L_2 \ln R$	−0.177 5***	（0.027 0）
$t\ln K$	−0.005 7	（0.009 5）	$t\ln K$	0.026 4**	（0.007 4）
$t\ln L_1$	−0.031 8***	（0.005 0）	$t\ln L_2$	−0.030 0***	（0.004 2）
$t\ln E$	0.023 8***	（0.007 7）	$t\ln R$	0.003 9	（0.004 2）
Cons	−1.670 6**	（0.678 1）	Cons	−8.477 2***	（1.134 5）
学历人才资源匹配对技术效率损失的影响			R&D 人才资源匹配对技术效率损失的影响		
E-distr	0.703 0	（0.605 1）	R-distr	−9.759 2***	（1.868 5）
E-constru	1.513 2***	（0.205 8）	R-constru	6.792 2***	（0.541 5）
E-indus	0.079 7	（0.050 7）	R-indus	0.629 3***	（0.088 7）
E-rd	0.287 4	（0.667 1）	R-rd	0.879 2***	（0.140 1）
控制变量	Y	Y	控制变量	Y	Y
σ^2	0.009 2***	（0.000 7）	σ^2	0.009 5***	（0.000 8）
γ	0.567 2***	（0.126 7）	γ	0.999 9***	（0.000 2）
$\mathrm{Log}L$	439.482 0		$\mathrm{Log}L$	429.821 9	
LR Test	270.929 5		LR Test	227.525 5	

*** $p<0.01$，** $p<0.05$，* $p<0.1$

注：括号内为标准误；E-distr 的二次项影响系数若不发生改变则不纳入测算

SFA 的结果包含两部分：对经济增长的效应和对技术效率损失的影响。具体到各投入变量的增长效应，首先，从技术进步水平看，中国年均技术在以较小的幅度增长（0.064 和 0.077），但这种技术进步不具有持续增长率（−0.21%和−0.19%）；其次，从不同人才划分对经济增长的影响结果看，R&D 人才能够显著促进经济增长，学历人才对经济增长的正向作用不显著，且一般劳动要素对经济增长的贡献远大于学历人才和 R&D 人才的贡献，说明当前中国经济发展依然主要依托"人口红利"而非"人才红利"；再次，从要素替代关系看，资本与一般劳动要素能够形成有效互补促进经济增长，而学历人才和 R&D 人才与一般劳动要素表现为替代关系作用于经济增长，表明了经济增长对高技能劳动力的需求；最后，相对于一般劳动要素对长期增长的不可持续性（–0.032 和–0.030），学历人才和 R&D 人才在长期内更能促进经济增长（0.024 和 0.004）。

从人才的资源匹配对技术效率损失的影响结果看，学历人才的地区配置对技术效率提升作用不显著，R&D 人才的地区配置能够显著促进技术效率提升，说明人才质量对技术效率提升作用更直接；人才的结构互补制约了技术效率的提升；学历人才的产业匹配和 R&D 结构匹配效应不显著，R&D 人才的产业匹配和 R&D 结构匹配均制约了技术效率的提升。从以上结果可得到如下结论：第一，相较于仅考虑学历的大专及以上从业人员，具有创新属性的 R&D 人才的地区配置扭曲更严重并制约了技术效率的提升；第二，无论是学历人才还是 R&D 人才，与其他劳动要素之间都没有进行很好的互动和溢出，缺乏推动不同层次的劳动要素间交流实现缄默性知识溢出的过程；第三，人才的配置并没有缓解 R&D 投资的过度配置问题，进而抑制了创新资源的配置效率和生产技术效率（谷军健和赵玉林，2020）。

2. 考虑地区异质性的学历人才资源匹配结果分析

考虑区域异质性，将中国划分为东中西三大区域板块①探讨人才的资源匹配对技术效率损失的影响（表 6-3）。结果表明，学历人才的资源匹配能够较大程度上解释技术效率损失，这种解释效应在东部最大（0.9999），同时各个地区学历人才资源匹配对技术效率损失影响存在差异。从具体影响效应看，学历人才的地区配置在东部地区对技术效率损失的影响存在"U"形结构，在中部地区能够提升技术效率，在西部地区则表现为倒"U"形结构。究其原因，一方面在于地区经济发展水平的差异，东部地区当前经济发展水平较高，对学历人才存在大量需求，尚处于规模递增阶段，但当前的配置无法满足其发展的需求；另一方面可能在于地区发展阶段的差异，不同发展阶段对人才质量诉求存在差异，西部地区现阶段提升

---

① 这里并没有如前文按照东部、中部、西部和东北部四大区域板块进行分析，而是分为三大区域板块，原因在于东北部地区只有三个省份的样本量，数据限制使得技术效率损失无法通过定量检验。

技术效率的方式主要是通过学历人才的技术模仿,这种方式能够提高技术效率,但难以实现技术突破,只具有短期效应(Ang et al.,2011)。学历人才的结构互补在中西部地区都能够显著地提升技术效率,在东部地区影响效应为负,原因可能在于相比于更高层次的人才,学历人才广泛地分布在各行各业中,能够与不同劳动要素进行深入地学习交流,使学习与溢出效应能够在不同水平的劳动要素间发生,实现异质性劳动要素间的结构互补,且这种促进效应在中国西部地区更为明显。学历人才与高新技术产业的匹配未能显著促进技术效率提升,高新技术产业具有高技术和高附加值的特点,对人才质量要求相对较高,以大专及以上层次的学历劳动者定义的学历人才中,部分学历人才难以深入嵌入高技术产业的具体工作,推动高技术产业发展,进而不能提高高技术产业生产效率,加速技术进步速度。学历人才的 R&D 结构匹配仅在中部地区推动了技术效率,该效应在东西部地区并不显著。

表 6-3　分区域学历人才的资源匹配对技术效率损失影响

变量	(1)		(2)		(3)	
	东部地区		中部地区		西部地区	
E-distr	2.357 2***	(0.725 6)	−5.565 4*	(3.022 6)	−15.121 2***	(5.718 5)
E-distr^2	−2.239 7***	(0.807 6)	2.211 3	(6.493 0)	24.465 9***	(0.161 3)
E-constru	0.910 3***	(0.376 9)	−0.781 4*	(0.423 2)	−4.930 3***	(1.579 8)
E-indus	0.168 1	(0.124 6)	−0.075 1	(0.060 6)	0.417 2***	(0.052 6)
E-rd	−0.564 6	(1.002 4)	−6.092 6***	(1.874 5)	−0.240 5	(0.618 2)
控制变量	Y	Y	Y	Y	Y	Y
σ^2	0.008 8***	(0.001 1)	0.001 3***	(0.000 1)	0.003 0***	(0.000 3)
γ	0.999 9***	(0.000 0)	0.676 5***	(0.108 1)	0.578 2*	(0.329 3)
Log$L$	188.728 1		236.132 9		249.821 2	
LR Test	77.255 2		139.199 7		186.048 5	

*** $p < 0.01$,* $p < 0.1$
注:括号内为标准误

3. 考虑地区异质性的 R&D 人才资源匹配结果分析

从 R&D 人才的资源匹配结果看,R&D 人才的资源匹配同样也能很大程度上解释技术效率损失,解释力度都基本上接近于 1(表 6-4)。从影响效应的具体机制看,R&D 人才在东部地区和西部地区的配置能够显著促进技术效率提升，在中部地区对技术效率损失作用不显著，原因可能在于东部地区 R&D 人才较多，且东部地区具有较好的促进技术 R&D 的政策制度环境，能够更快地接受国外发达国家先进技术的溢出，R&D 人才能够"人尽其才"，而西部地区的资源相对稀缺，R&D 人员基本上能够满足现有发展诉求，进而能够提升技术效率，中部地区则表现为 R&D 人员相对不足，而奋发向上的经济追赶模式使得 R&D 人才不能满足发展的阶段诉求，提高 R&D 人才的适配性势在必行，否则容易陷入"持续落后"（Lapan and Bardhan，1973），这也进一步说明了地区发展水平和发展阶段差异对人才质量需求不同。人才的结构互补仅在西部地区促进了技术效率提升，在东部和中部地区效果不显著，东部和中部地区集聚了更多的 R&D 人才、具有更激烈的市场竞争，R&D 人才更专注于特定领域，与其他劳动要素相互作用关系减弱。R&D 人才的产业匹配在东部和西部地区显著提升了技术效率，在中部地区影响不显著，该结论与 Teixeira 和 Queirós（2016）的结论具有一致性，人才与高科技和知识密集型产业的互动对技术效率的影响可能是积极的，也可能是消极的，这取决于人才能否适当地纳入生产体系的工业结构中。R&D 人才的 R&D 结构匹配在三大区域板块中均未对技术效率产生显著促进作用，可能原因在于中国区域间确实存在一定程度的 R&D"索洛剩余"，R&D 经费大量投入而 R&D 人才增长速度较慢，难以形成有效匹配（李静等，2017b）。

表 6-4　分区域 R&D 人才的资源匹配对技术效率损失影响

变量	（1）		（2）		（3）	
	东部地区		中部地区		西部地区	
R-distr	$-0.034\ 1^{*}$	（0.018 3）	$-0.002\ 0$	（1.000 0）	$-15.998\ 9^{***}$	（6.428 5）
R-constru	$-0.539\ 5$	（0.738 7）	$-0.034\ 4$	（0.996 0）	$-12.651\ 0^{**}$	（5.643 8）
R-indus	$-0.363\ 8^{*}$	（0.212 0）	$-0.131\ 5$	（0.677 0）	$-0.381\ 9^{***}$	（0.098 1）
R-rd	$-0.524\ 3$	（0.378 2）	$0.132\ 0$	（0.692 4）	$-0.162\ 6$	（0.175 1）
控制变量	Y	Y	Y	Y	Y	Y
σ^{2}	$0.012\ 3^{***}$	（0.001 8）	$0.003\ 8^{*}$	（0.002 2）	$0.002\ 6^{***}$	（0.000 3）
γ	0.999^{***}	（0.000）	$0.981\ 3^{***}$	（0.176 2）	$0.999\ 9^{***}$	（0.070 2）
LogL	152.168 6		193.530 3		257.642 0	
LR Test	55.822 6		19.773 8		168.805 0	

*** $p<0.01$，** $p<0.05$，* $p<0.1$

注：括号内为标准误

4. 进一步分析

技术效率与技术进步是推动全要素生产率增长的重要因素，鉴于此，本部分进一步探讨人才资源匹配对全要素生产率的影响。基于本章资源匹配变量对全要素生产率影响的结果如表 6-5 所示，模型 1 和模型 3 的被解释变量是基于式（6-2）测算的全要素生产率，而模型 2 和模型 4 是利用前文测算的全要素生产率进行的回归。不同被解释变量下人才资源匹配的效应差异不大，说明了结果的稳健性。下文分析重点关注模型 1 和模型 3 的结果。

表 6-5　人才的资源匹配对全要素生产率的影响

变量	（1）	（2）	变量	（3）	（4）
E-distr	−0.406 6***	0.022 2**	R-distr	0.210 0***	1.259 9***
	(0.135 6)	(0.011 0)		(0.080 3)	(0.426 8)
E-constru	−0.207 7***	−0.011 5**	R-constru	−0.037 2***	−0.120 8***
	(0.070 1)	(0.005 7)		(0.007 1)	(0.037 5)
E-indus	−0.054 4	−0.001 1	R-indus	−0.001 3	0.013 3**
	(0.036 5)	(0.003 0)		(0.001 0)	(0.005 2)
E-rd	3.306 8***	0.089 1*	R-rd	0.006 9***	0.012 5
	(0.638 3)	(0.051 7)		(0.001 7)	(0.008 8)
控制变量	Y	Y	控制变量	Y	Y
地区效应	Y	Y	地区效应	Y	Y
时间效应	Y	Y	时间效应	Y	Y
R^2	0.343 7	0.624 4	R^2	0.269 3	0.632 7
Observations	450	450	Observations	450	450

*** $p<0.01$，** $p<0.05$，* $p<0.1$

注：括号内为标准误；数据结果由 STATA 16.0 整理得到

首先，学历人才的地区配置制约了全要素生产率的提升，而 R&D 人才的地区配置对全要素生产率具有显著的增长效应，人才的结构匹配均制约了全要素生产率的增长，人才的产业匹配效应均不显著，人才的 R&D 结构匹配能够显著促进全要素生产率增长。结合技术效率结果，表明学历人才配置并没有通过促进技术效率提升带来全要素生产率增长，而 R&D 人才配置能够提高技术效率进而促进全要素生产率增长；人才没有形成有效的结构互补，限制了技术效率提升且制约了全要素生产率增长；人才与产业结构的不匹配造成了技术效率损失及全要素生产率下降；人才与R&D 结构不匹配带来的全要素生产率增长无法由技术效率解释，可能是通过技术进步或其他效应产生。

6.4　基本结论

中国经济由高速增长向高质量发展转变迫切需要发挥高层次、高质量人才的引领作用，实现质量变革、效率变革和动力变革。本章的主要研究结论包括：①人才的资源匹配扭曲确实存在，并且能够在很大程度上解释技术效率损失产生的原因。②R&D 人才能够显著促进经济增长，而学历人才对经济增长的促进作用不明显，仅仅引进大专及以上从业人员作为地区人才引进的标准有待考量，高技能人才可能比高学历人才对区域经济高质量发展更有益。③学历人才和 R&D 人才在东中西部地区的资源匹配效率存在较大差异，具体表现为对技术效率影响的差异性。第一，学历人才的地区配置在东部地区对技术效率损失的影响存在“U”形结构，在西部地区则表现为倒“U”形结构，在中部地区为直线促进；R&D 人才的地区配置在东部地区和西部地区起促进作用，在中部地区影响不显著；第二，学历人才的结构互补在中西部地区促进了技术效率提升；仅西部地区R&D 人才的结构互补对技术效率起促进作用；第三，学历人才的产业匹配在西部地区抑制技术效率，在东部地区和中部地区不显著；R&D 人才与高技术产业的匹配在东部和西部地区能够促进技术效率提升；第四，学历人才与 R&D 结构的匹配仅在中部地区推动了技术效率，R&D 人才的R&D 结构匹配结果不显著。④大部分人才的资源匹配能够通过作用于技术效率进而影响全要素生产率增长，仅有人才的 R&D 结构匹配可能是通过技术进步作用于全要素生产率。

本章的研究价值主要体现在两个方面，一是创造性地将两类属性存在差异的人才从一般劳动要素中抽离出来并纳入生产函数中进行计算，既从人力资本构成的存量视角进行分析，又从创新技能视角进行分析，丰富了以往的单一要素研究，更能体现人才异质性对经济高质量发展的影响作用和机理。二是使用随机前沿生产函数考虑了不同区域技术前沿的差异，纳入区域异质性，使人才的资源配置扭曲对技术效率损失研究的结论更具针对性和可靠性。当然，本章也存在一定的研究不足。第一，招才引智等相关人才政策的实行者主要为各大中城市，但基于数据可获得性和考虑到大中城市在各个省份中经济发展和政策取向的表征性，本章选取省市数据进行分析,使得人才资源匹配的具体政策结果及省份内部特征的分析难以继续深入。第二,本章根据研究目的需要将人才分为两类,缺乏对人才技能性和人才效用性的具体考量和进一步细化分析。

6.5　本章小结

人才对经济高质量发展的影响不仅取决于人才要素本身,更取决于其与其他技术、经济、制度等资源条件的匹配状况。基于此逻辑,本章结合近年来愈演愈烈的地区"人才争夺战",采用 2004～2018 年中国 30 个省市的数据,并考虑中国区域发展水平差异导致的技术前沿差异,运用超越对数形式的随机前沿生产函数,探究学历人才和 R&D 人才在全国和东中西部地区的资源匹配对技术效率和经济高质量发展的影响。研究结果表明:①人才的资源匹配扭曲确实存在并且能够解释技术效率损失的原因;②R&D 人才能够显著促进经济增长,而学历人才的促进作用并不明显;③学历人才和 R&D 人才在东中西部地区的资源匹配效率存在较大差异,具体表现为地区、结构、产业和 R&D 匹配在各区域对技术效率和经济高质量发展的作用效果不同。据此,在引进培育人才的同时,更需要打造良好的市场、产业和制度环境,实现人才要素与其他生产或创新资源的有效匹配,此外也要兼顾区域间人才资源配置的协调。

第7章 科技金融资源配置、全要素生产率与经济高质量发展

R&D 产业化和人才创新创业都离不开资金——科技金融（sci-tech finance，STF）的支持。科技金融资源是区域创新资源的重要组成部分，而理解科技金融的内涵与外延首先要了解科技创新与金融资本的关系。佩蕾丝（2007）在其代表作《技术革命与金融资本》中指出，金融对新技术早期的崛起非常重要，为了获取高额的利润，有风险偏好的金融资本家会将资本迅速投入到新技术领域，从而促进金融与新技术的有机结合和高度耦合，在带来技术创新的同时实现资本的快速增值。由此可以看到金融在科技创新中所扮演的重要角色。事实上，科技创新的不同阶段都与金融资本密不可分，现代科技革命的每一次诞生与演进几乎都伴随着金融资本的身影，可以说，金融资本是现代科技革命的重要引擎。历史上每一次产业革命也往往伴随着科技金融领域的深度变革，如股份制模式和现代银行制度的建立对第一次产业革命产生了重要影响，第二、三、四次产业革命伴随着资本市场的建立完善、规模化和国际化，第五次产业革命则得益于天使投资、风险投资、产业基金等的蓬勃发展，等等。在某种意义上，科技金融影响和决定了科技创新的发展趋势、应用空间、市场化可能和产业化程度，进而影响经济增长和经济发展质量。因此，从理论上探讨和检验科技金融资源配置对经济高质量发展的影响具有重要的学术价值和实践意义。本章重点讨论和回答三个问题：一是科技金融资源配置如何影响经济高质量发展也即传导机制是怎样的？二是科技金融资源配置对经济高质量发展的影响效应如何？三是在不同时间和不同区域这种影响效应是否存在异质性？为探讨上述问题，本章基于时空异质性的视角，利用中国 30 个省区市的科技金融资源配置数据，评估其对以全要素生产率为代理变量的经济高质量发展的影响效应。

7.1 科技金融影响经济高质量发展的传导机制和理论假设

7.1.1 科技金融及科技金融资源配置的理论内涵

科技金融是国家创新系统和金融体系的重要组成部分，是指风险投

资、银行、保险等各类金融机构、中介服务机构及政府金融管理部门，通过创新金融产品，改进服务模式，搭建服务平台，实现金融创新机制和科技创新资源的有机融合，为从种子期到成熟期各发展阶段的科技企业提供直接或间接的投融资服务的一系列市场化行为和政策制度安排。按照科技金融资金来源和服务方式的差异，可以将科技金融资源划分为直接融资资源、间接融资资源、财政资金资源和科技保险资源。其中直接融资资源主要包括天使投资、风险投资、私募股权投资及资本市场的融资资金；间接融资资源主要是指银行信贷资金；财政资金资源是指财政科技投入资金。进而，区域科技金融资源配置就是对上述不同类型资金资源的分配布置及不同类型资金资源在不同地区的分配布置。

7.1.2　科技金融对经济高质量发展的影响机制

新古典经济增长理论、内生经济增长理论、创新经济学等经典理论都证明了技术进步和科技创新对经济增长和提高经济发展质量的重要促进作用。科技金融对经济高质量发展的影响主要是通过其对科技创新的影响来实现，并通过特定的功能得以体现。如图 7-1 所示，科技金融的功能或者说其对科技创新创业的影响效应主要表现在：①优化金融资源配置。以风险投资为代表的直接融资能够促进资金供求双方紧密联系，有利于资金快速合理配置，提高资金使用效益。以贷款为代表的间接融资则有利于将社会上的闲置货币资金通过存款的形式汇聚，再通过贷款的方式提供给资金的需求方，加快实现资金融通的功能。②促进科技成果转化。科技成果从实验室走向市场是一个漫长的转换过程，在这一过程中除了初始阶段需要一定的 R&D 资金，后期市场化阶段更需要大量资金支持。科技金融本身就是一个成果转化的技术资本化过程——一方面，知识、技术由企业家转化为企业发展生命周期各个阶段的融资行为；另一方面，科技成果通过资本证券化而创造出新的财富。③推进产业结构调整，培育战略性新兴产业。一方面，科技金融能够为初创企业提供急需的资金资源，促进新企业衍生，为原有的行业注入新鲜血液，同时也可能带来新的行业类型，有利于催生一批新经济、新业态、新模式，而科技金融服务业本身也是现代服务业的重要组成部分，从而促进原有行业和产业结构的调整、优化和升级；另一方面，以直接融资为代表的科技金融往往将服务对象定位为具有前瞻性技术能力的高风险、高收益行业，这些行业拥有战略性新兴产业的典型特征。并且，包括风险投资在内的直接融资服务管理模式不仅能够为战略性新兴产业的培育提供资金支持，还能够通过投后管理等为战略性新兴产业的成长壮大提供产业链配套和市场资源等多重助力。④改善风险收益结构。金融资本通过支持科技创新和成果转化市场化，增强投后管理和融资风险管理能力，可能获得更高的附加值和回报收益，带来金融资本增值，从而增加获得更多收益的可能性并在一定程度上降低金融风险。⑤降低信息不对称。经济发展史说明经济社会的可持续发展需要科技与经济的紧密结合，科技是决定经济社会发展结构、水平和质量的决定性因素，但因信息不对称导致的科技与经济"两张皮"的问题往往会制约科技服务经济社会发展的能力，而金融则因其市场属性能够成为推进科技与经济结合的"助推剂"，形成新的技术-经济范式。总之，科技金融是服务实体经济发展、有效缓解中小企业融资难、促进科技成果落地转化的重要途径，是国家和区域创新体系的重要组成部分，是现代科技服务业的重要内容之一。科技与金融相互影响、相互促进。科技金融能够促进区域科技创新，进而影响经济高质量发展水平。与此同时，区域科技创新能力的增强也有利于提升科技金融发展水平，科技创新是衔接科技金融与经济高质量发展的重要中介。

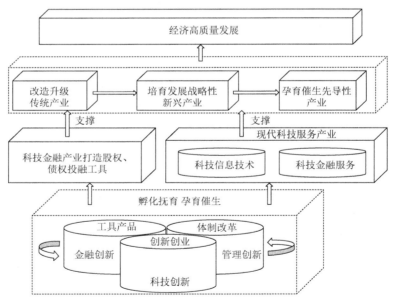

图 7-1 科技金融资源配置影响经济高量发展的实现机制

资料来源：根据邓天佐和张俊芳（2012）文章修改绘制

7.1.3 理论假设

优化科技金融资源配置能够提升技术进步水平、促进科技创新创业，改造升级传统产业、培育发展战略性新兴产业、孕育催生先导性产业，最终促进经济高质量发展（图 7-1）。需要说明的是，一方面，科技金融资源配置本身是一个动态发展的过程，因此，它对经济高质量发展的影响效应会受到多重因素的影响而处于动态发展的过程中，从而表现出一定的时间异质性；另一方面，科技金融资源配置往往会受到区域经济发展水平、科技创新能力、政策制度环境等因素的综合影响，进而区域科技金融资源配置状况的空间异质性也会导致其对经济高质量发展影响的空间异质性。

1. 时间异质性理论假设

科技金融资源配置对经济高质量发展的影响效应可能会随时间的变化而变化。主要原因在于以下几个方面。

第一，科技金融资源的累积、搜寻及其与创新创业活动的互相调试与匹配需要一定的时间周期，且是动态变化的。一方面，直接融资的市场化资金需要社会资本的大量注入，并建立在资本市场的兴起繁荣和现代金融服务体系的建立完善基础之上；间接融资的信贷资金需要银行通过储蓄积累后，再以信贷的方式投放到市场；财政科技投入需要财政资金的增长及其对科技创新的资金支持；科技保险需要保险市场的建立完善和产品服务创新等。可以看到，科技金融资源的累积需要一个长期过程，科技金融市场本身的发展、成熟需要一定的基础条件和时间保障。另一方面，企业对科技金融资源的搜寻，市场和政府对科技金融资源的分配布置都需要一个不断调试和相互匹配的过程。特别是在企业发展生命周期的不同阶段，其对科技金融资源的需求也在不断发生变化，萌芽起步期主要需要天使投资和信贷资金，发展期往往更多地需要风险投资的支持，成长期则需要私募股权投资和多层次资本市场的资金等，这种需求的不断变化也导致科技金融资源的供需双方需要不断相互适应。进而，科技金融资源对创新创业活动促进作用的显现不会一蹴而就，其对经济高质量发展的影响也是一个动态变化过程。

第二，科技创新成果产业化和市场化是一个长期的转化过程。如前所述，科技金融资源对科技成果转移转化具有重要影响和促进作用，而科技创新的技术研发、产品和服务实现是一个长期积累并不断演化的过程。一方面，技术的消化、吸收和扩散需要耗费大量的人力、物力和时间，是技术流、信息流、资金流、人才流等交互作用的综合结果。另一方面，科技成果转化为产品或服务并最终得到消费者和市场的接受与认可也需要一定的时间积淀，因此，科技金融资源影响科技成果转移转化也需要一定的转换周期。

第三，构建有效的科技金融生态系统是一个不断演化的过程。不论是科技金融资源的积累和搜寻还是科技金融资源影响企业创新创业和科技成果转移转化,都需要建立在一定的科技金融生态系统基础之上。科技金融生态系统是在一定的时期和区域,由政府种群、科技企业种群、金融机构种群、中介服务机构种群相互关联而构成生物群落,并通过与环境群落的网络化连接,为从种子期到成熟期各发展阶段的科技企业提供直接或间接投融资支持与服务的一系列市场化行为和政策制度安排。科技金融生态系统的构建能够降低企业搜寻金融资源的时间和成本,有效促进科技金融资源与成果转移转化、产业化等创新创业活动的对接。但是,科技金融生态系统的构建是一个系统工程,从要素到要素与要素之间建立有效联系再到系统能够发挥一定的功能作用,将是一个从萌芽到发展再到不断成熟的动态演进过程。

综上所述,科技金融资源与创新创业活动的匹配是动态变化的,科技创新成果的产业化和市场化是一个长期转化的过程,而科技金融生态系统的构建也是一个不断演进的过程。因而,科技金融资源配置对经济高质量发展的影响将会随着诸多因素的动态变化而不断发生变化。基于以上分析提出本章的研究假说 7-1:科技金融资源配置对经济高质量发展的影响具有时间异质性。

2. 空间异质性理论假设

科技金融资源配置对经济高质量发展的影响效应可能会因区域的差异而呈现出空间异质性。主要原因在于以下几个方面。

第一,区域之间的科技金融资源配置水平具有异质性。一方面,不同区域的科技金融资源禀赋存在差异,这种差异既可能来自先天因素,如有的区域因政府制度安排等而拥有股票、股权交易市场,而绝大多数区域则没有这种优势。当然,这种差异更多地来自后天的积累,通过建立完善多层次资本市场、扶持各种类型金融机构发展等方式,区域可以吸引大量社会资本和金融机构汇聚,进而形成科技金融资源禀赋优势;另一方面,不同区域的科技金融资源配置能力存在差异。这种能力包括对科技金融资源的搜索与获取、分配与管理、整合与利用、保持与更新等,其大小往往又与科技金融资源禀赋、制度环境等密切相关。

第二,区域之间的经济高质量发展水平具有异质性。区域之间的自然资源禀赋、分工地位不同,经济规模、发展速度、产业结构、城乡协调发展程度、科技创新能力、人口资源环境状况、对外开放水平、政策环境等因素迥异,直接导致不同区域之间经济高质量发展的基础条件和水平具有显著的差异。

第三，不同区域科技金融资源与经济高质量发展之间的匹配具有异质性。如前所述，一方面，从企业角度看，不同企业发展生命周期的不同阶段需要匹配不同的科技金融资源，区域之间的企业、行业发展水平和特征不同，所需要匹配的科技金融资源就会呈现一定的差异；另一方面，鉴于区域之间科技金融资源配置水平及经济高质量发展水平的异质性，各区域科技金融资源配置与经济高质量发展之间的匹配深度、广度都将呈现显著的差异性。理论上，根据科技金融资源配置与经济高质量发展水平，大致可以将区域划分为四种类型："高-高型""高-低型""低-高型"和"低-低型"。其中，"高-高型"是指科技金融资源配置与经济高质量发展水平都很高的区域，这类区域往往已经形成了二者的良性正反馈机制；"高-低型"区域一般已经具备良好的科技金融资源基础条件，但仍需在提高经济高质量发展水平的基础上，建立完善科技金融促进经济高质量发展的长效机制；"低-高型"区域一般科技金融资源禀赋较低，需要通过提高科技金融资源配置能力，为实现持续的经济高质量发展提供支撑；"低-低型"区域是指科技金融资源配置与经济高质量发展水平都很低的区域，这类区域往往陷入了"科技金融资源禀赋不足—科技金融资源配置能力不强—经济发展质量不高—科技金融资源禀赋不足"的恶性循环，需要通过深化体制机制改革、加快实施创新驱动发展战略、完善科技金融生态系统等跳出这一非良性循环。

综上所述，不同区域之间的科技金融资源配置水平和经济高质量发展水平具有异质性，同时二者之间的匹配程度也不同。因而，科技金融资源配置对经济高质量发展的影响效应也会在不同的区域呈现出不同的特征。基于以上分析提出研究假说 7-2：科技金融资源配置对经济高质量发展的影响具有空间异质性。

7.2　模型构建及指标选取

7.2.1　模型构建

1. 科技金融资源配置效率（STF）的测算模型

传统的 DEA 模型包括 CCR[①]模型（Charnes et al.，1978）和 BCC[②]模型（Banker et al.，1984），其中 BCC 模型假定规模报酬可变（VRS），将

---

① 由 Charnes、Cooper 和 Rhodes 三位学者首字母缩写组成。

② Banker，Charnes，Cooper 名字首字母缩写。

CCR 模型中的综合技术效率分解为规模效率与纯技术效率，用来解决规模报酬可变（VRS）条件下决策单元的有效性问题。但不可否认，实际统计数据中存在负值的情况，那么传统的 CCR 模型或 BCC 模型的假设均失效。Sharp 等（2007）提出了一种可处理指标包含负值的 DEA 模型——MSBM（modified slack-based measure）。MSBM 模型是 SBM（slack-based measure）模型的变种，它在目标函数中采用被评价 DMU 各项投入或产出最大可能的改进值（range of possible improvement）作为计算其无效率程度的分母，基本公式如式（7-1）和式（7-2）所示：

$$\min_{\rho>0} \rho = \frac{1 - \frac{1}{m}\sum_{i=1}^{m}\frac{S_i^-}{R_{ik}}}{1 + \frac{1}{q}\sum_{r=1}^{q}\frac{S_r^+}{R_{rk}}} \tag{7-1}$$

$$\text{s.t.} \begin{cases} X\lambda + S^- = x_k \\ Y\lambda - S^+ = y_k \\ e\lambda = 1, \lambda \geqslant 0 \\ S^- \geqslant 0, S^+ \geqslant 0 \\ R_{ik} = x_{ik} - \min x_i \\ R_{yk} = \max y_{rk} - y_{rk} \end{cases} \tag{7-2}$$

式（7-1）和式（7-2）包含的参数含义如下：y_{rk} 为产出指标；x_{ik} 为投入指标；S^- 和 S^+ 分别为投入及产出指标的松弛度；λ 为权重标量；R 为依据指标中存在的正负值进行的可调整程度（标准化）；e, r, i 为标量；m 为投入指标种类；q 为产出指标种类。

与 SBM 模型相比，MSBM 模型的优势在于允许投入和产出指标中包含负数，但其缺陷是只能应用于 VRS 模型，不适用于 CRS 模型，也无法分解规模效率和纯技术效率。在 CRS 和 NIRS（none-increasing returns-to-scale）模型中，被评价 DMU_k 投入指标的最大可能的改进值可能会超过 R_{ik}，即 $S_{ik} > R_{ik}$，从而可能使目标函数为负数。因此，MSBM 模型不适用于 CRS 和 NIRS 模型。对投入和产出指标进行加权处理的 MSBM 模型可用式（7-3）及式（7-4）表示：

$$\min_{\rho>0} \rho = \frac{1 - \frac{1}{\sum w_i^I}\sum_{i=1}^{m}\sum w_i^I\frac{S_i^-}{R_{ik}}}{1 + \frac{1}{\sum w_r^O}\sum_{r=1}^{q}\sum w_r^O\frac{S_r^+}{R_{rk}}} \tag{7-3}$$

$$
\text{s.t.}
\begin{cases}
X\lambda + S^- = x_k \\
Y\lambda - S^+ = y_k \\
e\lambda = 1, \lambda \geqslant 0 \\
S^- \geqslant 0, S^+ \geqslant 0 \\
\displaystyle\sum_{i=1}^{m} w_i^I = 1 \\
\displaystyle\sum_{r=1}^{q} w_r^O = 1
\end{cases}
\tag{7-4}
$$

2. 科技金融资源配置影响全要素生产率的分析模型

本章仍然以全要素生产率作为表征狭义经济高质量发展的代理变量。根据前文的研究结论,中国各省市全要素生产率的结果表明其存在空间相关性,而且其效率值仅在区间(0,+∞)之内变化,因变量受限左截断。进而,忽略空间因素分析中国各省市科技金融资源配置影响全要素生产率会产生偏误(Lee and Yu,2014;Xu and Lee,2015)。为此,鉴于变量自身的特殊情况,参考面板 Tobit 的估计形式,为减少偏误,提高指标参数估计有效性,本章采用空间 Tobit 模型分析科技金融资源配置影响全要素生产率的具体情况。

在现有空间 Tobit 模型的相关文献研究中,根据模型中空间效应的主要表现形式,空间 Tobit 模型又可以划分为同步空间自回归 Tobit 模型(synchronous spatial autoregressive Tobit model,SSAR-Tobit Model)、同步空间自回归-Durbin Tobit 模型(synchronous spatial Durbin autoregressive Tobit model,SSDAR-Tobit Model)、隐变量空间自回归 Tobit 模型(latent spatial autoregressive Tobit model,LSAR Model)和隐变量空间误差 Tobit 模型(latent spatial error Tobit model,SE-Tobit Model)四种具体的设定形式。其中,同步空间自回归 Tobit 模型、隐变量空间自回归 Tobit 模型和隐变量空间误差 Tobit 模型的基本表达公式如式(7-5)、式(7-6)和式(7-7)所示:

$$
\text{TFP}_{it} = \max_{\text{TFP}>0}\left(0, \mu\sum_{j=1}^{n} W_{i,j}\text{TFP}_{j,t} + \text{STF}_{it}^T\beta + \varepsilon_{it}\right)
\tag{7-5}
$$

$$
\text{TFP}_{it} = \max_{\text{TFP}>0}(0, \text{TFP}_{it}^*), \text{TFP}_{it}^* = \mu\sum_{j=1}^{n} W_{i,j}\text{TFP}_{j,t} + \text{STF}_{it}^T\beta + \varepsilon_{it}
\tag{7-6}
$$

$$
\text{TFP}_{it} = \max_{\text{TFP}>0}(0, \text{TFP}_{it}^*), \text{TFP}_{it}^* = \text{STF}_{it}^T\beta + u_{it}, u_{it} = \mu\sum_{j=1}^{n} W_{i,j}\text{TFP}_{j,t} + \varepsilon_{it}
\tag{7-7}
$$

式（7-5）和式（7-6）的空间相关性表现在因变量上，而式（7-7）的空间相关性表现在误差项上。为使空间 Tobit 模型设定合理，通常采用 KP 方法和 LM 方法进行检验。KP 方法和 LM 方法分别由 Kelejian 和 Prucha（2001），Lee 和 Yu（2014）、Xu 和 Lee（2015）提出。进而，本书采用极大似然估计方法进行参数估计[①]。空间自回归 Tobit 模型的 MLE 估计方法基准模型形式如式（7-8）所示：

$$\mathrm{TFP}_t^* = \mu W_t \mathrm{TFP}_t + \mathrm{STF}_t \beta + \mathrm{Control} + \varepsilon_t \qquad (7\text{-}8)$$

其中，TFP_t 为 $n \times k$ 维被解释变量，STF_t 为解释变量；β 为 $k \times 1$ 维向量，表示待估参数；ε 为 $n \times 1$ 维向量，表示残差；μ 为标量，W 为空间权重矩阵，$\mathrm{Control}$ 为控制变量。

考虑到研究假说 7-2 的具体情形，将空间 Tobit 模型进一步与空间 Durbin 模型结合，深入分析科技金融资源配置影响经济高质量发展的空间溢出效应。进一步改写式（7-8），则空间自回归-Durbin Tobit 模型写成向量形式为

$$\mathrm{TFP}_t^* = \mu W_t \mathrm{TFP}_t + \mathrm{STF}_t \beta + W \mathrm{STF}_t \theta + \mathrm{Control} + W \mathrm{Control} + \varepsilon_t \quad (7\text{-}9)$$

其中，$\varepsilon_t \sim N(0, \sigma_\varepsilon^2 I_n)$，$I_n$ 为单位矩阵，θ 为科技金融资源配置空间溢出项待估参数。

7.2.2 变量选择、数据来源及处理

1. 变量选择及解释

被解释变量为全要素生产率（TFP）[②]；解释变量为科技金融资源配置效率（STF），其中投入指标选取原则按照科技金融资源配置的理论内涵，主要包括地方财政科技支出、股票市价总值、直接融资和间接融资。需要说明的是，因天使投资、创业投资、私募股权投资额数据难以获取，关于直接融资主要考察股权融资额，即不通过金融中介机构，直接以股票为载体实现资金在供需双方之间融通的资金；间接融资用银行科技信贷作为测算指标。产出指标选取依据科技金融对经济高质量发展的影响机制，从科学技术创新角度选取包括专利授权、技术市场成交额、高技术产业新产品销售收入在内的三大指标。如表 7-1 所示，控制变量与第 4 章一致。

---

① 空间 Tobit 模型和代码参见 http://econpapers.repec.org/RAS/psh494.htm.[2021-03-27]，也可联系本章节作者索要空间 Tobit 模型的具体代码。

② 本章关于全要素生产率的测算方法和结果与第 4 章一致，此处不再重复介绍。

表 7-1　科技金融资源配置效率测算的指标体系及说明

变量	指标说明	单位	性质
地方财政科技支出	反映政府部门对科技创新的支持	亿元	投入
股票市价总值	反映资本市场发育程度	亿元	投入
直接融资	主要反映天使投资、风险投资、私募股权投资等个人或金融机构对科技创新提供的支持	亿元	投入
间接融资	反映银行贷款对科技创新提供的支持	亿元	投入
专利授权	反映科技创新直接产出	件	产出
技术市场成交额	反映科技成果转化活力	万元	产出
高技术产业新产品销售收入	反映科技创新最终产出	万元	产出

2. 研究区域、数据来源及处理

本章研究区域为除西藏和港澳台之外的 30 个省区市，样本周期为 2004～2018 年，数据主要来源于《中国统计年鉴》《中国科技统计年鉴》《中国高科技产业统计年鉴》《中国金融统计年鉴》等。其中，在股股权融资额以沪深两所公开的科技型上市公司为准（房汉廷，2006），利用 Wind 数据库整理计算得到股票市场融资额。相关指标的描述性统计和相关性分析如表 7-2 及表 7-3 所示。

表 7-2　本章相关指标的描述性统计[①]

变量	观测数	均值	标准差	最小值	最大值
TFP	450	0.993 1	0.005 9	0.973 0	1.013 0
STF	450	0.539 9	0.109 9	0.218 7	1.000 0

表 7-3　指标的相关性分析

变量	TFP	STF	gdp	indus	urban	gov	open
TFP	1.00	0.22***	0.07	−0.08*	−0.01	−0.22***	0.21***
STF	0.26***	1.00	0.14***	0.07	0.24***	−0.26***	0.22***
gdp	0.09**	−0.00	1.00	0.41***	0.83***	−0.34***	0.69***
indus	0.02	−0.03	0.63***	1.00	0.60***	0.19***	0.27***
urban	0.03	0.04	0.88***	0.71***	1.00	−0.15***	0.56***

---

① 与前面章节相同的控制变量此处不再进行描述性统计。

续表

变量	TFP	STF	gdp	indus	urban	gov	open
gov	-0.17^{***}	-0.15^{***}	-0.27^{***}	0.12^{**}	-0.15^{***}	1.00	-0.45^{***}
open	0.20^{***}	0.05	0.80^{***}	0.52^{***}	0.68^{***}	-0.34^{***}	1.00

$***$ $p < 0.01$，$**$ $p < 0.05$，$*$ $p < 0.1$

注：下三角报告的为 Pearson's 相关性分析，上三角报告的为 Spearman's 相关性分析

7.3　实证结果分析

7.3.1　科技金融资源配置效率的动态演进规律和空间差异

本章利用 MaxDEA 7.8 软件，通过 MSBM 方法得到最终的科技金融资源配置效率，结果如表 7-4 所示。

表 7-4　我国 30 个省区市主要年份科技金融资源配置效率变化

区域	省区市	2004 年	2006 年	2010 年	"十一五"①	2011 年	2015 年	"十二五"	2018 年
东部地区	北京	0.525 0	0.469 5	0.480 6	0.472 0	0.493 9	0.497 6	0.496 9	0.506 9
	山东	0.534 9	0.500 9	0.522 8	0.523 1	0.540 2	0.554 0	0.542 6	0.575 4
	河北	0.514 3	0.523 5	0.489 3	0.504 1	0.496 0	0.503 3	0.502 5	0.552 1
	江苏	0.542 0	0.542 4	0.560 4	0.552 9	0.601 1	0.565 0	0.583 2	0.559 2
	浙江	0.576 0	0.565 3	0.518 4	0.538 2	0.546 9	0.559 0	0.555 6	0.532 6
	福建	0.684 2	0.559 7	0.514 7	0.526 0	0.532 1	0.542 9	0.534 9	0.556 7
	广东	0.573 8	0.556 3	0.531 8	0.533 2	0.547 4	0.538 3	0.543 6	0.550 3
	海南	1.000 0	0.396 9	0.405 6	0.380 7	0.445 5	0.421 6	0.433 8	0.576 3
	天津	1.000 0	0.701 2	0.543 2	0.576 5	0.580 7	0.582 8	0.580 8	0.645 7
	上海	0.530 1	0.542 0	0.529 2	0.528 2	0.547 1	0.505 9	0.524 5	0.555 0
中部地区	山西	0.273 5	0.247 7	0.459 5	0.422 3	0.468 6	0.491 0	0.485 1	0.546 7
	河南	0.509 0	0.518 2	0.513 5	0.525 6	0.543 5	0.541 9	0.537 3	0.567 5
	安徽	0.518 5	0.507 6	0.508 5	0.503 2	0.554 9	0.578 8	0.566 2	0.586 1
	湖北	0.428 7	0.454 8	0.522 8	0.512 3	0.544 8	0.569 0	0.554 9	0.577 8

---

① "十一五"表示在国民经济和社会发展第十一个五年（2006—2010 年）的全国科技金融资源配置效率，"十二五"表示在 2011—2015 年的全国科技金融资源配置效率。

续表

区域	省区市	2004 年	2006 年	2010 年	"十一五"	2011 年	2015 年	"十二五"	2018 年
中部地区	江西	0.407 1	0.456 9	0.497 6	0.487 5	0.526 7	0.557 9	0.536 9	0.571 0
	湖南	0.530 1	0.556 6	0.512 4	0.530 4	0.532 3	0.536 9	0.539 6	0.560 9
西部地区	内蒙古	0.268 3	0.303 1	0.453 0	0.403 5	0.451 8	0.479 8	0.464 9	0.517 4
	新疆	0.652 1	0.581 2	0.418 2	0.474 4	0.449 3	0.455 2	0.418 9	0.525 4
	甘肃	0.522 1	0.679 8	0.513 7	0.552 8	0.514 3	0.504 3	0.510 9	0.573 1
	宁夏	1.000 0	0.816 0	0.483 3	0.561 3	0.516 9	0.548 6	0.523 9	1.000 0
	青海	1.000 0	0.818 4	0.287 7	0.396 7	0.355 5	0.489 2	0.422 0	1.000 0
	陕西	0.880 7	0.618 2	0.539 8	0.566 2	0.579 2	0.553 7	0.568 4	0.604 6
	四川	0.590 9	0.520 9	0.501 9	0.518 2	0.533 6	0.552 1	0.541 9	0.567 6
	贵州	0.444 3	0.430 9	0.483 1	0.464 1	0.501 1	0.489 0	0.493 2	0.514 8
	重庆	1.000 0	0.547 9	0.532 4	0.548 9	0.566 8	0.584 2	0.556 6	0.577 6
	云南	0.547 5	0.463 2	0.465 4	0.468 5	0.498 8	0.508 6	0.505 3	0.532 0
	广西	0.513 6	0.480 1	0.472 5	0.474 6	0.502 1	0.489 3	0.502 4	0.542 4
东北部地区	黑龙江	1.000 0	0.712 0	0.532 4	0.604 9	0.576 4	0.559 4	0.569 3	0.634 8
	吉林	0.669 5	0.500 3	0.515 7	0.524 0	0.542 8	0.499 4	0.526 8	0.608 8
	辽宁	0.603 5	0.520 1	0.527 8	0.531 3	0.550 6	0.517 4	0.541 0	0.573 5
平均值	东部	0.648 0	0.535 8	0.509 7	0.513 5	0.533 1	0.527 0	0.529 8	0.561 0
	中部	0.444 5	0.457 0	0.502 4	0.496 9	0.528 5	0.545 9	0.536 7	0.568 3
	西部	0.674 5	0.569 1	0.468 2	0.493 6	0.497 2	0.514 0	0.500 8	0.632 2
	东北部	0.757 7	0.577 5	0.525 3	0.553 4	0.556 6	0.525 4	0.545 7	0.605 7
	全国	0.628 0	0.536 4	0.494 6	0.506 9	0.521 4	0.525 9	0.522 1	0.593 1

注：（1）效率计算结果主要表明各省区市年度排名变化趋势，并不具备任何经济含义；

（2）为便于计算，仅保留小数点后 4 位

如表 7-4 所示，样本期内，全国科技金融资源配置效率均值为 0.539 9，总体未实现 DEA 有效，还存在 46.01%的提升空间，整体效率自 0.628 0 下降到 0.593 1，中间虽有波动，当总体呈现下降趋势。分时间段看，2004～2009 年科技金融资源配置效率整体下降，2010～2018 年缓慢上升。"十一五"期间全国科技金融资源配置效率均值为 0.506 9，到"十二五"科技

金融资源配置效率均值有所提升，达到 0.522 1。需要特别说明的是，2005 年，全国科技金融资源配置效率最高，为 0.670 2。

就四大区域板块而言，东部、中部、西部和东北部地区的科技金融资源配置效率变化趋势与总体变化特征一致，但下降区间变化存在较大差异。具体来说：样本期内，东部地区科技金融资源配置效率由 0.648 0 下降至 0.561 0，下降区间为 2004～2009 年，其幅度变化与总体变化基本一致；中部地区科技金融资源配置效率由 0.444 5 上升至 0.568 3，是四大区域唯一呈现上升趋势的地区，但中部地区 2005～2006 年、2008～2009 年下降幅度较大；西部地区的科技金融资源配置效率值（0.674 5）虽然在初始阶段高于东部（0.648 0）和中部地区（0.444 5），但 2005～2009 年的下降幅度最大，且 2009 年科技金融资源配置效率值远低于其他三大地区；东北部地区科技金融资源配置效率由 0.757 7 下降至 0.605 7，高于全国平均水平，2005 年东北部地区的科技金融资源配置效率最高（0.765 2），虽然 2005～2009 年有所下降但科技金融资源配置效率均值仍然高于其他三大地区。从四大地区变化趋势来看，除中部地区外，其余地区的科技金融资源配置效率的变化特征与总体一致，即效率值整体显著下降；此外，四大地区的拐点均在 2009 年，虽然 2012～2013 年部分地区出现下降，但变化幅度较小。由此可见 2008 年爆发的金融危机明显波及科技领域，且影响存在一定的时滞性。

就各省市科技金融资源配置效率的排名而言，东部地区多数省市科技金融资源配置效率排名名次有所下降（图 7-2），但其排名名次明显高于中部和东北部地区；中部地区排名名次总体上升趋势明显，增速较快（图 7-3）；西部地区部分省市科技金融资源配置效率在样本初期的排名名次远高于其他地区，但后发优势不足，排名名次下降较快（图 7-4）；东北部地区排名名次总体高于中部地区，排名名次较为稳定（图 7-5）。根据图 7-2、图 7-3、图 7-4 和图 7-5 可以进一步看到，各省市的科技金融资源配置效率也具有明显的差异性，具有"东西高中部低"的空间分异特征。

如图 7-2 所示，样本期内，东部地区各省市科技金融资源配置效率排名变动较大，其中北京、福建、广东、海南、江苏、天津和浙江排名名次升高，表明上述地区科技金融资源配置水平存在下降趋势；河北和山东的排名名次下降，表明这两省的科技金融资源配置水平有所提高。如表 7-4 所示，从东部地区排名名次变化来看，天津的科技金融资源配置水平在东部地区位居第一，北京的科技金融资源配置水平排名最低，这表明北京需要进一步提高资源配置效率，避免资源过度集中造成浪费。

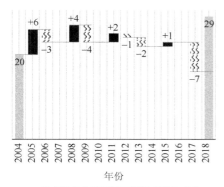

(a) 北京科技金融资源配置效率排名变化

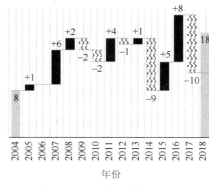

(b) 福建科技金融资源配置效率排名变化

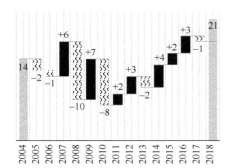

(c) 广东科技金融资源配置效率排名变化

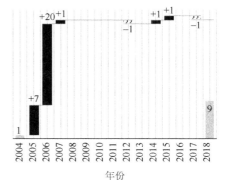

(d) 海南科技金融资源配置效率排名变化

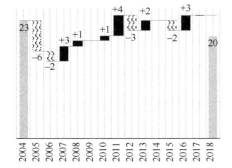

(e) 河北科技金融资源配置效率排名变化

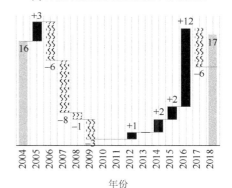

(f) 江苏科技金融资源配置效率排名变化

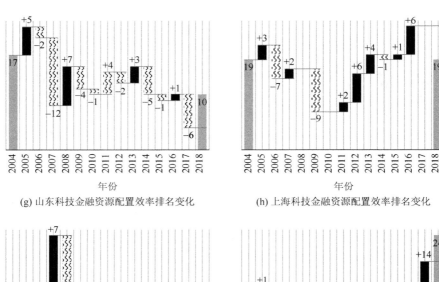

(g) 山东科技金融资源配置效率排名变化　　　　(h) 上海科技金融资源配置效率排名变化

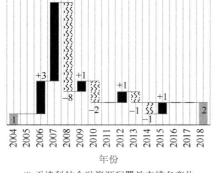
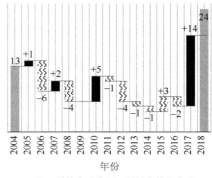

(i) 天津科技金融资源配置效率排名变化　　　　(j) 浙江科技金融资源配置效率排名变化

图 7-2　东部地区 10 省市科技金融资源配置效率排名变化

排名数据"+"表示下降,"−"表示上升,数据来源于 MSBM 效率

如图 7-3 所示,样本期内,中部地区各省市科技金融资源配置效率排名变动较为集中,其中湖北的排名名次变化最大,其次为安徽、江西、河南、山西,最后是湖南,表明中部地区的科技金融资源配置水平有所提高。如表 7-4 所示,从中部地区排名名次变化来看,安徽的科技金融资源配置水平在中部地区位居第一,湖南的科技金融资源配置水平排名最低,这表明湖南需要关注邻近省份的科技金融资源配置溢出,加强区域联系,进一步提高资源配置效率。

如图 7-4 所示,样本期内,西部地区各省区市科技金融资源配置效率排名变动幅度最大,其中贵州、陕西、内蒙古、广西、青海、宁夏、四川的排名名次变化稳定,其余省区市的科技金融资源配置效率排名名次变化较大,表明甘肃、新疆和重庆的科技金融资源配置水平有待提升。

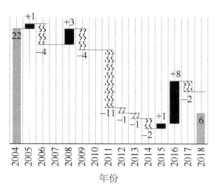

(a) 安徽科技金融资源配置效率排名变化

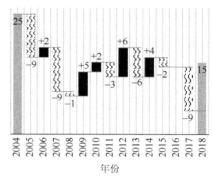

(b) 河南科技金融资源配置效率排名变化

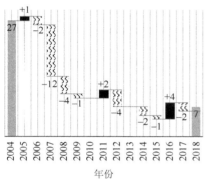

(c) 湖北科技金融资源配置效率排名变化

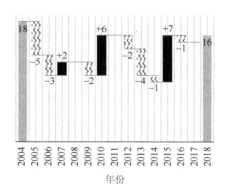

(d) 湖南科技金融资源配置效率排名变化

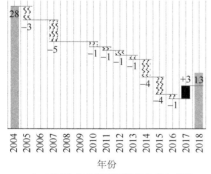

(e) 江西科技金融资源配置效率排名变化

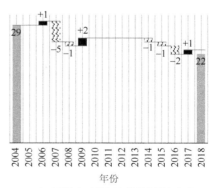

(f) 山西科技金融资源配置效率排名变化

图 7-3　中部地区科技金融资源配置效率排名变化

排名数据 "+" 表示下降，"-" 表示上升，数据来源于 MSBM 效率

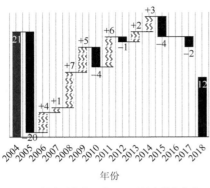

(a) 甘肃科技金融资源配置效率排名变化

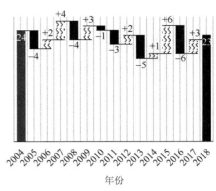

(b) 广西科技金融资源配置效率排名变化

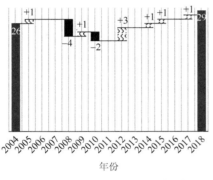

(c) 贵州科技金融资源配置效率排名变化

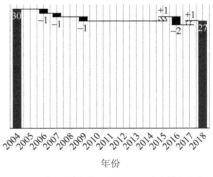

(d) 内蒙古科技金融资源配置效率排名变化

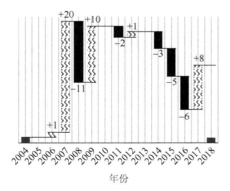

(e) 宁夏科技金融资源配置效率排名变化

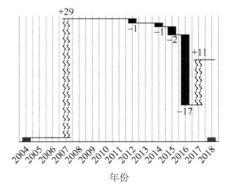

(f) 青海科技金融资源配置效率排名变化

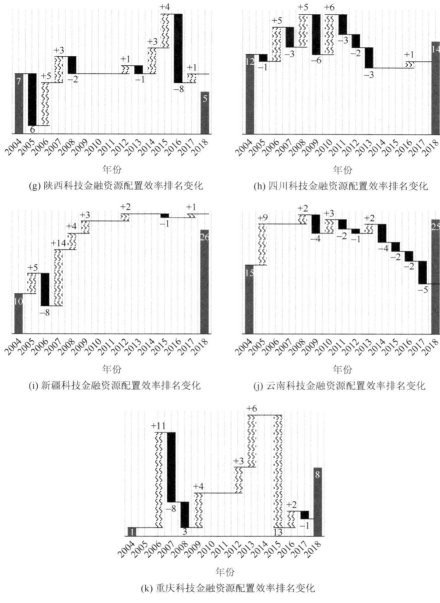

(g) 陕西科技金融资源配置效率排名变化

(h) 四川科技金融资源配置效率排名变化

(i) 新疆科技金融资源配置效率排名变化

(j) 云南科技金融资源配置效率排名变化

(k) 重庆科技金融资源配置效率排名变化

图 7-4　西部地区科技金融资源配置效率排名变化

排名数据"+"表示下降，"-"表示上升，数据来源于 MSBM 效率

如图 7-5 所示，样本期内，东北部地区各省市科技金融资源配置效率排名变动较为稳定，其中吉林的排名名次变化最大，其次为黑龙江，最后是辽宁。如表 7-4 所示，从东北部地区排名名次变化来看，黑龙江的

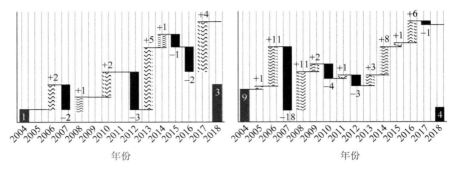

(a) 黑龙江科技金融资源配置效率排名变化　　　(b) 吉林科技金融资源配置效率排名变化

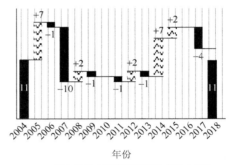

(c) 辽宁科技金融资源配置效率排名变化

图 7-5　东北部地区科技金融资源配置效率排名变化

排名数据 "+" 表示下降,"–" 表示上升,数据来源于 MSBM 效率

科技金融资源配置水平在东北部地区位居第一,辽宁的科技金融资源配置水平排名最低,这表明辽宁在深度发掘自身科技金融资源的同时,还需要关注邻近省份(河北)的科技金融资源配置溢出,加强区域联系。

7.3.2　全要素生产率和科技金融资源配置效率的空间相关性检验

在利用空间面板 Tobit 模型估计参数前需要检验因变量和主要自变量的空间相关性,利用 GeoDa 软件绘制空间自相关散点图,其空间自相关 Moran's I 指数动态结果如图 7-6 和图 7-7 所示。从图 7-6 和图 7-7 的空间自相关检验结果看,全要素生产率和科技金融资源配置效率的检验结果均呈现显著空间相关性(少数年份除外),其中 Moran's I 指数值呈现波动性变化,这也进一步检验了科技金融资源配置影响经济高质量发展存在显著的时间异质性和空间异质性。

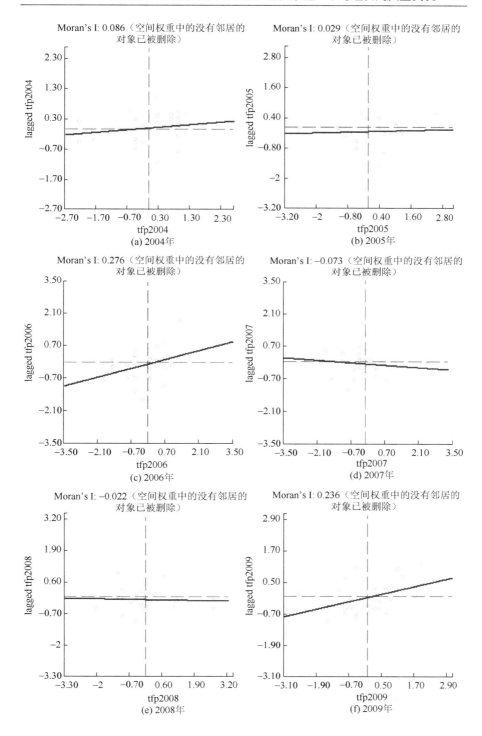

(a) 2004年

(b) 2005年

(c) 2006年

(d) 2007年

(e) 2008年

(f) 2009年

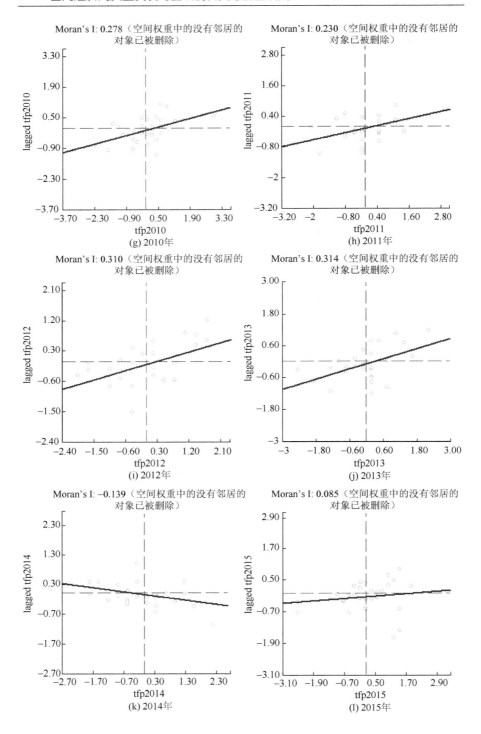

(g) 2010年

(h) 2011年

(i) 2012年

(j) 2013年

(k) 2014年

(l) 2015年

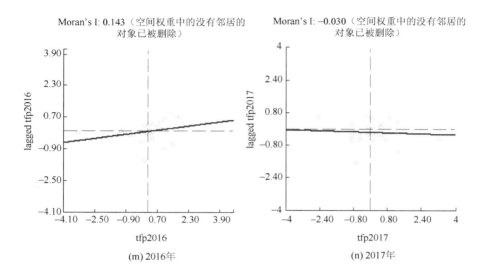

(m) 2016年　　　　　　　　　　　(n) 2017年

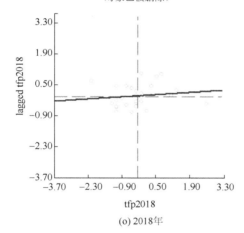

(o) 2018年

图 7-6　2004～2018 年 30 省区市全要素生产率（TFP）的空间 Moran's I 指数分布

（1）a～o 分别代表 2004～2018 年 30 省区市全要素生产率 TFP 的 Moran's I 指数分布（单变量空间 Moran's I），其中 2004、2006、2009～2013、2016 和 2018 年的空间 Moran's I 指数在 1%的显著性水平上通过检验；（2）2007、2014 和 2017 年的 Moran's I 指数在 10%的显著性水平上通过检验；其余年份的空间 Moran's I 指数统计上未通过检验

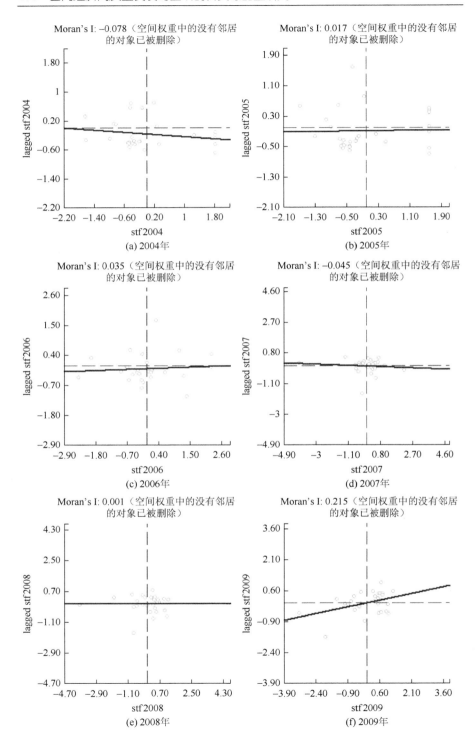

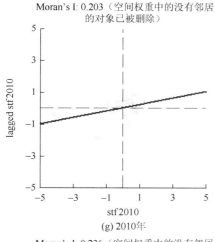

(g) 2010年

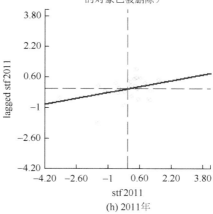

(h) 2011年

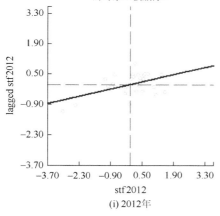

(i) 2012年

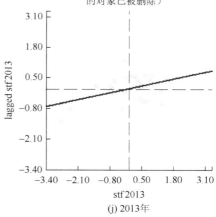

(j) 2013年

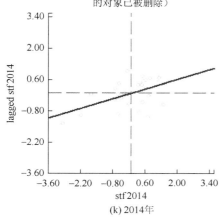

(k) 2014年

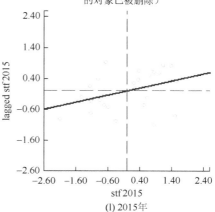

(l) 2015年

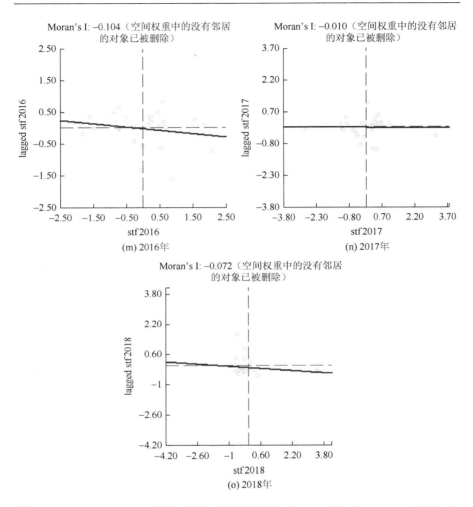

图 7-7　2004～2018 年 30 省区市科技金融指数配置（STF）的空间 Moran's I 指数分布

（1）a～o 分别代表 2004～2018 年 30 省区市科技金融资源配置指数 STF 的 Moran's I 指数分布（单变量空间 Moran's I），其中 2009～2015 年的空间 Moran's I 指数在 1% 的显著性水平上通过检验；

（2）2004、2016 和 2018 年的 Moran's I 指数在 10% 的显著性水平上通过检验；其余年份的空间 Moran's I 指数统计上未通过检验

7.3.3　结果分析

1. 模型诊断检验

如图 7-6 和图 7-7 所示，虽然表明因变量和主要解释变量存在显著的空间自相关，但选择具体的空间面板 Tobit 模型形式还需相关统计检验（Lee and Yu，2014）。本章根据 Anselin（1997）、Kelejian 和 Prucha（2001）、Lee 和 Yu（2014）的模型选择机制进行最优模型的选择，具体步骤包括：第一，

考察 Moran's I 统计量，检验是否需要引入空间变量；第二，运用拉格朗日乘数（Lagrange Multiplier，LM）统计量进行检验，通过比较不同空间面板 Tobit 模型的 LM 显著性水平，若只有其中一个通过显著性检验，则选择该模型作为最终的回归模型。利用 STATA 软件估计的模型结果如表 7-5 所示。

表 7-5　空间面板 Tobit 模型的回归结果

变量	（1）固定效应	（2）空间 Tobit	（3）空间 Tobit	（4）空间 Tobit	（5）空间 Tobit
STF	0.007 00*** (0.002 61)	0.003 86* (0.002 26)	0.004 35* (0.002 31)	0.003 46 (0.002 22)	0.009 95*** (0.002 31)
gdp	−0.007 01** (0.002 79)	0.000 146 (0.001 58)	−0.000 367 (0.001 64)	0.000 641 (0.001 53)	0.003 42** (0.001 47)
indus	−0.001 80 (0.006 17)	0.001 37 (0.005 12)	0.000 659 (0.005 22)	0.001 84 (0.005 02)	−0.002 50 (0.004 41)
urban	0.005 58 (0.005 59)	0.009 74** (0.004 30)	0.008 56* (0.004 40)	0.010 9** (0.004 22)	−0.002 30 (0.004 42)
gov	−0.041 10*** (0.007 90)	−0.011 9** (0.005 92)	−0.014 7** (0.006 29)	−0.009 45* (0.005 50)	0.007 65* (0.003 97)
open	−0.002 24 (0.002 30)	−0.001 89 (0.001 55)	−0.001 19 (0.001 58)	−0.002 50 (0.001 53)	0.001 11 (0.001 28)
$W \times$ STF					0.001 26 (0.001 07)
$W \times$ gdp					−0.003 50*** (0.000 612)
$W \times$ indus					−0.002 46 (0.001 95)
$W \times$ urban					0.005 70** (0.002 34)
$W \times$ gov					−0.003 95*** (0.001 34)
$W \times$ open					0.002 07*** (0.000 541)
Cons	1.061 00*** (0.024 40)	0.986 00*** (0.013 80)	0.992 00*** (0.014 20)	0.980 00*** (0.013 20)	0.956 00*** (0.012 50)
Observations	450	450	450	450	450
Wald Test	22.070 00	22.878 90	21.710 80	25.695 40	7.055 90
F Test	4.750 00	3.813 10	3.618 50	4.282 60	1 619.360 00
R^2	0.242 30	0.016 40	0.029 10	0.007 20	0.015 90

*** $p < 0.01$，** $p < 0.05$，* $p < 0.1$

注：（1）括号内为标准误

　　（2）LR Test [SDM vs. OLS] = 33.594 8，其 P-Value = 0.0000，SDM 为空间 Durbin 模型的缩写；LR Test（$W \times X$'s = 0）= 82.913 8，其 P-Value = 0.000 0

如表 7-5 所示,模型(1)为一般面板 Tobit 固定效应模型;模型(2)～模型(4)为不同状态下的空间面板 Tobit 模型,其中模型(3)为 MLE 方法下抽样估计结果,模型(4)为广义矩估计(generalized method of moments,GMM)状态下的空间面板 Tobit 估计结果,结果表明:空间面板 Tobit 模型的 GMM 估计和 MLE 估计结果具有一致性;模型(5)为 MLE 方法下的 SSDAR-Tobit Model 估计结果。相关 LM 检验表明 SSDAR-Tobit Model 为最优选择,OLS 模型不适用,需采用空间计量模型。因此,下文均在 SSDAR-Tobit Model 估计结果的基础上进行分析和检验。

2. 基准回归结果

如表 7-5 所示,根据 SSDAR-Tobit Model 估计结果,科技金融资源配置效率对经济高质量发展产生正向影响,且在 1%的水平上通过检验,即科技金融资源配置效率的提升显著促进了经济高质量发展。MLE 估计结果表明,每提高科技金融资源配置效率 1 个单位,可显著提升全要素生产率 0.009 95 个单位。空间溢出项的估计结果表明:提升科技金融资源配置效率也可以提高周边省市的经济发展质量,但估计结果并不显著。由此可见,本省市科技金融资源配置效率的提高对经济发展质量的正向影响较为显著,并对提升周边省市的经济高质量发展发挥了重要作用,但周边省市科技金融资源配置效率对经济高质量发展估计结果不显著。

控制变量中,对经济高质量发展的影响系数较高的指标为 gov,MLE 估计的结果在 10%的水平上通过检验,这表明科技金融资源配置在促进经济高质量发展过程中离不开政府的有效支持。此外,地区经济发展水平也显著影响 TFP。空间溢出项的估计结果表明政府只对本省的经济高质量发展有益,其溢出效应显著为负,可能是由于"GDP 锦标赛"引发的官员晋升造成的结果——仅关注自身经济发展而防止资源外溢。与 gov 的估计结果类似,gdp 的估计结果也表明其空间溢出显著为负。城镇化水平则具有显著的正向空间溢出效应,对经济高质量发展存在显著的"虹吸效应",所以 urban 的估计结果显示其对本省全要素生产率的影响为负,但却可以显著提升周边省市的全要素生产率。

总体而言,科技金融资源配置能够有效促进本省市的经济高质量发展,提升经济发展质量,但其空间溢出并不明显。科技金融资源配置往往会受到政策制度环境等因素影响,其本身是一个动态发展的过程,资源配置及政策实施具备一定的"累积效应",这种"累积效应"对经济高质量发展的影响会受到多重因素的限制而处于动态发展的过程之中,从而表现出一定的时间异质性。此外，科技金融资源配置因为区域差异而存在明显差别（表 7-4），进而区域科技金融资源配置状况的空间异质性也会导致其对经济高质量发展影响的空间异质性。因此下面将进一步分析时间异质性和空间异质性情形下的科技金融资源配置效率对经济高质量发展的影响。

3. 异质性检验

1）时间异质性检验

根据时间异质性的假设，本书设计了两种实证方式检验，一是政府多部门《关于印发促进科技和金融结合试点实施方案的通知》（国科发财〔2010〕720 号）公布的科技金融试点方案，以 2011 年为分界点将样本划分为两部分①，一部分样本期为 2004～2010 年（Panel B），另一部分包含政策发生后的样本期，范围跨度为 2011～2018 年（Panel C）；接着利用 SSDAR-Tobit 模型讨论政策实施前后 STF 对 TFP 的影响变化，其估计结果如表 7-6 中模型（5）～模型（7）所示；二是考虑科技金融的累计、搜寻及其与创新创业活动的互相调试与匹配需要一定的时间周期，且是动态变化的，因而将变量 STF 滞后一期，同时考虑前一种的样本划分方法，估计结果如表 7-6 中模型（8）～模型（10）所示。

表 7-6　科技金融资源配置影响经济高质量发展的时间异质性检验

变量	（5）Panel A	（6）Panel B	（7）Panel C	（8）Panel D	（9）Panel E	（10）Panel F
STF	0.009 95*** （0.002 31）	0.008 05*** （0.002 56）	0.017 90*** （0.004 91）			
L.STF				0.008 47*** （0.002 83）	0.006 57** （0.003 29）	0.016 50*** （0.005 11）
gdp	0.003 42** （0.001 47）	-2.49×10^{-5} （0.002 08）	0.008 5^{5***} （0.002 02）	0.002 67* （0.001 53）	-5.45×10^{-5} （0.002 11）	0.008 76*** （0.002 19）
indus	−0.002 50 （0.004 41）	−0.013 40* （0.006 91）	0.001 20 （0.005 73）	−0.003 19 （0.004 62）	−0.014 30** （0.007 05）	0.000 71 （0.006 10）
urban	−0.002 30 （0.004 42）	0.001 83 （0.005 33）	−0.007 29 （0.007 32）	−0.001 98 （0.004 54）	0.002 39 （0.005 41）	−0.010 60 （0.007 76）
gov	0.007 65* （0.003 97）	0.018 30** （0.007 77）	0.010 20** （0.004 18）	0.004 53 （0.004 16）	0.018 40** （0.007 93）	0.006 09 （0.004 43）

① 根据科学技术部、中国人民银行、中国银监会、中国证监会、中国保监会《关于印发促进科技和金融结合试点实施方案的通知》（国科发财〔2010〕720 号）要求，结合各地提出的促进科技和金融结合试点方案，经研究，确定中关村国家自主创新示范区、天津市、上海市、江苏省、浙江省"杭温湖甬"地区、安徽省合芜蚌自主创新综合实验区、武汉市、长沙高新区、广东省"广佛莞"地区、重庆市、成都高新区、绵阳市、关中-天水经济区（陕西）、大连市、青岛市、深圳市等 16 个地区为首批促进科技和金融结合试点地区。

续表

变量	(5) Panel A	(6) Panel B	(7) Panel C	(8) Panel D	(9) Panel E	(10) Panel F
open	0.001 11 (0.001 28)	0.002 93 (0.001 80)	−0.001 28 (0.002 07)	0.001 51 (0.001 33)	0.002 99 (0.001 84)	−0.000 66 (0.002 17)
$W \times$ STF	0.001 26 (0.001 07)	0.001 06 (0.001 21)	0.003 03 (0.002 35)	0.000 71 (0.001 16)	−0.001 47 (0.001 35)	0.002 85 (0.002 61)
$W \times$ gdp	−0.003 50*** (0.000 612)	−0.002 80*** (0.000 82)	−0.001 97** (0.000 91)	−0.003 50*** (0.000 65)	−0.003 40*** (0.000 81)	−0.001 86* (0.001 03)
$W \times$ indus	−0.002 46 (0.001 95)	−0.019 10*** (0.003 42)	0.003 39 (0.002 93)	−0.003 57* (0.002 04)	−0.018 10*** (0.003 50)	0.002 00 (0.003 13)
$W \times$ urban	0.005 70** (0.002 34)	0.003 66 (0.003 15)	−0.000 601 (0.004 05)	0.005 76** (0.002 49)	0.004 56 (0.003 20)	−0.000 599 (0.004 40)
$W \times$ gov	−0.003 9*** (0.001 34)	−0.001 61 (0.002 45)	−0.003 91** (0.001 72)	−0.004 10*** (0.001 38)	−0.002 93 (0.002 42)	−0.004 38** (0.001 82)
$W \times$ open	0.002 07*** (0.000 54)	0.003 70*** (0.000 73)	0.001 27 (0.000 85)	0.002 03*** (0.000 56)	0.003 77*** (0.000 75)	0.001 15 (0.000 89)
Cons	0.956 00*** (0.012 50)	0.991 00*** (0.018 50)	0.902 00*** (0.017 00)	0.965 00*** (0.013 00)	0.992 00*** (0.018 80)	0.904 00*** (0.018 30)
Observations	450	210	240	420	180	240
Wald Test	7.055 90	4.531 60	4.964 70	7.586 60	3.995 40	5.714 70
F Test	1 619.36	755.23	2 784.67	1 453.34	502.49	2 519.42
R^2	0.015 90	0.022 50	0.021 40	0.018 30	0.019 90	0.028 20
LR Test SDM	33.594 80	19.292 90	4.410 80	31.438 70	28.551 00	3.331 90
LR Test	82.913 80	77.014 10	21.865 60	78.729 00	72.143 00	17.426 20

*** $p<0.01$，** $p<0.05$，* $p<0.1$

注：(1) 括号内为标准误；

(2) Panel A 为全样本（2004～2018 年），Panel B 为 2004～2010 年样本，Panel C 为 2011～2018 年样本，Panel D 为全样本滞后一期（2005～2018 年），Panel E 为 2005～2010 年样本，Panel F 为 2011～2018 年样本

  第一种实证方法检验结果表明科技金融试点政策的影响作用很大。估计结果表明政策实施前，科技金融资源配置效率对全要素生产率的影响为 0.008 05，显著通过检验（1%）；政策实施后科技金融资源配置效率对全要素生产率的影响为 0.017 90（1%），显著高于政策实施前科技金融资源配置对经济高质量发展的影响系数。同时政策实施后的估计结果也高于全样本的估计结果（0.017 90>0.009 95），即不区分科技金融试点政策可能会低估科技金融资源配置效率对经济高质量发展的显著促进作用。自 2011 年正式实施科技金融试点政策以来，政府通过行政命令手段，利用科技金融试点城市政策平台，聚拢技术流、信息流、资金流和人才流，发挥集聚优势，即估计结果表明科技金融资源配置效率有效提升全要素生产率约 0.009 85 个单位。此外，试点政策实施后的科技金融资源配置效率影

响经济高质量发展的空间溢出作用并不明显，估计结果为 0.003 03 （$p = 0.002\ 35$）。其原因可能是：一方面，由于科技金融试点城市通过政策优势，扩大自身影响力，提高集聚能力，大量消耗人、财、物等，消化聚拢的技术流、信息流、资金流和人才流，提升自有经济规模。企业对科技金融资源的搜寻，市场和政府对科技金融资源的分配布置都需要一个不断调试和相互匹配的过程。特别是在企业发展生命周期的不同阶段，其对科技金融资源的需求也在不断发生变化，由此导致科技金融资源配置更多地影响本区域的全要素生产率，并不显著影响邻近区域的全要素生产率。另一方面，金融危机后投资、消费和进出口"三驾马车"增速回落，在相当长的一段时间内，国内经济的可持续发展面临严峻的下行压力。复杂的国内外经济环境变化，在一定程度上抑制了科技金融市场的发展，也制约了科技金融资源配置对经济高质量发展促进作用的发挥。随着金融危机影响的日益减缓，金融市场发展和经济发展逐渐走向平稳，科技金融资源配置对经济高质量发展的影响效应也逐渐再次显现并有所提升。科技金融试点政策实施过程中，控制变量对全要素生产率的影响程度有很大变化。试点政策实施后，经济规模（gdp）和产业规模（indus）对全要素生产率的影响由负转正，而政府其他政策的效果有所减弱。

第二种实证方式表明科技金融配置效率对经济高质量发展的动态累积效应并不突出。科技金融资源配置指数滞后一期影响经济高质量发展的估计结果（0.008 47）显著低于全样本的估计结果（0.009 95），这就表明科技金融配置对经济高质量影响的累积效应并不明显。结合科技金融试点政策的实施结果，模型（9）和模型（10）的估计系数也表明试点政策下的科技金融配置对经济高质量发展取得明显效果（0.016 5＞0.008 47，0.016 50＞0.006 57），显著提升经济高质量发展程度约 0.009 93。上述结果表明科技金融资源配置对经济高质量发展的动态影响程度高于静态影响。这进一步验证了科技金融资源配置是动态变化的，其对经济高质量发展的影响也将是一个动态变化过程。

2）空间异质性检验

为进一步验证研究假说 7-2，分别构建不同区域的空间权重①，进而利用空间面板 Tobit 模型估计科技金融资源配置对不同区域经济高质量发展的影响，估计结果如表 7-7 所示。

---

① 本章分别利用不同区域所包含的省区市，基于邻接矩阵编制原则，将 30 个省区市划分为东部、中部、西部和东北部四大区域板块，并制作 4 份与之相对应的空间地理权重。如需要请联系本章作者。

表 7-7　科技金融资源配置影响经济高质量发展的空间异质性检验

变量	(5) 全样本	(11) 东部地区	(12) 中部地区	(13) 西部地区	(14) 东北部地区
STF	0.009 95*** (0.002 31)	0.011 50*** (0.003 57)	0.011 40 (0.010 40)	0.011 40*** (0.003 58)	0.011 80 (0.017 00)
gdp	0.003 42** (0.001 47)	−0.001 59 (0.001 88)	0.005 14 (0.005 32)	−0.003 22 (0.003 49)	−0.003 01 (0.014 60)
indus	−0.002 50 (0.004 41)	0.020 20*** (0.006 43)	−0.023 50* (0.012 90)	−0.050 90*** (0.014 40)	−0.045 20* (0.024 20)
urban	−0.002 30 (0.004 42)	0.005 29 (0.004 48)	0.049 50** (0.019 90)	−0.000 43 (0.010 30)	0.037 20 (0.045 70)
gov	0.007 65* (0.003 97)	0.004 16 (0.011 50)	−0.057 30*** (0.018 00)	0.021 30*** (0.006 09)	0.018 90 (0.043 50)
open	0.001 11 (0.001 28)	−0.000 97 (0.001 31)	0.070 50*** (0.021 00)	0.008 24 (0.008 00)	0.012 70 (0.017 50)
$W \times$ STF	0.001 26 (0.001 07)	0.000 59 (0.002 75)	−0.004 75 (0.006 75)	−0.000 14 (0.001 56)	0.019 50 (0.015 10)
$W \times$ gdp	−0.003 50*** (0.000 61)	−0.004 97*** (0.001 69)	−0.014 80*** (0.003 56)	−0.008 79*** (0.001 53)	−0.006 57 (0.008 92)
$W \times$ indus	−0.002 46 (0.001 95)	0.004 76 (0.004 92)	−0.016 50** (0.007 69)	−0.013 70** (0.005 71)	−0.003 40 (0.025 80)
$W \times$ urban	0.005 70** (0.002 34)	−0.002 09 (0.002 78)	0.038 40*** (0.009 99)	0.029 70*** (0.005 96)	0.011 60 (0.052 50)
$W \times$ gov	−0.003 90*** (0.001 34)	−0.011 40 (0.007 81)	−0.026 30* (0.014 80)	−0.003 34 (0.003 76)	0.041 20 (0.044 40)
$W \times$ open	0.002 07*** (0.000 54)	0.003 04*** (0.000 95)	0.000 15 (0.011 70)	0.002 98 (0.005 30)	0.011 80 (0.030 20)
Cons	0.956 00*** (0.012 50)	0.983 00*** (0.015 40)	0.936 00*** (0.045 30)	1.029 00*** (0.030 60)	1.006 00*** (0.133 00)
Observations	450	150	90	165	45

*** $p<0.01$, ** $p<0.05$, * $p<0.1$

注：括号内为标准误

　　第一，不同地区科技金融资源配置对经济高质量发展的影响存在较大差异，区域分割较为严重，验证了科技金融资源配置影响经济高质量发展的空间异质性，也表明科技金融资源配置区域性分割情形减弱（表 7-4）但并未提高经济高质量发展。一方面，从东部地区、中部地区、西部地区和东北部地区的分样本来看，STF 对 TFP 的影响系数均高于全样本的估计系数，由此可见科技金融资源配置效率的区域分割造成其对经济高质量发展的影响，即各地区的科技金融资源禀赋存在较大差异，这种差异性造成全样本中科技金融资源配置对经济高质量发展的"弱化"。如前所述，这种差异既可能来自先天的因素，如东部地区因政府制度安排等而拥有股票、股权交易市场，而大多数区域则没有这种优势，实证估计也反映了这一点：估计结果中东部地区科技金融资源配置效率显著提升了全要素生产率水平约 0.011 5 个单位，高于西部地区的 0.011 4（$p = 0.003\ 58$）。当然，通过建立完善多层次资本市场、扶持各种类型金融机构发展等后天积累方式，可以吸引大量社会资本和金融机构汇聚，进而形成科技金融资源禀赋优势。具体而言，其一，东部具有明显的科技金融资源优势和经济高质量发展基础优势，科技金融资源配置能力也明显更强。经济高质量发展也普遍高于其他区域，东部经济发展水平和质量显著优于其他区域，这为发挥科技金融资源配置的经济高质量发展影响效应提供了良好的资源条件和物质基础。例如，北京中关村通过企业回报投资报酬及反馈金融创新需求等方式倒推投融资服务，混合政府资金和社会资金、股权融资和债权融资、产业资本和金融资本，丰富和促进了中关村的融资形式。上海通过设立创新基金、小巨人工程等方式，提供财政拨款扶持企业发展，大力发展创业风险投资和多层次资本市场，引导金融机构对科技型中小企业提供信贷支持，充分满足了处于不同成长阶段企业的个性化融资需求。其二，东部具有相对更强的区域科技创新能力。以北京中关村和上海张江两大国家自主创新示范区和科技创新中心为引领，东部创新投入规模位居全国前列，创新产出也显示出较高的绩效，如 2019 年，东部地区高技术产业主营业务收入、高技术产业利润总额占全国的比重分别为 68.862 9%、69.449 7%。另一方面，不同区域的科技金融资源配置空间溢出（$W \times STF$）存在差异，其中东部地区和东北部地区的空间溢出项为正，而中部地区和西部地区的空间溢出项为负。这主要是由于近年来，东北部地区通过完善科技金融相关政策法规、加大科技金融服务体系建设、建立区域性股权交易中心、实施科技金融示范区建设计划、加快科技金融产品和服务创新等，极大促进了地区的科技金融发展。

第二，各地区 STF 影响经济高质量发展同样受制于其他异质性因素的影响。区域之间的经济规模、产业结构、城乡协调发展程度、对外开放水平、政策环境等因素迥异，直接导致不同区域之间经济高质量发展的基础条件和水平具有显著差异。例如，产业结构（indus）和对外开放水平（$W \times$ open）影响东部地区经济高质量发展，经济规模（$W \times$ gdp）、产业结构（indus，$W \times$ indus）、城镇化水平（urban，$W \times$ urban）、政府政策（gov，$W \times$ gov）和对外开放水平（open）显著影响中部地区经济高质量发展，而西部地区同样受制于经济规模（$W \times$ gdp）、产业结构（indus，$W \times$ indus）、城镇化水平（$W \times$ urban）和政府政策（gov）的影响，东北部地区则仅有产业结构（indus）具备统计显著性。

4. 稳健性检验

基于前文的研究假设检验,本章还从其他几个方面进行稳健性检验,讨论科技金融资源配置对全要素生产率影响的稳健性结果:第一,考虑到决策单元实际经济发展情况,省市之间的经济联系较为密切,本章也通过设定各省市之间的经济距离权重替换附录权重,估计结果仍然表明科技金融资源配置对全要素生产率产生显著正向影响,考察结果与前文保持一致;第二,增加不同控制变量,估计结果表明本章的实证分析有效;第三,考虑到模型可能存在的内生性问题,本章也对比了另外三种空间 Tobit 模型——SSAR-Tobit Model、LSAR Model 和隐 SE-Tobit Model 的回归结果,发现其与 SSDAR-Tobit Model 的主要回归结果(空间交互项除外)保持一致,所以本章的研究结果是稳健的。

7.4　基　本　结　论

综上所述,从科技金融资源配置影响全要素生产率的影响估计结果中可以得出如下结论。

第一,科技金融资源配置显著促进了经济高质量发展。科技金融资源配置每提高 1 个单位,可显著提升经济发展质量程度约 0.009 95 个单位。区域间的科技金融资源配置对自身经济高质量发展的正向影响较为显著,并对提升周边省市的经济高质量发展发挥了重要作用,但科技金融资源配置的空间溢出效应不显著。

第二,科技金融试点政策有效提升了科技金融资源配置对全要素生产率的影响程度。科技金融资源配置指数滞后一期的估计结果(0.008 47)显著低于全样本的估计结果(0.009 95),表明科技金融的累积效应并不明显。科技金融资源配置对全要素生产率的动态影响程度高于静态影响程度。说明科技金融资源配置是动态变化的,其对经济高质量发展的影响也是一个动态变化过程。

第三,不同地区科技金融资源配置对经济高质量发展的影响存在较大差异,区域分割较为严重。区域的科技金融资源配置空间溢出存在明显不同,其中,东部地区和东北部地区的空间溢出项为正,而中部地区和西部地区的空间溢出项为负。

本书的主要贡献体现在:第一,把科技金融资源配置和经济高质量发展相互联系起来,揭示科技金融资源配置影响经济高质量发展的过程。第二，基于时空异质性视角，将全要素生产率作为经济高质量发展的代理变量，运用空间面板 Tobit 模型，分别从时间和空间异质性角度检验分析科技金融资源配置影响经济高质量发展的动态变化规律和空间分异特征。本书还存在一定的改进空间，主要是囿于数据缺失及数据本身的复杂程度，在测算科技金融资源配置效率时没有考虑地方政府投资引导基金、风险投资和科技保险等科技金融资源，后续需要在搜集足够多的样本数据基础上讨论包含地方政府的投资引导基金等的科技金融资源配置对经济高质量发展的影响效应。

7.5　本 章 小 结

科技金融影响和决定了科技创新的发展趋势、应用空间、市场化可能和产业化程度，进而影响经济增长和经济发展质量。按照此逻辑，本章综合运用 MSBM 模型测算 2004～2018 年中国 30 个省区市科技创新资源配置效率，进而利用空间面板 Tobit 模型估计科技创新资源配置效率对经济高质量发展的影响效应。

研究结果表明：①科技金融资源配置显著促进了经济高质量发展；②区域间的科技金融资源配置对自身经济高质量发展的正向影响较为显著，并对提升周边省市的经济高质量发展发挥了重要作用；③科技金融试点政策有效提升了科技金融资源配置对全要素生产率的影响程度；④科技金融资源配置对全要素生产率的动态影响程度高于静态影响；⑤不同地区科技金融资源配置对经济高质量发展的影响存在较大差异，区域分割较为严重；⑥区域的科技金融资源配置空间溢出存在明显不同，其中东部地区和东北部地区的空间溢出项为正，而中部地区和西部地区的空间溢出项为负。

第8章　优化区域创新资源配置推进经济高质量发展的实践取向

为什么有的区域创新资源投入很大创新产出水平却不高？为什么创新资源和活动越来越向经济发展水平高的地区集聚？通过前述各章的研究可以发现，对上述两个问题的回答都可以从区域创新资源配置维度找到答案。优化区域创新资源配置有利于推进发展动力转换、有利于实现全面"换道超车"、有利于促进区域协调发展、有利于实现经济高质量发展。随着创新驱动发展战略的不断深入，中国区域创新资源总量保持较快增长、投入结构有所改善，区域创新能力显著提升，但仍然面临创新资源配置结构不优、强度不够、效益不高、区域间不协调、市场导向机制不健全等问题，在发展环境面临深刻复杂变化的新阶段，解决"创新能力不适应高质量发展要求"的现实问题，迫切需要加强顶层设计，完善创新生态环境和市场环境，全面提升区域创新资源配置的能力、质量和效率，为经济高质量发展注入新鲜活力、提供有力支撑。

8.1　科学认识和正确处理政府与市场的关系

党的十八届三中全会指出，经济体制改革是全面深化改革的重点，核心问题是处理好政府和市场的关系，使市场在资源配置中起决定性作用和更好发挥政府作用。改革开放 40 多年来，中国市场化改革和科技体制改革取得了重大成就，有一条重要的改革经验就是要正确处理政府与市场的关系。但应当看到，制约科技创新和经济高质量发展的体制性障碍依然没有完全消除。理论和实践证明，实施"市场主导、政府引导、多方参与、协调一致、互利共赢的模式"是实现区域创新资源优化配置的有效途径。其关键是正确处理政府与市场的关系，充分发挥市场在资源配置中的决定性作用，更好发挥政府作用，对于不同类型、不同属性、不同区域的创新资源，采取差异化的资源配置方式。

8.1.1　建立健全创新资源配置的市场导向机制

对适宜由市场配置的创新资源，要使市场在资源配置中起决定性作用，建立健全创新资源配置的市场导向机制，强化市场在加快科学技术渗透扩散、促进创新要素优化配置等方面的功能，建立完善市场竞争优胜劣汰的"挑选赢家"机制，实现创新资源配置的效益最大化和效率最优化。

第一，促进创新资源要素自由和谐流动。创新资源从低效益、低效率的部门向高效益、高效率的部门转移，有利于提高区域创新资源配置效率和区域创新能力。包括 R&D 资源、创新人才资源、科技金融资源等在内的创新资源在区域内部不同创新主体之间及区域之间的自由、合理、有效、和谐流动，能够将创新资源配置到效益和效率更高的部门。需要注意的是，创新资源配置效率的改善依赖创新资源市场化的流动，这取决于两个主要条件，一是不同部门之间效益和效率的差距，二是存在着适合创新资源流动的制度环境。因此，一方面需要大力发展高效益和高效率的部门，另一方面应致力于打通制约创新资源要素市场化流动的体制性障碍，如户籍制度、一些不合理的行政许可制度等，引导创新资源按照市场需求优化部门配置和空间配置。其中，发展技术要素市场是促进创新资源要素流动的重要内容。为此，需要加快建设新型 R&D 创新组织，设立专门的知识产权和科技成果产权交易机构，加快推进全国各区域技术市场交流网络的互联互通，促进技术要素与资本要素的融合发展等。

第二，积极营造规范有序公平竞争的市场环境。当前，中国的市场化改革仍在继续，市场环境不健全是区域创新资源优化配置的最大障碍。为此，需要营造公平竞争的市场环境，避免不公平、不公正的市场竞争，尽量减少低成本竞争。加强社会信用体系建设，营造公平公正的法治环境，维护市场主体的合法权益。坚定不移地加大知识产权保护力度，大力倡导以知识产权为重要内容的创新文化，建立完善更加严格的知识产权保护制度，加快建立侵权惩罚性赔偿制度和更加便捷、高效、低成本的维权渠道，提高知识产权保护效果。

第三，完善区域创新资源交易平台和制度。除了多层次资本市场①、高端人才市场，重点是要建立完善统一开放的技术交易市场，充分发挥技术交易市场在促进技术转移和成果转化中的决定性作用。充分考虑技术交易的特殊性，运用互联网技术打造互联互通的全国技术交易网络，支持区域性技术交易线上网络或平台建设。充分发挥国家技术转移区域中心的资源要素集聚扩散功能，培育发展若干功能完善的区域性、行业性技术交易市场。推进技术交易市场与资本市场的融合对接，发挥资本市场的发现选

---

① 关于多层次资本市场的论证将在 8.6 节论述。

拔机制作用,发挥市场对技术 R&D 方向、路线选择及各类创新要素配置的决定性作用。提升技术交易服务水平,完善科技成果的市场化定价机制,规范技术交易服务标准和操作流程。

8.1.2　充分发挥政府配置创新资源的引导作用

对不完全适宜由市场配置的创新资源,需要充分体现政府配置资源的引导作用,促进政府与市场作用的有机结合。对于具有非排他性和非竞争性的准公共物品属性的创新资源,需要更多地通过行政方式配置,但同时也要遵循科技创新规律和经济发展规律,注重实现更有效率的公平性和均等化。

第一,强化区域创新资源配置的顶层设计。新时代新阶段完善区域创新资源配置的顶层设计,需要坚持市场主导与政府引导相结合、中央统筹与地方负责相结合、注重效率与兼顾公平相结合、目标导向与问题导向相结合,正确处理当前和长远、微观和宏观、破旧和立新、自主和开放的关系。既要解决当前区域创新资源配置急需解决的关键问题,更要立足长远,抓好前瞻性谋划;既要在微观层面激发创新主体活力,深化微观创新资源配置重点领域和关键环节的改革创新,也要从宏观上推进创新管理体制的根本性和系统性变革;既要大力破除阻碍科技创新的旧藩篱,更要坚持科技创新、制度创新、管理创新、文化创新的有机结合,推进全面创新;既要通过优化创新资源配置,提高区域自主创新能力,也要实施开放型的创新资源搜寻和配置策略,提高区域开放式创新能力。最终,推进区域创新资源配置实现五大转变:配置主体从"相互割裂、相互分离"向"相互影响、相互促进"转变;配置策略从创新资源数量的粗放式增长向创新资源质量的提升和结构优化转变;配置方式从政府主导向"市场主导、政府引导、多方参与、协调一致、互利共赢"转变;配置重点从以 R&D 环节为主向创新链、产业链、资金链统筹配置转变;配置绩效从"低质、低效、不协调、不均衡"向"高质、高效、协调、均衡"转变。

加强区域创新资源配置顶层设计的关键在于要适应当前国际经济社会发展的大趋势和挑战,满足中国高质量发展的科技需求,引导创新资源全面支撑高质量发展和现代化强国建设。在这一过程中,一是要引导创新资源向能够推动经济持续健康发展的领域配置,在防范重大风险、实现乡村振兴、引领和创造新需求、推进区域协调发展、保护国家安全等方面发挥作用;二是要引导创新资源向有利于提高发展新动能的领域配置,在激发各类市场主体活力、增强人力资本素质、推进产业基础高级化和产业链现代化、促进科技与实体经济融合等方面发挥作用;三是要引导创新资源向有利于保护生态环境和绿色发展的领域配置，在推进绿色低碳发展、打赢打好污染防治攻坚战、提升生态系统质量和稳定性、提高能源资源利用效率等方面发挥作用；四是要引导创新资源向有利于实现公平与效率的领域配置，在使创新技术和创新成果惠及更多大众、提高社会治理水平等方面发挥作用。这四个方面的引导需要通过具有前瞻性和约束力的科技创新发展规划体系来实现，需要以科技治理体系和治理能力的现代化来支撑。

第二，完善创新资源配置的组织服务方式。一方面，要转变政府职能和工作作风，改革科技管理和创新管理制度体系。深入推进创新管理领域的"放管服"改革，加快发展"互联网＋电子政务"，不断优化项目审批流程，简化办事流程。推行负面清单和正面清单管理的结合，用负面清单管理市场，用正面清单监督政府，既要明确政府不得过多干预的创新资源配置领域，也要明确需由政府直接负责配置的创新资源重点领域。切实改进相关职能部门的工作作风，增强各部门的责任意识、服务意识和大局意识，努力提供优质公共服务，降低市场运行成本，改善"营商环境"，激发市场主体活力。另一方面，要提高政府资助科研项目方式的目标性和系统性。当前一些政府资助科技创新项目的方式存在重复、分散、封闭、低效等现象，科研项目多头申报、项目安排"大而全、小而全"、资源配置"碎片化"的问题较突出。这就需要进一步改进财政资金的资助方式和评价机制，解决"重指南轻成果""重资质轻能力"等弊端。探索实现财政资金资助方式由一次性向分批式转变，落实第三方财政科技投入绩效评价。同时进一步整合各类创新资源，对基础科学研究、关键共性技术研究、颠覆性前沿技术研究等风险大、不确定性强、周期长但事关国计民生和国家长远发展战略的重大科技 R&D 项目给予长期稳定的大规模、高强度支持。积极推行"揭榜挂帅"等制度，让"揭榜者"瞄准关键核心技术进行重点攻关，加强国际合作进行联合攻关，实现跨区域、跨组织寻求创新资源的最优组合。

第三，构建创新资源配置的监管考核体系。一是避免"重审批轻管理"，强化对市场主体的事前、事中、事后监管，强化企业和高校院所社会诚信体系建设。二是高度重视科技创新可能带来的生态环境、健康、伦理道德风险及对经济社会发展可能产生的其他不利影响，注重科技伦理治理体系建设，建立健全科技创新风险评估制度和应急管理体系。三是着力建立完善自上而下的创新资源统计体系、创新资源配置绩效评价体系和考核体系，完善创新调查制度，加强区域创新能力监测与分析。细化评估不同区域、不同类型创新管理政策绩效，避免政府配置资源导致的"资源错配"及由此造成的对市场投入的"挤出效应"和企业"寻租行为"。健全提升全要素生产率的目标导向机制,将提高全要素生产率纳入政绩考核指标体系,完善提高全要素生产率的制度环境。

8.2　统筹配置创新链产业链资金链创新资源

长期以来,科技体系与经济体系在各自封闭的系统中发展,没有形成广泛的联结,科技投入大,但与市场环节的衔接有问题,创新资源的价值无法真正创造出来。创新链、产业链、资金链没能有效衔接成为制约区域创新资源配置优化的重要因素,科技与经济结合不够依然是制约科技体制机制改革的关键问题。为此,习近平总书记在 2013 年参加全国政协十二届一次会议科协、科技界委员联组讨论时指出,要围绕产业链部署创新链,促进创新链、产业链、市场需求有机衔接①。

8.2.1　以优化创新生态环境为目标统筹配置链条资源

第五章的理论分析结果蕴含的一个重要启示是完善区域创新环境有利于提高全要素生产率,进而促进经济高质量发展。发达国家实施创新发展战略的成功经验也证明,促进创新创业需要一个良好的生态环境。区域创新生态环境是由创新关系组成的环境,是指与创新活动密切相关的各种要素资源数量、质量及其关系的总称,包含创新主体之间及创新主体与创新环境之间的相互联系和相互作用,是关系区域创新能力的复合系统。这一理论内涵突出强调了创新资源及其配置对系统性优化创新生态环境的重要性。以优化区域创新生态环境为目标,就要坚持需求导向,推进实现创新资源配置从以 R&D 环节为主向产业链、创新链、资金链统筹配置转变,促进科技与经济紧密结合,使创新成为实实在在的经济活动。理论上,一是要建立创新主体的共生体系。推进产业链上的企业、创新链上的高校院所、资金链上的金融机构的多样共生,发挥企业与高校院所共同配置产业链和创新链、金融机构与企业共同配置资金链和产业链的交互影响作用,使创新主体建立紧密联系的、链式连接的创新生态圈;二是合理布局区域创新基础设施,在稳步推进传统基础设施的"数字+""智能+"升级的同时,建立或者超前部署一批面向新技术革命的与国际接轨的区域创新基础设施;三是促进人才、资金、技术、信息等创新要素在产业链、创新链、资

---

① 五、加快科技体制改革步伐[EB/OL].https://fuwu.12371.cn/2016/12/13/ARTI1481594757961509.shtml?from=singlemessage. 2016-12-13.

金链之间畅通流动，真正成为衔接创新主体关系的基础；四是完善创新创业文化，培育创新创业基因，为链条之间的衔接提供"润滑剂"。最终通过产业链、创新链、资金链的统筹配置打造紧密关联的创新生态圈层结构。

8.2.2　聚焦产业价值链的关键环节和领域部署创新链

为解决产业关键核心技术创新能力不强、科技对产业贡献率较低、产业共性关键技术 R&D 投入不够等问题，需要坚持企业主体、市场主导、需求导向和应用牵引，聚焦产业价值链的关键环境和领域部署创新链。一是建立健全基础研究支撑体系，加大基础研究投入力度，提高源头供给能力和原创技术供给能力，致力于解决原创性科技成果不足的问题。紧扣产业发展需求和民生需要，制定技术路线图，加强前瞻性基础研究和应用基础研究。二是聚焦产业链关键环节，推进重点领域和核心共性关键技术创新，强化国家战略科技力量。瞄准亟待解决的制约产业发展的技术瓶颈和未来产业发展制高点，健全企业主导产业技术 R&D 的体制机制，建设一批产业技术创新平台和产业创新中心，部署一批智能制造、绿色制造、高端装备制造领域的重大工程，引导创新要素更多投向核心技术和颠覆性前沿技术攻关。三是深入推进科技成果转移转化，加速科技成果转化为现实生产力。机制化地促进科技成果转化，使科技成果转化成为创新生态系统的共同目标和行为。一方面，要深化科技成果转化体制机制改革，特别是推动高校院所建立符合自身人事管理需要和科技成果转化工作特性的职称评定、岗位管理和考核评价制度，建立完善对高校院所科技成果转移转化的绩效评估体系，探索建立科研绩效和科技成果披露制度；另一方面，要完善科技成果转化风险免责政策，建立完善符合科技成果转移转化规律的市场定价机制，建立科技成果转化准备金制度；最后还要强化科技成果转化政策落实保障，建立完善科技成果转化重点政策实施情况监测与评估机制。

8.2.3　以建立完善制造业创新体系为重点提升产业链

改革开放以来，中国制造业长期位于全球价值链"微笑曲线"的中部或底部。当前，全球价值链进入新一轮调整升级的重构周期，"微笑曲线"逐渐趋平，为了嵌入全球价值链并向价值链中上游攀升，需要进一步完善制造业创新体系，提升产业链供应链现代化水平。一是提高价值链关键环节的自主创新能力。例如，在工业机器人、通信设备、轨道交通、关键零部件、精密制造机械、专用民生装备等重点领域，推动自主创新与开放式创新有机结合，加速实施《中国制造 2025》，大力发展智能制造和高端制造，推进制造业与服务业融合发展，加快发展战略性新兴产业、先进制造业和知识密集型生产性服务业，促进高新技术产业升级跃迁，支持新技术、新产业、新模式、新业态的"四新"经济发展。二是提高制造业劳动生产率。中国当前制造业的效率只相当于美国的 19.8%、日本的 21.3%[①]，因此，提升劳动生产率的首要任务是提高制造业劳动生产率。近期目标是抵消因人口红利消失和要素生产成本上升带来的不利影响，并持续以高性价比占据全球中低端收入者市场。重点是鼓励企业加大技术改造投入力度，推行机器换人、电商换市，提升企业家管理水平，提高制造业从业人员综合素质。三是强化企业创新主体培育。推进"个转企、小升规、规改股、股上市"，加快创新型中小企业成长壮大，促进大中小企业融通发展，增强国有企业创新能力，培育一批在制造业领域具有国际竞争力的本土跨国公司和世界级的"独角兽"企业，培育一批在制造业特定细分领域能够占据市场领先地位的单项冠军企业。四是加强国际合作提高产业全球价值链分工地位。鼓励和支持企业在市场机制下高效整合利用全球知识资本、科技资源，开展跨领域跨行业协同创新。在全球价值链贸易增加值核算、政策标准、规制制定等领域加强国际合作与交流。维护产业链、供应链的全球公共产品属性，加强国际产业安全合作。

8.2.4　围绕创新创业各个阶段的不同需求完善资金链

围绕企业初创、成长、成熟等多个阶段，为科技企业全生命周期提供全方位服务，推进形成"平台＋机制""人才＋资金""投资＋保险""创业＋孵化""信用＋担保"的多引擎组织动力系统，加快建立完善以孵化器推动初创企业成长，以创投引导基金促进中小微企业成长，以信贷融资机制解决企业融资贷款难题，以信用担保体系与科技保险改善科技金融环境，以新三板、科创板、区域性股权交易市场建设激励企业挂牌上市的多层次、网络化、综合性资本市场服务体系。

8.3　打造各类创新主体协同互动的创新体系

加强产学研合作，建立以企业为主体、市场为导向、产学研深度融合的技术创新体系，是打通创新创业链条、推进创新资源流动、促进创新驱动发展的重要支撑和有效途径。但是，当前仍然存在一些影响产学研协同创新的制约因素，主要表现在：包括规模以上工业企业在内的企

---

① 这个智囊说了实话：中国制造业没有效率优势[EB/OL]. http://finance.sina.com.cn/meeting/2017-02-23/doc-ifyavvsk2814175.shtml.2017-02-23.

业 R&D 投入不足、R&D 活动少；适应新时代要求的高等教育体系尚未形成，高等院校评价体系不合理；科研院所事业单位管理模式不利于激发科研人员创新创业积极性；科技创新中介服务体系不健全；等等。为此，需要进一步激发产学研合作主体活力，鼓励探索多种形式的产学研协同创新模式，完善科技创新中介服务体系，促进创新资源开放共享。

8.3.1　激发产学研合作主体活力

第一，激励企业加强技术创新。鼓励企业加大 R&D 投入，探索引导企业建立 R&D 准备金制度，自主立项先行投入开展 R&D 活动。进一步完善 R&D 费用加计扣除政策，加强政策配套联动，优化政策享受流程，提高加计扣除比例；鼓励企业建立新型技术 R&D 机构，加强新产品开发与产业化，对企业建立工程技术研究中心、企业技术中心、重点实验室、院士工作站等 R&D 平台的给予适当奖励，对企业 R&D 生产新产品并实现产业化给予一定的税收减免优惠，对符合条件的自主创新产品，实行政府首购与订购制度；建立完善规模以上工业企业和高技术企业 R&D 投入的统计、考核、报告制度，加强对不同行业 R&D 投入和产出的分类考核、评价。

第二，推进高等院校科研管理体制机制改革。面对技术供给与市场需求相脱节的突出矛盾，进一步转变科研人员思想观念、革新现有高校科研管理机制和评价体系已经成为关键。政府、高校等有关部门应积极推进改革现行的高校教师职称考核评定机制，将技术成果的应用价值与实际经济效益纳入考核标准，重视技术成果的质量，转变高校人员"重理论轻实践"的科研理念，从根本上促进高校科技成果的产业化、市场化发展。此外，高校应提高协同创新能力，进一步深化对上游科学技术 R&D 与下游科研成果转移、市场应用间的衔接管理，明确企业发展需要与市场发展趋势，积极拓展研究方向与项目来源渠道，加强高校与企业间人才的交流与互动，加大高校 R&D 经费与人才投入，充分挖掘高校科研潜力，凸显高校在技术成果供给方面的主导地位，优化资源配置，实现高校科技资源与企业市场资源的有效融合，真正发挥高校在技术转移领域的引导、推动与支撑作用。

第三，深化科研院所管理模式改革，加快转制科研院所改革和发展。推进科研事业单位分类改革，推动公益类科研院所与主管部门理顺关系和去行政化，逐步取消行政级别；坚持转制科研院所改革市场化和运行企业化，推进建立现代企业制度，鼓励转制科研院所依托共性技术研究基础和服务能力、实验室和专业技术人才等优势，建设 R&D 基地或创业孵化平台等创新创业条件平台，通过政府购买服务的方式对转制科研院所承担的公益性服务或公共职能给予相应支持；针对科研院所发展条件不足、科技人员活力不够、科技成果定价机制缺失和评价缺位、现代科研院所制度不健全、无形国有资产处置难等较突出的重点难点问题，加快推进政策创新。

8.3.2 推进产学研合作模式创新

产学研合作模式的创新，关键是要形成收益共享、风险共担、互惠互利、共同发展的激励机制，从深度、广度两个层面入手，加强产学研的交流互动，形成"知识创新—技术创新—产品创新—商业模式创新"全链条创新体系，充分发挥高校院所的科研职能与企业的生产经营职能，实现技术供给与市场需求的有效对接。一是通过产学研合作项目促进协同创新。加大对企业牵头的产学研联合创新项目的支持力度，在财政资金支持的科研项目里设立产学研合作专项，明确要求专项项目由企业主持负责，但企业必须配套一定比例的经费用于吸纳、转化高校院所的 R&D 资源和科技成果。二是鼓励企业联合高校、科研院所对引进的技术或知识产权进行消化吸收再创新。三是提高产学研合作平台或基地运行效率。支持企业联合高校院所共建重点实验室和工业技术研究中心等 R&D 平台、中试基地等成果转化平台、产业技术创新战略联盟、产业技术研究院及科技企业孵化器、众创空间等孵化基地，适时开展对产学研合作平台或基地的调查评估，采取后补助等方式给予一定的财政资金支持。四是推进产学研国际合作。加强以国内大循环为主体、国内循环国际循环相互促进的国际创新合作。重点支持企业和高校院所与国外教育或 R&D 机构联合共建 R&D 中心、技术转移或成果转化中心；吸引跨国公司在华设立 R&D 中心，支持外资 R&D 机构参与本地共性技术服务平台建设，支持外资 R&D 机构与在华高校院所共同承担科研项目，开展联合科技攻关。

8.3.3 完善科技创新中介服务体系

建立完善科技创新中介服务体系有利于解决产学研合作过程中的信息不对称问题，促进产学研合作供需双方的有效对接。为此，需要加快构建"政府引导、行业规范、从业自律、市场竞合"的科技创新中介服务体系。一是培育发展形式多样的科技创新中介服务机构，充分发挥依托政府资金设立的科技中介服务机构的引领作用，培育一批依托社会资金投资设立的骨干科技创新中介服务机构，公开科技中介服务的内容、标准、程序、成本、价格等，引导科技中介服务规范有序发展，通过"以奖代补"等方式对科技创新中介机构开展的技术转移工作、技术市场交易活动、技术经纪人培训和高校院所科技成果转化项目等予以支持。二是鼓励和支持利用

"互联网 +"开展"线上 + 线下"的科技创新中介服务,推进形成一体化平台式的线上科技创新中介服务资源和数据库资源,使信息需求者能够有效、便捷地获取信息,并保证信息的可信度。三是完善政府购买科技创新中介服务的方式。包括对现有的科技创新券模式的有效性进行评估,改善科技创新券的使用方法,探索推广应用创业券,通过科技创新券与创业券有机衔接创新和创业服务环节等。四是探索建立完善技术经纪人制度,培育一支懂技术、懂管理、懂市场的技术经纪人队伍。特别是要建立完善技术经纪人的行业准入制度,适当提高行业进入门槛,鼓励高等院校开设技术经纪服务相关的通识选修课程,同时通过系统的职业技能培训等方式,增加技术经纪人总体数量规模,提升技术经纪人职业技能水平。

8.4　完善跨区域跨部门的创新资源整合机制

区域创新资源的搜寻策略可以是区域内的也可以是区域间的,既可以是内向的也可以是开放的、外向的,比较而言,开放式模式能够比封闭式模式获得更多创新资源,能够实现更好的创新资源互补,也更加有利于区域创新能力的提升。因此,优化区域创新资源配置需要跨区域和跨部门的横向协同和资源整合,以实现各地区、各部门、各行业的纵横联动。特别是在深入推进区域协调发展战略的时代要求和区域间创新资源要素流动性不断加快的现实背景下,推进跨区域创新资源整合配置显得尤为重要。强化不同政府部门之间的综合工作协调也是提高区域创新配置效率的重要途径。

8.4.1　加强跨区域合作创新

跨区域的创新合作能够有效改变传统的创新模式,促进区域产业结构优化升级和创新能力提升,也能够推进区域之间的创新平台和成果的对接,发挥彼此的创新比较优势,带来更多的创新产出和效益。为了加强跨区域合作创新,需要立足中国区域发展整体战略和创新驱动发展战略。一是全面强化重大区域经济板块的跨区域合作创新。发挥北京中关村、上海张江、武汉东湖、合芜蚌等国家自主创新示范区和科技创新中心的引领辐射与源头供给作用,探索建立完善跨城市群、跨经济带合作创新的长效机制,提升跨区域合作创新的层次和水平。着力推进京津冀、粤港澳大湾区等重点城市群和长江经济带跨区域创新体系建设,以东部、中部、西部和东北部四大区域板块为基础,探索创新资源在四个区域板块梯度有序转移的利益分享机制和合作共赢模式。二是围绕关键核心技术和共性科学问题，打造国家和地方共建的产学研联合体及区域间的创新联合体和政策联合体。一方面，坚持中央统筹与地方负责相结合，充分调动地方优化创新资源配置、提高区域创新能力的主动性和积极性；另一方面，推进区域间共同设立联合研究中心、联合实验室等创新资源条件平台，开展共性关键技术联合攻关，联合开展科技成果转移转化，共同建设创新成果交易市场，鼓励和支持区域间制定联合创新政策措施，如对高技术企业的产能和 R&D 配套转移提供共同财政奖补等。三是统筹发达地区和欠发达地区创新资源配置。一方面，要提升发达地区创新资源开发利用效率，加快推动发达地区新旧动能转换。另一方面，在顶层设计层面，创新资源配置需要优先向欠发达地区倾斜，坚持"供血"和"造血"的结合，不断改善欠发达地区的创新资源要素集聚功能和创新生态环境，提高欠发达地区创新资源配置能力。还要优化区域互助机制，探索建立完善发达地区对欠发达地区的科技扶贫机制，推进创新人才、技术、资金向欠发达地区合理流动，推动新品种、新技术、新成果向欠发达地区转移转化。四是坚持融入全球价值链与提高区域自主创新能力相结合。不断提高对外开放水平，以"一带一路"为重点不断探索国际创新合作新机制，延长国际创新合作政策链、资金链、产业链、信息链，提高区域开放式创新能力，拓展国际创新资源配置空间。五是完善区域创新资源配置政策的调控机制，避免区域之间的盲目竞争。为减少包括 R&D 资源在内的创新资源配置扭曲，各地区应当更理性地配置创新资源，避免不同类型创新资源的不匹配，以及创新资源与经济和制度环境条件的不匹配。为此，应当加强区域创新资源调查，充分考虑区域要素资源禀赋和比较优势，规范区域创新资源配置政策制定，及时对各地出台的事关创新资源配置的政策进行评估，重点解决可能导致创新资源恶性竞争和不考虑创新资源匹配情况的不良竞争问题。

8.4.2　推进跨部门工作协调

创新的复杂性决定了区域创新资源配置往往不是科技部门一个部门的工作，而是需要财政、税务、生态环保等各部门的协调配合，开展目标一致的联合行动。为实现区域创新资源的高效配置，避免创新资源配置的多头管理、条块分割问题，就需要推动跨部门的工作协调。一是要建立健全部门协调联动制度。通过建立完善区域创新资源配置相关部门之间的信息沟通、规划统筹、联审会商、协调服务、跟踪问效等制度，明确责任分工，探索形成各部门各负其责、齐抓共管、互动有力、运转

高效的新格局。例如，涉及创业孵化基地平台建设，就需要科技部门、
人力资源和社会保障部门等共同合作，建立完善从创业苗圃到孵化器再
到加速器的有机衔接、连贯性的孵化体系，避免出现各部门的工作重心
都集中在创业苗圃建设阶段或者都集中在加速器建设阶段，造成资源配
置的错误或扭曲。二是要建立完善各部门协调一致的创新资源配置政策
体系。为推动科技创新，从中央到地方已经出台了一系列的政策文件，
取得了一定的效果，但由于条块分割、利益博弈、部门间工作不协调等，
不同效力等级的政策层次关系较为混乱且缺乏衔接和默契配合，缺少不
同类型的政策工具组合设计，政策的稳定性和有效性都有待进一步提
升，需要加强政策协同，建立健全有利于创新资源优化配置的政策体系。
重点是按照科技创新规律和经济发展规律，围绕区域创新资源配置的核
心目标和实现过程，采用供给型、需求型和环境型等不同类型的组合式
政策工具，以科技政策为基础，以财政、投融资、税收、人才、产业、
政府采购、军民融合、知识产权等政策为支撑，加强科技体制与经济体
制、创新政策与产业政策的精准对接和协调配合，提高国家和区域创新
体系整体效能。在纵向上既保证中央政策和各地方政府创新资源配置政
策的目标一致，又要赋予地方政府一定政策创新空间；在横向上，推动
各部门形成目标一致、手段互补、行动一致的高质量创新资源配置政策
保障体系，切实防止"政出多门、多头指挥"的现象，适时开展政策实
施效果评价，提高政策公信力、有效性和执行力。

8.5　加快推进以人力资本红利代替人口红利

当前，人口红利加速收缩、老龄化进程加快，依靠人口红利难以实现
经济的高质量可持续发展。人力资本具有对创新资源配置扭曲的纠偏作
用，但前提条件是人力资本要达到一定的水平，实现人力资本梯度攀升。
在总体布局上，必须把人才资源作为经济社会发展的第一资源和根本动
力，注重依靠人才资源的充分开发利用，实现经济的高质量发展。在实践
路径选择上，需要加大教育投入和健康投资，培育一批创新创业优秀人才。
需要注意的是，除了人力资本数量的扩张和效率改进，实现人力资本的梯
度升级还需要注意纠正人力资本错配问题及由此导致的人力资本无效使
用，因此，推进人力资本红利代替人口红利，仍然需要正确处理政府与市
场的关系，从事关人力资本梯度升级的体制机制创新方面寻找突破口。

8.5.1　优化教育资源配置

教育是人力资本获取知识、技术和技能的重要来源。首先，持续加大教育投入力度。党的十八大以来，国家财政性教育经费占 GDP 比例连年保持在 4% 以上，但是很多处于中上收入水平的国家财政性教育经费支出都高于 4%，从横向国际比较来看，4% 的比例并不算高。同时，从教育系统改革发展的现实需要、教育对改善收入分配和促进经济高质量发展的重要作用出发，仍然需要持续、稳定地增加教育投入，努力实现"高教育投入—高创新能力—高收入—高教育投入"的良性循环。其次，保障教育公平性和普惠性。当前，城乡之间、区域之间的教育资源、教育水平具有显著差异，不同学校之间、不同群体之间的教育公平性也亟待提升。这就需要进一步调整优化教育发展政策，公平配置公共教育资源，将逐步缩小城乡之间、区域之间的教育差距和提高最困难人群受教育水平作为实现教育资源均等化配置的重要原则和优先任务，建立完善经济相对落后地区的教育资源投入倾斜制度和专项补助制度，在新的教育发展布局中，将教育增量部分优先向经济和教育相对落后地区、人口密集地区倾斜，保障每个孩子享受高质量教育的权利。最后，促进教育与科技结合及教育科技与经济发展融合。重点是推动高等教育内涵式发展，结合世界一流大学和世界一流学科建设，充分发挥高等院校在科技创新、人才培养、服务社会和文化传承方面的重要作用，培育一批战略知识分子和战略科技人才。同时提升现代职业技术教育在国家教育体系中的地位，培育一批高技能人才。

8.5.2　强化健康人力资本

健康是人力资本的重要组成部分，是新时代促进人的全面发展的必然要求，是经济社会发展的基础条件。人力资本理论指出，健康会影响劳动者的工作年限、收入水平和生产效率，进而影响经济高质量发展。根据《"健康中国 2030"规划纲要》，2015 年，中国人均预期寿命已达到76.34 岁，总体上优于中高收入国家平均水平，但健康服务供给总体不足与需求不断增长之间的矛盾依然突出，仍然需要强化健康人力资本投资，提高人口质量，确保实现高质量的人力资本。第一，加大健康人力资本的投入力度。根据《2019 年我国卫生健康事业发展统计公报》，2019 年，全国卫生总费用预计达 65 195.9 亿元，卫生总费用占 GDP 的百分比为 6.6%，低于高收入国家（平均 8.1%），与低收入国家基本持平①。并且，个人支出在医疗支出中的比例偏高，2019 年，个人卫生支出占卫生总费用支出的百分比为 28.4%。因此，中央和地方政府仍然需要继续加大对公共医疗卫生的投入，提高财政公共医疗卫生支出的比例，有效减轻居民个人基本医疗卫生费用负担。第二，合理配置公共医疗卫生资源。大力推进卫生与健康领域的供给侧结构性改革，坚持基本医疗卫生事业的公益性，在公共卫生和基本医疗服务领域，坚决由政府主导履行组织管理职责，在非基本医疗卫生服务领域，允许和鼓励社会力量增加有效服务供给；推进基本公共卫生服务均等化，推动公共医疗卫生资源向农村和城市社区下沉，使城乡居民享有均等化的基本公共卫生服务；建立完善分级诊疗制度，优化医疗资源结构和布局，提高医疗资源利用效率和整体效益。第三，提升健康服务和保障能力。基于公共服务均等化理念，深化医疗卫生体制改革，进一步整合各类资源，建立完善公共医疗卫生服务体系，提高全民公共医疗服务水平和质量，特别是要加强重大疾病防控，降低发病率和死亡率，切实预防和控制疾病。坚持因地制宜、多方参与、共建共享，贴近群众建设场地设施，形成类型健全、布局均衡的健身设施网络，完善全民健身公共服务体系。健全医疗救治、科技支撑、物资保障体系，汲取新冠疫情防控积累的经验，提高应对突发公共卫生事件能力；充分利用大数据、云计算等现代新兴技术全面提高政府医疗管理和医院等机构的信息化水平，进一步完善医疗健康信息服务体系；健全基本医疗保险稳定可持续筹资和待遇调整机制，提高医保管理服务水平；增强食品药品的供应和安全保障能力。

8.5.3　推进创新创业人才培育

从 2015 年 3 月提出大众创业、万众创新以来，"双创"出现了"井喷式"发展，但依然存在创新创业生态不够完善、部分政策落实不到位等问题，在创新创业人才培育方面存在较大的改善提升空间，可以从基础架构、支撑保障和发展环境三个方面系统布局创新创业人才培育体系。一方面，以深入推进人才资金投入机制、教育培训机制、发现评价机制、流动配置机制、激励保障机制五大体制机制改革优化基础架构；另一方面，以强化创新创业人才管理服务夯实支撑保障。

---

① 世界银行的数据显示，2018 年全世界平均卫生费用支出占 GDP 比重 9.894%。另外，有研究指出，卫生总费用及其在 GDP 中的比重并不一定能体现一国医疗卫生体系的效率高低，因此，医疗服务水平和能力需要适当的卫生费用支出和高效医疗卫生服务体系的结合。

首先，完善创新创业人才发展机制。一是建立多元化、高效益的人才资金投入机制，完善人才引进、培养、开发的政府投入机制，引导社会力量加大投入，支持企业引进人才，完善企业引进人才的税收优惠政策；二是建立开放性、灵活性的人才教育培训机制，完善以创新创业为导向的人才教育培养机制，深入推进高等院校创新创业教育与专业教育的深度融合，推行产教融合、工学结合、校企合作培养模式，完善高层次创新型人才、技术技能人才和自主创业企业家培养支持机制，重点打造国际一流的科技领军人才和创新团队；三是建立市场化、精细化的人才发现评价机制，完善人才评价标准和分类评价体系，改革人才评审机制，探索建立"自主评价＋业内评价＋市场评价"的多元评价体系；四是建立平台互动、路径互通的人才流动配置机制，着力破除人才流动障碍。打破体制壁垒、年龄、户籍、身份、学历、人事关系等障碍，为人才跨地区、跨行业、跨体制流动提供便利条件。鼓励支持高校和科研院所等事业单位符合条件的科研人员在职或离岗创业，或到企业兼职从事成果转化、技术攻关等；五是建立尊重知识、鼓励双创的人才激励保障机制，建立完善体现人才发展不同阶段的梯度奖助体系，形成公开、透明、高效的人才资助机制，积极实行以增加知识价值为导向的分配政策，充分发挥科技成果转化政策的长期激励效果。

其次，强化创新创业人才管理服务保障。一是转变政府人才管理职能。关键是要做好"一强化一弱化"，其中，一强化是指要强化党委政府部门人才的宏观管理职能，发挥组织部门的前头抓总作用，发挥政府部门在政策制定和提供公共服务方面的重要作用；一弱化是指要弱化微观层面的管理，进一步建立完善创新创业人才管理服务领域的权力清单和责任清单，厘清职责边界，将人才招聘、上编落户、职称评审、科研立项、收费事项等职权进一步下放，通过完善信息披露机制等促进审批方式的变革；二是保障和落实用人主体自主权。各级党委、政府应不断提高对用人单位用人自主权的认同度和落实力度，使用人单位成为人才集聚主体、配置主体和利益主体；三是充分发挥"互联网＋"在人才管理服务中的作用，建立完善"互联网＋电子政务"的人才公共服务体系；四是积极发挥社会中介机构在服务人才等方面的作用，鼓励和引导社会组织通过提高自身管理水平提高经营绩效，实现政府与市场主体、社会组织的有序分工和良性互动。

最后，完善创新创业人才发展环境。一是完善人才发展政策环境。积极推进人才分类评价机制、科研经费管理、人才落户免审直批制度、公益二类事业单位人事制度、海外高层次人才居住居留等方面的政策创新突破，完善创新创业人才政策数据库；二是加大创新创业宣传力度。加大对优秀创业项目、创业人物的宣传力度，充分调动全社会参与创新创业工作热情，激发广大群众积极投身"双创"活动的热情。构建鼓励创新、宽容失败、创业致富的创新文化和价值导向，为推动大众创业、万众创新提供有力保障。

8.6　多维度全方位建立完善科技金融生态系统

优化科技资源配置需要推进科技金融紧密结合，加快培育多层次资本市场，围绕科技创新创业链优化科技金融布局，着力打造产品组合、服务体系、政策机制"三驾马车"，提高直接融资比重，形成各类金融工具协同融合的科技金融生态系统。科技金融生态系统是由金融、科技、管理等多重要素，科技金融产业、现代科技服务业等多个领域及人才、政策、平台、机制等多个层面共同作用形成的多维度、复合型、立体式系统，其构建与完善有利于促进传统产业改造升级、战略性新兴产业培育发展及先导性产业的孕育催生。

8.6.1　完善科技金融系统化顶层设计

从世界经济发展历史看，全球产业革命无不源于科技创新，成于金融创新。当前，新一轮科技和产业革命正在由导入期转向拓展期，中国经济已由高速增长阶段转向高质量发展阶段，科技与金融两大要素对经济高质量发展的重要性更为凸显，因此，要站在全局和战略高度引导金融资源向科技领域配置，以优化科技金融生态系统为目标，强化顶层设计。一是结合当前和未来一段时间内金融科技发展的新形势，以及实体经济对金融发展的现实需求，从国家层面着手从财政科技投入、政府引导基金、风险投资、多层次资本市场、科技保险等科技金融的关键领域制定专项规划，通过规划布局推进科技金融发展的重大战略任务，赢取科技金融发展新优势，抢占全球科技金融制高点。同时，支持各地方结合本地科技金融发展的基础条件及科技型企业发展的阶段性特征，制定本地化的科技金融发展指导意见、专项规划或实施方案等；二是进一步梳理现有各类科技金融平台和服务机构，从全国层面推进自上而下及横向平台机构之间的互联互通，提高科技金融在国家综合科学中心、区域科技创新中心建设过程中的支撑作用；三是推进重点领域、关键环节的体制机制改革。例如，进一步探索提高国有创投机构经营绩效的体制机制创新路径、建立完善科技金融风险预警机制等；四是坚持开放包容、防范风险的基本原则，合理有效利用国际资本，不断拓展科技金融发展新空间。

8.6.2 推进科技金融多维度产品创新

科技金融产品创新是科技金融生态系统的最基本要素，也是金融服务科技发展的根本落脚点。当前，中国科技型企业的融资渠道仍然比较单一，以间接融资为主，直接融资比重偏低，科技金融市场总体不够活跃。具体表现在：间接融资以短期借贷为核心，中长期借贷较少，科技贷款发展不足；直接融资以创业风险投资为主，天使投资发展滞后；科技保险市场尚有较大提升空间。为此，应坚持兼顾科技发展与金融效益两个目标、统筹长期利益和短期利益的基本原则，引导科技金融产品向创新链上游延伸和成果转化布局，鼓励、支持银行和风险投资机构积极设计符合科技型企业高质量发展需要的金融产品，加快推进科技金融产品的个性化、定制化和精细化发展。首先，充分发挥银行机构的基础性作用。鼓励商业银行整合各类社会资源为科技型中小企业提供中长期贷款。进一步放宽知识产权质押融资条件，不断完善投贷联动机制，优化"政府风险补偿基金＋保险＋银行"的模式，让无形"知本"能够真正转变为有形"资本"；其次，大力发展天使投资。鼓励政府主导的创业投资引导基金通过阶段参股等形式扶持天使投资机构发展，建立天使投资项目库，搭建天使投资对接平台，拓宽天使投资退出渠道，对实现天使投资退出的企业并购行为给予适当的税收减免；再次，加快设计和完善科技保险产品。支持发展"保投联动""保险＋期货""保单质押融资"等新型产品和业务。实施科技保险补贴制度，引导和支持科技型企业通过保险工具为技术创新活动化解风险；最后，积极探索建立科技贷款、风险投资、科技担保、科技保险、科技债券、科技租赁、信托、信用评价等相关业务之间的捆绑融资模式和协同发展机制。

8.6.3 健全科技金融全方位服务体系

与传统企业不同，科技企业的金融需求在不同阶段和不同行业的差异非常大，更加多元化，也更需要金融中介服务机构的支持。为此，一方面，要打造一批科技金融服务机构和平台。围绕咨询、支付、孵化、融资、信息等领域，加快科技金融综合服务中心、科技金融信息管理平台、上市企业孵化基地、科技金融路演中心等机构或平台建设，推动科技金融服务机构的系统化、常态化、智能化和空间集聚，推进科技金融服务平台在全国范围内的联网对接，有效发挥各机构平台的成果展示、融资对接、宣传推介、项目路演、信息传递等服务功能。另一方面，要大力培育科技金融和金融科技人才队伍。引导高校院所通过建立完善跨学科专业交叉融合的人才培养模式，设置金融科技或科技金融专业,建设科技金融跨学科产学合作协同育人实验室,大力培养"科技 + 金融"的复合型人才。探索建立科技保险经纪人、科技融资租赁经纪人等制度。

8.6.4　强化科技金融组合式政策支持

近年来,从中央到地方出台了一系列旨在进一步推进科技与金融结合的政策举措,但在政策执行过程中存在部门之间协调不够、落实难以到位等问题,同时,政策宣传推广不到位、信息不对称导致企业不知晓政策信息的情况较为普遍。为此,要打造兼顾"市场型"和"命令型"的组合式政策工具,推动形成目标一致、手段互补、行动一致的高质量科技金融政策保障体系。一是推进财政科技投入机制改革,进一步下放政府权力,探索推进科技重大专项及其他类型财政专项资金立项评选的市场化评价机制,逐步建立更加完善的差异化、个性化的投入方式和绩效管理模式;二是在深化改革、破拆藩篱上下功夫,以市场化为导向,围绕科技金融领域的新技术、新产业、新业态、新模式,特别是互联网领域资本市场发展的新趋势,开展政策创新、制度创新、监管创新、服务创新的综合试点示范,支持科技金融创新政策在试点地区先行先试,充分发挥地方政府主体作用,为地方政府打开实践的政策空间;三是要补齐科技金融政策的短板和弱项。重点完善知识产权质押融资、科技保险、金融科技风险防范等领域的政策细则,加快建立完善科技金融的统计监测制度和配套政策等;四是适时开展科技金融政策实施效果的动态评价,加快形成推动科技金融政策实施的统计体系、监测体系、绩效评价体系和政绩考核体系,提高政策公信力、有效性和执行力,同时加大科技金融政策宣传力度。

8.7　本 章 小 结

根据前述各章的理论分析和现实研判,当前,依靠单一地加大创新资源投入来提升区域创新能力的模式弊端已经开始显现,其有效性也有所下降。中国区域创新能力的增强已经越来越多地需要依靠创新资源质量的提升、结构的调整和配置效率的提高。因此,避免或减少创新资源配置扭曲对经济高质量发展的不利影响,实现区域创新资源的高效率和高效益配置尤为重要。据此,本章结合区域创新资源配置的特征事实和主要问题,提出优化区域创新资源配置推进经济高质量发展,需要科学认识和正确处理政府与市场的关系、统筹配置创新链产业链资金链创新资源、打造各类创新主体协同互动的创新体系、完善跨区域跨部门的创新资源整合机制、加快推进以人力资本红利代替人口红利、多维度全方位构建科技金融生态系统。

参 考 文 献

白俊红，蒋伏心. 2015. 协同创新、空间关联与区域创新绩效. 经济研究，50（7）：174-187.

白俊红，刘宇英. 2018. 对外直接投资能否改善中国的资源错配. 中国工业经济，（1）：60-78.

柏培文. 2012. 中国劳动要素配置扭曲程度的测量. 中国工业经济，（10）：19-31.

柏培文. 2014. 三大产业劳动力无扭曲配置对产出增长的影响. 中国工业经济，（4）：32-44.

毕克新，王禹涵，杨朝均. 2014. 创新资源投入对绿色创新系统绿色创新能力的影响——基于制造业 FDI 流入视角的实证研究. 中国软科学，（3）：153-166.

蔡昉. 2018-11-09. 以提高全要素生产率推动高质量发展. 人民日报（理论版）.

曹守新，赵甜. 2020. 中国制造业增长质量的区域差异及收敛性分析. 亚太经济，（6）：115-123，149.

曹学，翟运开，卢海涛. 2011. 区域创新资源的平台配置机制研究. 科技进步与对策，28（3）：30-34.

曹玉书，楼东玮. 2012. 资源错配、结构变迁与中国经济转型. 中国工业经济，（10）：5-18.

陈昌兵. 2016. 我国可持续经济增长的城市化研究. 北京：中国经济出版社.

陈昌兵. 2018. 新时代我国经济高质量发展动力转换研究. 上海经济研究，（5）：16-24，41.

陈德铭. 2018. 经济高质量发展的国际环境和战略机遇. 南京大学学报（哲学·人文科学·社会科学），55（4）：5-9，157.

陈菲琼，韩莹. 2009. 创新资源集聚的自组织机制研究. 科学学研究，27（8）：1246-1254.

陈菲琼，任森. 2011. 创新资源集聚的主导因素研究：以浙江为例. 科研管理，32（1）：89-96.

陈刚. 2010. R&D 溢出、制度和生产率增长. 数量经济技术经济研究，27（10）：64-77，115.

陈国生，杨凤鸣，陈晓亮，等. 2014. 基于 Bootstrap-DEA 方法的中国科技资源配置效率空间差异研究. 经济地理，34（11）：36-42.

陈宏愚. 2003. 关于区域科技创新资源及其配置分析的理性思考. 中国科技论坛，（5）：36-39.

陈健，何国祥. 2005. 区域创新资源配置能力研究. 自然辩证法研究，（3）：78-82.

陈劲，陈钰芬. 2006. 开放创新体系与企业技术创新资源配置. 科研管理，（3）：1-8.

陈林，李康萍. 2018. 公平竞争审查视阈下行政性垄断与资源错配. 产业经济研究，（4）：113-126.

陈诗一，陈登科. 2018. 雾霾污染、政府治理与经济高质量发展. 经济研究，53（2）：20-34.

陈先达，杨耕. 2016. 马克思主义哲学原理. 4 版. 北京：中国人民大学出版.

陈向东, 曹莉莉. 2007. 制药业自主创新资源的规模—范围分析. 科学学研究, 25 (6): 1209-1215.

陈向东, 王磊. 2007. 基于专利指标的中国区域创新的俱乐部收敛特征研究. 中国软科学, (10): 76-85.

陈瑶瑶, 池仁勇. 2005. 产业集群发展过程中创新资源的聚集和优化. 科学学与科学技术管理, (9): 63-66.

陈永伟, 胡伟民. 2011. 价格扭曲、要素错配和效率损失: 理论和应用. 经济学 (季刊), 10 (4): 1401-1422.

程惠芳, 陈超. 2017. 开放经济下知识资本与全要素生产率——国际经验与中国启示. 经济研究, 52 (10): 21-36.

程惠芳, 陆嘉俊. 2014. 知识资本对工业企业全要素生产率影响的实证分析. 经济研究, 49 (5): 174-187.

池仁勇, 唐根年. 2004. 基于投入与绩效评价的区域技术创新效率研究. 科研管理, 25 (4): 23-27.

戴静, 杨筝, 刘贯春, 等. 2020. 银行业竞争、创新资源配置和企业创新产出——基于中国工业企业的经验证据. 金融研究, (2): 51-70.

戴魁早, 刘友金. 2015. 要素市场扭曲、区域差异与 R&D 投入——来自中国高技术产业与门槛模型的经验证据. 数量经济技术经济研究, 32 (9): 3-20.

戴魁早, 刘友金. 2016. 要素市场扭曲与创新效率——对中国高技术产业发展的经验分析. 经济研究, 51 (7): 72-86.

戴翔, 刘梦. 2018. 人才何以成为红利——源于价值链攀升的证据. 中国工业经济, (4): 98-116.

党的十九大报告辅导读本编写组. 2017. 党的十九大报告辅导读本. 北京: 人民出版社.

党的二十大报告辅导读本编写组. 2022. 党的二十大报告辅导读本. 北京: 人民出版社.

邓天佐, 张俊芳. 2012. 关于我国科技金融发展的几点思考. 证券市场导报, (12): 16-24.

丁厚德. 2001. 中国科技运行论. 北京: 清华大学出版社.

杜江, 张伟科, 范锦玲, 等. 2017. 科技金融对科技创新影响的空间效应分析. 软科学, 31 (4): 19-22, 36.

杜明月, 范德成. 2019. 知识密集型制造业技术创新资源配置效率研究——基于动态 StoNED 模型的半参数分析. 经济问题探索, (11): 142-150.

段忠贤. 2016. 科技资源配置研究述评与展望. 科技与经济, 29 (3): 6-10.

樊纲. 2020. "发展悖论"与发展经济学的"特征性问题". 管理世界, 36 (4): 34-39.

范德成, 杜明月. 2017. 中国工业技术创新资源配置时空分异格局研究. 科学学研究, 35 (8): 1167-1178.

房汉廷. 2006. 上市公司科技板块分析报告 (2006). 北京: 经济管理出版社.

付丽娜, 彭甲超, 易明. 2020. 基于共同前沿生产函数的区域创新资源配置效率研究. 宏观经济研究, 257 (4): 85-102.

高培勇. 2019. 理解、把握和推动经济高质量发展. 经济学动态, (8): 3-9.

高培勇, 袁富华, 胡怀国, 等. 2020. 高质量发展的动力、机制与治理. 经济研究, 55 (4): 4-19.

龚关，胡关亮. 2013. 中国制造业资源配置效率与全要素生产率. 经济研究，48（4）：4-15，29.

龚六堂，林东杰. 2020. 资源配置效率与经济高质量发展. 北京大学学报（哲学社会科学版），57（6）：105-112.

谷军健，赵玉林. 2020. 中国如何走出科技创新困境？——基于科技创新与人力资本协同发展的新视角. 科学学研究，39（1）：129-138.

顾新. 2001. 区域创新系统的运行. 中国软科学，（11）：105-108.

郭然，原毅军. 2020. 生产性服务业集聚能够提高制造业发展质量吗？——兼论环境规制的调节效应. 当代经济科学，42（2）：120-132.

韩英，马立平. 2020. 中国高质量发展阶段下的产业结构变迁与经济增长研究——基于结构-效率-速度的逻辑框架. 经济与管理研究，41（12）：28-40.

韩永辉，韦东明. 2021. 中国省域高质量发展评价研究. 财贸研究，32（1）：26-37.

何立峰. 2018. 大力推动高质量发展 积极建设现代化经济体系. 宏观经济管理，(7)：4-6.

贺晓宇，沈坤荣. 2018. 现代化经济体系、全要素生产率与高质量发展. 上海经济研究，（6）：25-34.

洪银兴. 2013. 发展阶段改变和经济发展理论的创新. 行政管理改革，（9）：13-21.

胡鞍钢，王亚华. 2005. 中国国情分析框架：五大资本及动态变化（1980-2003）. 管理世界，（11）：4-11，171.

胡晨沛，吕政. 2020. 中国经济高质量发展水平的测度研究与国际比较——基于全球35个国家的实证分析. 上海对外经贸大学学报，27（5）：91-100.

胡浩志，孙立雪. 2021. 高铁开通促进了非枢纽城市企业高质量发展吗？财经问题研究，（12）：123-132.

黄海霞，张治河. 2015. 基于DEA模型的我国战略性新兴产业科技资源配置效率研究. 中国软科学，（1）：150-159.

黄劲松. 2010. 对区域创新系统研究的讨论. 中国科技论坛，（12）：70-74，104.

黄鲁成. 2000. 关于区域创新系统研究内容的探讨. 科研管理，（2）：43-48.

黄奇，苗建军，李敬银，等. 2014. 基于共同前沿的中国区域创新效率研究. 华东经济管理，28（11）：38-41.

黄群慧. 2018. 以高质量工业化进程促进现代化经济体系建设. 行政管理改革，（1）：11-14.

季书涵，朱英明，张鑫. 2016. 产业集聚对资源错配的改善效果研究. 中国工业经济，（6）：73-90.

贾颖颖，郭鹏，于明洁. 2012. 创新资源分布与区域创新能力差异的典型相关分析. 情报杂志，31（9）：180-184，190.

简新华，李雪. 2009. 新编产业经济学. 北京：高等教育出版社.

江蕾，李小娟. 2010. 我国区域自主创新能力的评价体系构建与实际测度研究. 自然辩证法通讯，32（3）：70-80，128.

焦翠红，陈钰芬. 2018. R&D资源配置、空间关联与区域全要素生产率提升. 科学学研究，36（1）：81-92.

金碚. 2018. 关于"高质量发展"的经济学研究. 中国工业经济，（4）：5-18.

靳来群，胡善成，张伯超. 2019. 中国创新资源结构性错配程度研究. 科学学研究，37（3）：545-555.

靳来群，张伯超，莫长炜. 2020. 我国产业政策对双重要素配置效率的影响研究. 科学学研究，38（3）：418-429.

巨虹，李同昇，翟洲燕. 2020. 基于 ETFP 的黄河流域工业高质量发展水平时空分异研究. 资源科学，42（6）：1099-1109.

巨文忠. 2004. 行政边界与区域创新体系：对应与非对应. 科学学与科学技术管理，25（12）：49-53.

赖德胜，纪雯雯. 2015. 人力资本配置与创新. 经济学动态，（3）：22-30.

李恒，范斐，王馨竹. 2013. 区域科技资源配置能力的时空分异研究. 世界地理研究，22（4）：159-168.

李嫒. 2015. 上海市科技资源配置效率评估及优化路径研究. 上海经济研究，（9）：103-111.

李建民. 1999. 人力资本通论. 上海：上海三联书店.

李睪，吴和成. 2020. 中国工业企业创新资源配置效率：演进，差异及提升路径. 技术经济，39（7）：54-62.

李静，马潇璨. 2014. 资源与环境双重约束下的工业用水效率——基于 SBM-Undesirable 和 Meta-frontier 模型的实证研究. 自然资源学报，29（6）：920-933.

李静，楠玉，刘霞辉. 2017a. 中国经济稳增长难题：人力资本错配及其解决途径. 经济研究，52（3）：18-31.

李静，楠玉，刘霞辉. 2017b. 中国研发投入的"索洛悖论"——解释及人力资本匹配含义. 经济学家，（1）：31-38.

李胜文，李大胜，邱俊杰，等. 2013. 中西部效率低于东部吗？——基于技术集差异和共同前沿生产函数的分析. 经济学（季刊），12（3）：777-798.

李斯嘉，吴利华. 2021. 市场分割对区域创新资源配置效率的影响. 现代经济探讨，（1）：75-87.

李伟. 2018-01-22. 新时代中国经济高质量发展有六大内涵. 人民日报（海外版）.

李习保. 2007. 中国区域创新能力变迁的实证分析：基于创新系统的观点. 管理世界，（12）：18-30，171.

李应博. 2008. 有效制度安排下的科技创新资源配置研究. 科学学研究，26（3）：645-651.

李正风，张成岗. 2005. 我国创新体系特点与创新资源整合. 科学学研究，23（5）：703-707.

梁文泉，陆铭. 2015. 城市人力资本的分化：探索不同技能劳动者的互补和空间集聚. 经济社会体制比较，（3）：185-197.

刘凤朝，沈能. 2006. 基于专利结构视角的中国区域创新能力差异研究. 管理评论，18（11）：43-47，64.

刘凤朝，徐茜，韩姝颖，等. 2011. 全球创新资源的分布特征与空间差异——基于 OECD 数据的分析. 研究与发展管理，23（1）：11-16，30.

刘贯春，张晓云，邓光耀. 2017. 要素重置、经济增长与区域非平衡发展. 数量经济技术经济研究，34（7）：35-56.

刘华军，彭莹，裴延峰，等. 2018. 全要素生产率是否已成为中国地区经济差距的决定力量？财经研究，44（6）：50-63.

刘立. 2003. 企业 R&D 投入的影响因素：基于资源观的理论分析. 中国科技论坛，(6)：76-79.

刘友金，黄鲁成. 2001. 产业群集的区域创新优势与我国高新区的发展. 中国工业经济，(2)：33-37.

刘友金，周健. 2018. "换道超车"：新时代经济高质量发展路径创新. 湖南科技大学学报（社会科学版），21（1）：49-57.

刘渝琳，熊婕，李嘉明. 2014. 劳动力异质性、资本深化与就业——技能偏态下对"用工荒"与就业难的审视. 财经研究，40（6）：95-108.

刘玉海，武鹏. 2011. 能源消耗、二氧化碳排放与 APEC 地区经济增长——基于 SBM-Undesirable 和 Meta-frontier 模型的实证研究. 经济评论，(6)：109-120，129.

刘志彪，凌永辉. 2020. 结构转换、全要素生产率与高质量发展. 管理世界，36（7）：15-29.

刘智勇，李海峥，胡永远，等. 2018. 人力资本结构高级化与经济增长——兼论东中西部地区差距的形成和缩小. 经济研究，53（3）：50-63.

吕海萍，池仁勇，化祥雨. 2017. 创新资源协同空间联系与区域经济增长——基于中国省域数据的实证分析. 地理科学，37（11）：1649-1658.

吕平，袁易明. 2020. 产业协同集聚、技术创新与经济高质量发展——基于生产性服务业与高技术制造业实证分析. 财经理论与实践，41（6）：118-125.

马草原，马文涛，李成. 2017. 中国劳动力市场所有制分割的根源与表现. 管理世界，(11)：22-34，187.

马述忠，李嫣君，吴国杰. 2015. 基于空间自相关的中国技术类创新资源流动影响因素分析. 经济学家，(11)：15-25.

马双，曾刚. 2016. 我国装备制造业的创新、知识溢出和产学研合作——基于一个扩展的知识生产函数方法. 人文地理，31（1）：116-123.

马颖，何清，李静. 2018. 行业间人力资本错配及其对产出的影响. 中国工业经济，(11)：5-23.

毛其淋，许家云. 2015. 政府补贴对企业新产品创新的影响——基于补贴强度"适度区间"的视角. 中国工业经济，(6)：94-107.

牛方曲，刘卫东，刘志高，等. 2011. 中国区域公立科技创新资源与经济发展水平相关性分析. 经济地理，31（4）：541-547.

潘昱婷，吴慈生. 2016. 经济增长要素的协同效应研究述评. 北方民族大学学报（哲学社会科学版），(2)：131-134.

佩蕾丝 K. 2007. 技术革命与金融资本（中译本）. 田方萌，胡叶青，刘然，等译. 北京：中国人民大学出版社.

齐亚伟，陶长琪. 2014. 环境约束下要素集聚对区域创新能力的影响——基于 GWR 模型的实证分析. 科研管理，35（9）：17-24.

钱锡红，杨永福，徐万里. 2010. 企业网络位置、吸收能力与创新绩效：一个交互效应模型. 管理世界，(5)：118-129.

钱雪亚，缪仁余. 2014. 人力资本、要素价格与配置效率. 统计研究，31（8）：3-10.

曲然，张少杰. 2008. 区域创新资源配置模式研究. 林业经济，(8)：37-39.

任保平. 2018a. 新时代中国经济从高速增长转向高质量发展：理论阐释与实践取向. 学术月刊，50（3）：66-74，86.

任保平. 2018b. 创新中国特色社会主义发展经济学阐释新时代中国高质量的发展. 天津社会科学,（2）：12-18.

萨克森宁 A. 1999. 地区优势：硅谷和 128 公路地区的文化与竞争. 曹蓬, 杨宇光等译. 上海：上海远东出版社.

单子丹, 高长元. 2013. 跨区域高技术知识网络的演进机理与战略定位研究. 中国科技论坛,（12）：38-44.

邵宜航, 步晓宁, 张天华. 2013. 资源配置扭曲与中国工业全要素生产率——基于工业企业数据库再测算. 中国工业经济,（12）：39-51.

师萍, 李垣. 2000. 科技资源体系内涵与制度因素. 中国软科学,（12）：55-56, 120.

宋旭光, 赵雨涵. 2018. 中国区域创新空间关联及其影响因素研究. 数量经济技术经济研究, 35（7）：22-40.

宋洋. 2017. 创新资源、研发投入与产品创新程度——资源的互斥效应和研发的中介效应. 中国软科学,（12）：154-168.

苏东水. 2015. 产业经济学. 4 版. 北京：高等教育出版社.

孙宝凤, 李建华. 2001. 基于可持续发展的科技资源配置研究. 社会科学战线,（5）：36-39.

孙凤娥, 江永宏. 2018. 我国地区 R&D 资本存量测算：1978—2015 年. 统计研究, 35（2）：99-108.

孙祁祥, 周新发. 2020. 科技创新与经济高质量发展. 北京大学学报（哲学社会科学版）, 57（3）：140-149.

孙晓华, 郭旭, 王昀. 2017. 政府补贴、所有权性质与企业研发决策. 管理科学学报, 20（6）：18-31.

孙艺璇, 程钰, 刘娜. 2021. 中国经济高质量发展时空演变及其科技创新驱动机制. 资源科学, 43（1）：82-93.

谭崇台教授发展思想研究课题组. 2020. 从高速度增长到高质量发展的飞跃——追思谭崇台教授经济增长与经济发展思想. 经济评论,（4）：74-80.

谭清美. 2002. 区域创新系统的结构与功能研究. 科技进步与对策,（8）：52-54.

汤铎铎, 刘学良, 倪红福, 等. 2020. 全球经济大变局、中国潜在增长率与后疫情时期高质量发展. 经济研究, 55（8）：4-23.

汤旖璆. 2020. 数字经济赋能城市高质量发展——基于智慧城市建设的准自然实验分析. 价格理论与实践,（9）：156-159, 180.

陶长琪, 徐茉. 2021. 经济高质量发展视阈下中国创新要素配置水平的测度. 数量经济技术经济研究, 38（3）：3-22.

汪朗峰, 伏玉林. 2013. 高技术产业发展中科技资源配置研究. 科研管理, 34（2）：152-160.

王春杨, 吴国誉. 2018. 研发资源配置、溢出效应与中国省域创新空间格局. 研究与发展管理, 30（1）：106-114.

王春枝, 赵国杰. 2015. 基于非径向 SE-C^{2}R 模型与谱系聚类的中国区域创新效率分析. 中国软科学,（11）：68-80.

王缉慈. 2001. 创新的空间：企业集群与区域发展. 北京：北京大学出版社.

王进富, 邵美蓉, 张颖颖. 2015. 社会网络视角下区域科技资源配置网络优化策略.

科学决策，（8）：47-62.

王亮. 2010. 区域创新系统资源配置效率研究. 杭州：浙江大学出版社.

王满仓，吴登凯. 2021. 中国经济高质量发展的潜在增长率研究. 西安财经大学学报，34（1）：19-27.

王鹏，尤济红. 2015. 产业结构调整中的要素配置效率——兼对"结构红利假说"的再检验. 经济学动态，（10）：70-80.

王群伟，周鹏，周德群. 2014. 生产技术异质性、二氧化碳排放与绩效损失——基于共同前沿的国际比较. 科研管理，35（10）：41-48.

王天骄. 2014. 中国科技资源配置格局的演变与创新效率. 经济体制改革，（4）：181-185.

王雪原，王宏起. 2008. 我国科技创新资源配置效率的 DEA 分析. 统计与决策，（8）：108-110.

王一鸣. 2018. 大力推动我国经济高质量发展. 人民论坛，（9）：32-34.

王一鸣. 2020. 百年大变局、高质量发展与构建新发展格局. 管理世界，36（12）：1-13.

王永贵，高佳. 2020. 新冠疫情冲击、经济韧性与中国高质量发展. 经济管理，42（5）：5-17.

王钺，刘秉镰. 2017. 创新要素的流动为何如此重要？——基于全要素生产率的视角. 中国软科学，（8）：91-101.

王竹君，任保平. 2018. 基于高质量发展的地区经济效率测度及其环境因素分析. 河北经贸大学学报，39（4）：8-16.

魏江. 2010. 多层次开放式区域创新体系建构研究. 管理工程学报，24（S1）：31-37.

魏江，李拓宇，赵雨菡. 2015. 创新驱动发展的总体格局、现实困境与政策走向. 中国软科学，（5）：21-30.

魏江，申军. 2003. 产业集群学习模式和演进路径研究. 研究与发展管理，（2）：44-48.

魏婕，安同良. 2020. 面向高质量发展的中国创新驱动. 中国科技论坛，（1）：33-40.

魏守华，吴贵生. 2005. 区域科技资源配置效率研究. 科学学研究，（4）：467-473.

魏守华，吴贵生，吕新雷. 2010. 区域创新能力的影响因素——兼评我国创新能力的地区差距. 中国软科学，（9）：76-85.

魏章进，宋时蒙. 2017. 我国 R&D 资源配置水平的空间差异及其分布的动态演进. 广东财经大学学报，32（3）：4-15.

吴超鹏，唐菂. 2016. 知识产权保护执法力度、技术创新与企业绩效——来自中国上市公司的证据. 经济研究，51（11）：125-139.

吴和成，郑垂勇. 2003. 科技投入产出相对有效性的实证分析. 科学管理研究，（3）：93-96.

吴婷，易明. 2019. 人才的资源匹配、技术效率与经济高质量发展. 科学学研究，37（11）：1955-1963.

吴玉鸣. 2015. 工业研发、产学合作与创新绩效的空间面板计量分析. 科研管理，36（4）：118-127.

向国成，李真子. 2016. 实现经济的高质量稳定发展：基于新兴古典经济学视角. 社会科学，（7）：57-63.

肖建华，熊娟娟. 2018. 财政引导创新资源配置效率及其影响因素——来自 18 个高新区与新区的经验分析. 财经理论与实践，39（3）：105-111.

肖金成，杨开忠，安树伟，等. 2018. 国家空间规划体系的构建与优化. 区域经济评论，（5）：1-9.

肖仁桥，王宗军，钱丽. 2015. 技术差距视角下我国不同性质企业创新效率研究. 数量经济技术经济研究，32（10）：38-55.

解晋. 2019. 中国分省人力资本错配研究. 中国人口科学，（6）：84-96，128.

徐德英，韩伯棠. 2015. 地理、信息化与交通便利邻近与省际知识溢出. 科学学研究，33（10）：1555-1563.

徐佳，魏玖长，王帅，等. 2017. 开放式创新视角下区域创新系统演化路径分析. 科技进步与对策，34（5）：25-34.

许松涛，陈霞，YUAN De-li. 2018. 环境规制、政治关联与研发创新资源配置. 产业经济评论，（1）：24-39.

许岩，尹希果. 2017. 技术选择："因势利导"还是"适度赶超"？数量经济技术经济研究，34（8）：55-71.

杨虎涛. 2020. 高质量经济活动：机制、特定性与政策选择. 学术月刊，52（4）：35-44.

杨洋，魏江，罗来军. 2015. 谁在利用政府补贴进行创新？——所有制和要素市场扭曲的联合调节效应. 管理世界，（1）：75-86，98，188.

杨振兵. 2016. 中国制造业创新技术进步要素偏向及其影响因素研究. 统计研究，33（1）：26-34.

叶翠红，张建华. 2016. 创新资源再配置对工业生产率增长的影响研究——MP 方法的拓展及来自中国工业的证据. 研究与发展管理，28（5）：100-108.

易明，吴婷. 2021. R&D 资源配置扭曲、TFP 与人力资本的纠偏作用. 科学学研究，39（1）：42-52.

游达明，邸雅婷，姜珂. 2017. 我国区域科技创新资源配置效率的实证研究——基于产出导向的 SBM 模型和 Malmquist 生产率指数. 软科学，31（8）：71-75，85.

余泳泽，杨晓章，张少辉. 2019. 中国经济由高速增长向高质量发展的时空转换特征研究. 数量经济技术经济研究，36（6）：3-21.

余泳泽，张先轸. 2015. 要素禀赋、适宜性创新模式选择与全要素生产率提升. 管理世界，（9）：13-31，187.

袁富华，张平，陆明涛. 2015. 长期经济增长过程中的人力资本结构——兼论中国人力资本梯度升级问题. 经济学动态，（5）：11-21.

袁建国，后青松，程晨. 2015. 企业政治资源的诅咒效应：基于政治关联与企业技术创新的考察. 管理世界，（1）：139-155.

袁小慧，孟芊汝，范金. 2020. 中国高技术产业高质量发展：动力机制与实证检验. 江海学刊，（4）：88-94，254.

袁志刚，解栋栋. 2011. 中国劳动力错配对 TFP 的影响分析. 经济研究，46（7）：4-17.

曾忠禄. 1997. 产业群集与区域经济发展. 南开经济研究，（1）：69-73.

张海波，郭大成，张海英. 2021. "双一流"背景下高校科技创新资源配置效率研究. 北京理工大学学报（社会科学版），23（1）：171-179.

张宏，王雪晨. 2021. 京津冀创新资源配置与经济增长关系的实证研究——基于面板数据模型. 中国经贸导刊（中），（1）：63-65.

张红霞，王悦. 2020. 经济制度变迁、产业结构演变与中国经济高质量发展. 经济体制
改革，（2）：31-37.

张杰，郑文平，翟福昕. 2014. 竞争如何影响创新：中国情景的新检验. 中国工业
经济，（11）：56-68.

张军，吴桂英，张吉鹏. 2004. 中国省际物质资本存量估算：1952—2000. 经济研
究，（10）：35-44.

张军扩，侯永志，刘培林，等. 2019. 高质量发展的目标要求和战略路径. 管理世界，
35（7）：1-7.

张培刚. 2012. 农业与工业化. 北京：中信出版社.

张永安，李晨光. 2010. 创新网络结构对创新资源利用率的影响研究. 科学学与科学技
术管理，31（1）：81-89.

张于喆. 2014. 中国特色自主创新道路的思考：创新资源的配置、创新模式和创新定位
的选择. 经济理论与经济管理，（8）：5-19.

张月玲，林锋. 2017. 中国区域要素替代弹性变迁及其增长效应——基于异质劳动视角
的随机前沿生产函数分析. 财经研究，43（6）：118-131.

张震宇，陈劲. 2008. 基于开放式创新模式的企业创新资源构成、特征及其管理. 科学
学与科学技术管理，（11）：61-65.

张芷若，谷国锋. 2018. 科技金融发展对中国经济增长的影响研究——基于空间计量模
型的实证检验. 财经理论与实践，39（4）：112-118.

张子珍，于佳伟，杜甜. 2020. 科技创新资源配置效率测度及路径优化——以山西省为
例. 统计学报，1（5）：69-80.

赵康生，谢识予. 2017. 政府研发补贴对企业研发投入的影响——基于中国上市公司的
实证研究. 世界经济文汇，（2）：87-104.

赵玉林，贺丹. 2009. 智力密集型城市科技创新资源利用效率实证分析. 中国软科
学，（10）：109-116.

赵昱，杜德斌，柏玲，等. 2015. 国际创新资源流动对区域创新的影响. 中国科技
论坛，（2）：97-101.

中国科学技术发展战略研究院. 2018. 中国区域科技创新评价报告 2018. 北京：科学技
术文献出版社.

周柏翔，丁永波，任春梅. 2007. 区域创新体系的结构模式及运行机制研究. 中国
软科学，（3）：135-138.

周方召，刘文革. 2013. 宏观视角下的企业家精神差异化配置与经济增长——一个文献
述评. 金融研究，（12）：127-139.

周寄中. 1999. 科技资源论. 西安：陕西人民教育出版社.

周黎安，赵鹰妍，李力雄. 2013. 资源错配与政治周期. 金融研究，（3）：15-29.

周平录，邢小强. 2019. 中国式分权下的区域创新绩效研究——基于资源获取与资源配
置视角的分析. 技术经济，38（9）：97-104，137.

周伟，韩家勤. 2012. 区域科技资源配置的影响因素分析——基于结构方程模型的实证
研究. 情报杂志，31（1）：185-189.

周小亮. 2015. 新常态下中国经济增长动力转换：理论回溯与框架设计. 学术月刊，

47（9）：15-26.

朱风慧，刘立峰. 2020. 我国产业结构升级与经济高质量发展——基于地级及以上城市经验数据. 云南财经大学学报，36（6）：42-53.

朱付元. 2000. 我国目前科技资源配置的基本特征. 中国科技论坛，（2）：61-64.

朱军. 2017. 技术吸收、政府推动与中国全要素生产率提升. 中国工业经济，（1）：5-24.

Acemoglu D，Akcigit U，Alp H，et al. 2018. Innovation，reallocation，and growth. American Economic Review，108（11）：3450-3491.

Almeida P，Kogut B. 1999. Localization of knowledge and the mobility of engineers in regional networks. Management Science，45（7）：905-917.

Amington C，Acs Z J. 2002. The determinants of regional variation in new firm formation. Regional Studies，36（1）：33-45.

Andrews D，Criscuolo C. 2013. Knowledge-based capital，innovation and resource allocation. OECD Economics Department Working Papers，No1046，OECD publishing. http://dx. doi.org/10.1787/ 5k46bj546kzs-en.

Ang J B，Madsen J B，Islam M R. 2011. The effects of human capital composition on technological convergence. Journal of Macroeconomics，33（3）：465-476.

Anselin L，Varga A，Acrs Z. 1997. Local geographic spillovers between university research and high technology innovations. Journal of Urban Economics，42（3）：422-448.

Aoki S. 2012. A simple accounting framework for the effect of resource misallocation on aggregate productivity. Journal of the Japanese and International Economies，26（4）：473-494.

Asheim G B. 2004. Green national accounting with a changing population. Economic Theory，23（3）：601-619.

Audretsch D B. 1998. Agglomeration and the location of innovative activity. Oxford Review of Economic Policy，14（2）：18-29.

Banerjee A V，Moll B. 2010. Why does misallocation persist？American Economic Journal Macroeconomics，2（1）：189-206.

Banker R D，Charnes A，Cooper W W. 1984. Some models for estimating technical and scale inefficiencies in data envelopment analysis. Management Science，30（9）：1078-1092.

Banker R D，Natarajan R. 2008. Evaluating contextual variables affecting productivity using data envelopment analysis. Operations Research，56（1）：48-58.

Baqaee D R，Farhi E. 2020. Productivity and misallocation in general equilibrium. The Quarterly Journal of Economics，135（1）：105-163.

Baraldi E，Waluszewski A. 2007. Conscious use of others' interface knowledge：how IKEA can keep the price of the lack table constant over decades//Hakansson H，Waluszewski A. Knowledge and Innovation in Business and Industry：The Importance of Others. New York：Routledge：79-108.

Barney J. 1991. Firm resources and sustained competitive advantage. Journal of Management，17（1）：99-120.

Barra C，Zotti R. 2018. The contribution of university，private and public sector resources to Italian regional innovation system (in) efficiency. Journal of Technology Transfer, 43 (2): 432-457.

Bartelsman E, Haltiwanger J, Scarpetta S. 2013. Cross-country differences in productivity: the role of allocation and selection. American Economic Review, 103 (1): 305-334.

Battese G E, Coelli T J. 1995. A model for technical inefficiency effects in a stochastic frontier production function for panel data. Empirical Economics, 20 (2): 325-332.

Battese G E, Rao D S P. 2002. Technology gap, efficiency and a stochastic meta-frontier function. International Journal of Business and Economics, 1 (2): 87-93.

Bauer C, Rodríguez Mora J V. 2020. Distortions, misallocation and the endogenous determination of the size of the financial sector. The Economic Journal, 130 (625): 24-49.

Bellaaj E F, Sellami M, Bhiri S. 2020. Avoiding resource misallocations in business processes. Concurrency and Computation: Practice and Experience, 32 (15): e4888.

Belussi F, Sammarra A, Sedita S R. 2010. Learning at the boundaries in an "open regional innovation system": a focus on firm's innovation strategies in the Emilia Romagna life science industry. Research Policy, 39 (6): 710-721.

Benhabib J, Spiegel M M. 1994. The role of human capital in economic development evidence from aggregate cross-country data. Journal of Monetary economics, 34 (2): 143-173.

Bergek A, Jacobsson S, Carlsson B, et al. 2008. Analyzing the functional dynamics of technological innovation systems: a scheme of analysis. Research Policy, 37 (3): 407-429.

Bernini C, Pellegrini G. 2011. How are growth and productivity in private firms affected by public subsidy? Evidence from a regional policy. Regional Science and Urban Economics, 41 (3): 253-265.

Boeing P. 2016. The allocation and effectiveness of China's R&D subsidies—evidence from listed firms. Research Policy, 45 (9): 1774-1789.

Brown R, Mason C. 2014. Inside the high-tech black box: a critique of technology entrepreneurship policy. Technovation, 34 (12): 773-784.

Carlsson B, Jacobsson S. 1997. In search of useful public policies: key lessons and issues for policy makers//Carlsson B. Technological Systems and Industrial Dynamics. Dordrecht: kluwer Academic: 299-315.

Catozzella A, Vivarelli M. 2011. Beyond additionality: are innovation subsidies counterproductive? IZA Discussion Paper, NO. 5746.

Charnes A, Cooper W W, Rhodes E. 1978. Measuring the efficiency of decision making units. European Journal of Operational Research, 2 (6): 429-444.

Chen F, Meng Q, Li X. 2018. Cross-border post-merger integration and technology innovation: a resource-based view. Economic Modelling, 68: 229-238.

Chen J K, Chen I S. 2013. A theory of innovation resource synergy. Innovation: Organization & Management, 15 (3): 368-392.

Chen Z, Yang Z, Yang L. 2020. How to optimize the allocation of research resources? An empirical study based on output and substitution elasticities of universities in Chinese provincial level. Socio-Economic Planning Sciences, 69: 100707.

Chesbrough H. 2003. The era of open innovation. MIT Sloan Management Review, 44(3): 35-41.

Chesbrough H, Vanhaverbeke W, West J. 2008. Open Innovation: Researching a New Paradigm. Oxford: Oxford University Press.

Chiu C R, Liou J L, Wu P I, et al. 2012. Decomposition of the environmental inefficiency of the meta-frontier with undesirable output. Energy Economics, 34 (5): 1392-1399.

Cirera X, Fattal-Jaef R, Maemir H. 2020. Taxing the good? Distortions, misallocation, and productivity in Sub-Saharan Africa. The World Bank Economic Review, 34 (1): 75-100.

Coe D T, Helpman E. 1995. International R&D spillovers. European Economic Review, 39 (5): 859-887.

Cooke P. 1992. Regional innovation systems: competitive regulation in the New Europe. Geoforum, 23 (3): 365-382.

Cooke P. 2005. Regionally asymmetric knowledge capabilities and open innovation exploring "Globalisation 2" —a new model of industry organization. Research Policy, 34 (8): 1128-1149.

Cowan R, Jonard N. 2004. Network structure and the diffusion of knowledge. Journal of Economic Dynamics and Control, 28 (8): 1557-1575.

Dai X, Cheng L. 2019. Aggregate productivity losses from factor misallocation across Chinese manufacturing firms. Economic Systems, 43 (1): 30-41.

de la Grandville O. 1989. In quest of the slut-sky diamond. American Economic Review, 79 (3): 468-481.

Dias D A, Robalo Marques C, Richmond C. 2020. A tale of two sectors: why is misallocation higher in services than in manufacturing? Review of Income and Wealth, 66 (2): 361-393.

Doloreux D, Parto S. 2005. Regional innovation systems current discourse and unresolved issues. Technology in Society, 27 (2): 133-153.

Dosi G, Grazzi M, Mathew N. 2017. The cost-quantity relations and the diverse patterns of "learning by doing": evidence from India. Research Policy, 46 (10): 1873-1886.

Drucker P F. 1993. Post-capitalist Society. New York: Harper and Collins.

Dumais G, Ellison G, Glaeser E. 2002. Geographic concentration as a dynamic process. The Review of Economics & Statistics, 84 (2): 193-204.

Englander S A, Evenson R, Hanazaki M. 1988. R&D patents and the total factor productivity slowdown. OECD Economic Studies, 11: 7-47.

Feldman M P, Florida R. 1994. The geographic sources of innovation: technological infrastructure and product innovation in the United States. Annals of the Association of American Geographers, 84 (2): 210-229.

Foss N J, Eriksen B. 1995. Competitive advantage and industry capabilities//Montgomery C A. Resource-based and Evolutionary Theories of the Firm: Towards a Synthesis.

Boston：Springer：43-69.

Frantzen D. 2000. R&D，Human capital and international technology spillovers：a cross-country analysis. The Scandinavian Journal of Economics，102（1）：57-75.

Fritsch M. 2004. Cooperation and the efficiency of regional R&D activities. Cambridge Journal of Economics，28（6）：829-846.

Fujita M，Thisse J F. 2002. Economics of Agglomeration Cities，Industrial Location，and Regional Growth. Cambridge：Cambridge University Press.

Gadde L E，Lind F. 2016. Interactive resource development：implications for innovation policy. The IMP Journal，10（2）：317-338.

Gao X，Zhai K. 2021. Spatial Mechanisms of regional innovation mobility in China. Social Indicators Research，156（1）：247-270.

Gassmann O. 2006. Innovation und Risiko—zwei Seiten einer medaille//Gassmann O，Kobe C. Management von Innovation und Risiko. Berlin：Springer：3-24.

Gordon I R，McCann P. 2005. Innovation，agglomeration，and regional development. Journal of Economic Geography，5（5）：523-543.

Grant R M. 1991. Resource-based theory of competitive advantage：implications for strategy formulation. California Management Review，33（3）：114-135.

Growiec J，Pajor A，Pelle D，et al. 2011. The shape of aggregate production functions：evidence from estimates of the world technology frontier. National Bank of Poland Working Papers No. 102，46（4）：299-326.

Guan J，Chen K. 2012. Modeling the relative efficiency of national innovation systems. Research Policy，41（1）：102-115.

Guo J T，Izumi Y，Tsai Y C. 2019. Resource misallocation and aggregate productivity under progressive taxation. Journal of Macroeconomics，60：123-137.

Gu Q，Jiang W，Wang G. 2016. Effects of external and internal sources on innovation performance in Chinese high-tech SMEs：a resource-based perspective. Journal of Engineering and Technology Management，40：76-86.

Hagedoorn J，Wang N. 2012. Is there complementarity or substitutability between internal and external R&D strategies？Research Policy，41（6）：1072-1083.

Halinen A，Jaakkola E，Rusanen H. 2014. Accessing resources for service innovation—the critical role of network relationships. Journal of Service Management，25（1）：2-29.

Hao Y，Gai Z，Wu H. 2020. How do resource misallocation and government corruption affect green total factor energy efficiency？Evidence from China. Energy Policy，143：1-16.

Hekkert M P，Suurs R A A，Negro S O，et al. 2007. Functions of innovation systems：a new approach for analyzing technological change. Technological Forecasting and Social Change，74（4）：413-432.

Hong J，Feng B，Wu Y，et al. 2016. Do government grants promote innovation efficiency in China's high-tech industries？Technovation，57：4-13.

Hong J，Song T，Yoo S. 2013. Paths to success：how do market orientation and entrepreneurship orientation produce new product success？Journal of Product

Innovation Management, 30 (1): 44-55.

Honoré B E. 1992. Trimmed LAD and least squares estimation of truncated and censored regression models with fixed effects. Econometrica, 60: 533-565.

Hsieh C T, Klenow P J. 2009. Misallocation and manufacturing TFP in China and India. The Quarterly Journal of Economics, 124 (4): 1403-1448.

Hussinger K. 2008. R&D and subsidies at the firm level: an application of parametric and semi parametric two-step selection models. Journal of Applied Econometrics, 23 (6): 729-747.

Jaffe A B. 1989. Real effects of academic research. American Economic Review, 79 (5): 957-970.

Jee S J, Sohn S Y. 2020. Patent-based framework for assisting entrepreneurial firms' R&D partner selection: leveraging their limited resources and managing the tension between learning and protection. Journal of Engineering and Technology Management, 57: 101575.

Jones C I, Williams J C. 1998. Measuring the social return to R&D. The Quarterly Journal of Economics, 113 (4): 1119-1135.

Kamasak R. 2015. Determinants of innovation performance: a resource-based study. Procedia-Social and Behavioral Sciences, 195: 1330-1337.

Katila R, Shane S. 2005. When does lack of resources make new firms innovative? Academy of Management Journal, 48 (5): 814-829.

Kelejian H H, Prucha I R. 2001. On the asymptotic distribution of the Moran I test statistic with applications. Journal of Econometrics, 104 (2): 219-257.

Kirchhoff B A, Newbert S L, Hasan I, et al. 2007. The influence of university R&D expenditures on new business formation and employment growth. Entrepreneurship Theory and Practice, 31 (4): 543-559.

König M, Song Z M, Storesletten K, et al. 2020. From imitation to innovation: where is all that Chinese R&D going? National Bureau of Economic Research Working Paper.

Kraaijenbrink J, Spender J C, Groen A J. 2010. The resource-based view: a review and assessment of its critiques. Journal of management, 36 (1): 349-372.

Krugman P. 1991. Increasing returns and economic geography. Journal of Political Economy, 99 (3): 483-499.

Lapan H E, Bardhan P. 1973. Localized technical progress and transfer of technology and economic development. Journal of Economic Theory, 6 (6): 585-595.

Laursen K, Salter A . 2006. Open for innovation: the role of openness in explaining innovation performance among U K manufacturing firms. Strategic Management Journal, 27 (2): 131-150.

Lee L F, Yu J. 2014. Efficient GMM estimation of spatial dynamic panel data models with fixed effects. Journal of Econometrics, 180 (2): 174-197.

Lerner J. 2009. Boulevard of Broken Dreams : Why Public Efforts to Boost Entrepreneurship and Venture Capital Have Failed-and What to Do About It. New Jersey: Princeton University Press.

Li H, He H, Shan J, et al. 2018. Innovation efficiency of semiconductor industry in China: a new framework based on generalized three-stage DEA analysis. Socio-Economic Planning Sciences, 66: 136-148.

Li H C, Lee W C, Ko B T. 2017. What determines misallocation in innovation? A study of regional innovation in China. Journal of Macroeconomics, 52: 221-237.

Liu H, Yang G, Liu X, et al. 2020. R&D performance assessment of industrial enterprises in China: a two-stage DEA approach. Socio-Economic Planning Sciences, 71: 100753.

Lopez-Sanchez J I, Minguela-Rata B, Rodriguez-Duarte A, et al. 2006. R&D resources and diversification: controlling for indirect diversification and endogeneity. International Journal of Technology Management, 35 (1/2/3/4): 136-155.

Lucas Jr R E. 1993. Making a miracle. Econometrica, 61 (2): 251-272.

Malecki E J. 1982. Federal R&D spending in the United States of America: some impacts on metropolitan economies. Regional Studies, 16 (1): 19-35.

Midrigin V, Xu D Y. 2010. Finance and misallocation: evidence from plant-level data. American Economic Review, 104 (2): 422-458

Musiolik J, Markard J, Hekkert M. 2012. Networks and network resources in technological innovation systems : towards a conceptual framework for system building. Technological Forecasting and Social Change, 79 (6): 1032-1048.

Nelson R. 1993. National Innovation Systems: A Comparative Analysis. New York: Oxford University Press.

Newbert S L. 2007. Empirical research on the resource-based view of the firm: an assessment and suggestions for future research. Strategic Management Journal, 28 (2): 121-146.

Nguyen P T, Nguyen M K. 2019. Resource misallocation of SMEs in Vietnamese manufacturing sector. Journal of Small Business and Enterprise Development, 26 (3): 290-303.

Nguyen P T, Nguyen M K. 2020. Misallocation and reallocation of resources in Vietnamese manufacturing firms. Journal of Economic Studies, 47 (7): 1605-1627.

O'Donnell C, Rao D, Battese G E. 2008. Metafrontier frameworks for the study of firm-level efficiencies and technology ratios. Empirical Economics, 34 (2): 231-255.

Peretto P F. 1998. Technological change and population growth. Journal of Economic Growth, 3 (4): 283-311.

Peteraf M A. 1993. The cornerstones of competitive advantage: a resource-based view. Strategic Management Journal, 14 (3): 179-191.

Pires J O, Garcia F. 2012. Productivity of nations: a stochastic frontier approach to TFP decomposition. Economics Research International, Special Issues: 1-19.

Pitelis C, Runde J. 2017. Capabilities resources, learning and innovation: a blueprint for a post-classical economics and public policy. Cambridge Journal of Economics, 41: 679-691.

Porter M E. 1990. The Competitive Advantage of Nations. New York: Free Press.

Purchase S, Kum C, Olaru D. 2016. Paths, events and resource use: new developments in understanding innovation processes. Industrial Marketing Management, 58: 123-136.

Purchase S, Olaru D, Denize S M. 2014. Innovation network trajectories and changes in resource bundles. Industrial Marketing Management, 43 (3): 448-459.

Reis A B, Sequeira T N. 2007. Human capital and overinvestment in R&D. Scandinavian Journal of Economics, 109 (3): 573-591.

Reynolds P D, Miller B, Maki W R. 1995. Explaining regional variation in business births and deaths: U. S. 1976-1988. Small Business Economics, 16 (7): 389-407.

Robbins L. 1932. An Essay on the Nature and Significance of Economic Science. London: Macmillan.

Romer P M. 1986. Increasing returns and long-run growth. Journal of Political Economy, 94 (5): 1002-1037.

Romer P M. 1990. Endogenous technological change. Journal of Political Economy, 98 (5): 71-102.

Ruiz-Jiménez J M, Fuentes-Fuentes M D M. 2016. Management capabilities, innovation, and gender diversity in the top management team: an empirical analysis in technology-based SMEs. Business Research Quarterly, 19 (2): 107-121.

Schmitz S. 1999. Gender differences in aquisition of environmental knowledge related to wayfinding behavior, spatial anxiety and self-estimated environmental competencies. Sex Roles, 41 (1/2): 71-93.

Schumpeter J A. 1934. The Theory of Economic Development: An Inquiry into Profits, Capital, Credit, Interest and Business Cycle. Cambridge: Harvard University Press.

Scott A, Storper M. 2003. Regions, globalization, development. Regional Studies, 37(6/7): 579-593.

Sharp J A, Meng W, Liu W. 2007. A modified slacks-based measure model for data envelopment analysis with "natural" negative outputs and inputs. Journal of the Operational Research Society, 58 (12): 1672-1677.

Silverman B S. 1999. Technological resources and the direction of corporate diversification: toward an integration of the resource-based view and transaction costs economics. Management Science, 45 (8): 1109-1124.

Simar L, Wilson P W. 2007. Estimation and inference in two-stage, semi-parametric models of production processes. Journal of Econometrics, 136 (1): 31-64.

Slowak A, Regenfelder M. 2017. Creating value, not wasting resources: sustainable innovation strategies. Innovation: The European Journal of Social Science Research, 30 (4): 455-475.

Solow R M. 1956. A contribution to the theory of economic growth. Quarterly Journal of Economics, 70 (1): 65-94.

Spithoven A, Teirlinck P. 2015. Internal capabilities, network resources and appropriation mechanisms as determinants of R&D outsourcing. Research Policy, 44 (3): 711-725.

Sternberg R. 1990. The impact of innovation centres on small technology-based firms: the example of the federal republic of Germany. Small Business Economics, 2 (2): 105-118.

Syrquin M. 1986. Productivity Growth and Factor Reallocation. Oxford: Oxford

University Press.

Talke K, Salomo S, Rost K. 2010. How top management team diversity affects innovativeness and performance via the strategic choice to focus on innovation fields. Research Policy, 39 (7): 907-918.

Teixeira A A C, Queirós A S S. 2016. Economic growth, human capital and structural change: a dynamic panel data analysis. Research policy, 45 (8): 1636-1648.

Tidd J. 1997. Complexity, Networks & learning: integrative themes for research on innovation management. International Journal of Innovation Management, 1(1): 1-21.

Todtling F. 1992. Technological change at the regional level. Environment and Planning A, 24 (11): 1565-1584.

Todtling F, Trippl M. 2005. One size fits all? Towards a differentiated regional innovation policy approach. Research Policy, 34 (8): 1203-1219.

Tsai K H, Hsieh M H, Hultink E J. 2011. External technology acquisition and product innovativeness: the moderating roles of R&D investment and configurational context. Journal of Engineering and Technology Management, 28 (3): 184-200.

Uras B R, Wang P. 2014. Techniques choice, misallocation and total factor productivity. Center Discussion Paper Series, No2014-074: http://dx.doi.org/10.2139/ssrn.2533025

Vaona A, Pianta M. 2008. Firm size and innovation in European manufacturing. Small Business Economics, 30 (3): 283-299.

Vollrath D. 2009. How important are dual economy effects for aggregate productivity? Journal of Development Economics, 88 (2): 325-334.

Waluszewski A. 2011. Rethinking innovation policy. The IMP Journal, 5 (3): 140-156.

Walz U. 1996. Transport cost, intermediate goods, and localized growth. Regional Science and Urban Economics, 26: 671-695.

Wang H J, Schmidt P. 2002. One-step and two-step estimation of the effects of exogenous variables on technical efficiency levels. Journal of Productivity Analysis, 18 (2): 129-144.

Wang J, Li Y. 2020. Does factor endowment allocation improve technological innovation performance? An empirical study on the Yangtze River Delta region. Science of the Total Environment, 716: 1-10.

Wang S, Sun X, Song M. 2021. Environmental regulation, resource misallocation, and ecological efficiency. Emerging Markets Finance and Trade, 57 (3): 1-20.

Wang S, Zhao D, Chen H. 2020. Government corruption, resource misallocation, and ecological efficiency. Energy Economics, 85: 104573.

Wei W, Liu F, Mei S. 2015. Energy pricing and dispatch for smart grid retailers under demand response and market price uncertainty. IEEE Transactions on Smart Grid, 6 (3): 1364-1374.

Wernerfelt B. 1984. A resource-based view of the firm. Strategic Management Journal, 5 (2): 171-180.

Wu C, Song M. 2010. Research on the synergy model between knowledge capital and regional economic development. Advances in Swarm Intelligence, First International

Conference.

Xu S，He X，Xu L. 2019. Market or government: who plays a decisive role in R&D resource allocation? China Finance Review International，9（1）: 110-136.

Xu X，Lee L F. 2015. Maximum likelihood estimation of a spatial autoregressive Tobit model. Journal of Econometrics，188（1）: 264-280.

Yang C H，Lee W C. 2021. Establishing science parks everywhere? Misallocation in R&D and its determinants of science parks in China. China Economic Review，67: 101605.

Yang Z，Shao S，Li C，et al. 2020. Alleviating the misallocation of R&D inputs in China's manufacturing sector: from the perspectives of factor-biased technological innovation and substitution elasticity. Technological Forecasting and Social Change，151: 119878.

Zahra S A，George G. 2002. Absorptive capacity: a review，reconceptualization，and extension. Academy of Management Review，27（2）: 185-203.

Zhang A，Zhang Y，Zhao R. 2003. A study of the R&D efficiency and productivity of Chinese firms. Journal of Comparative Economics，31（3）: 444-464.

Zhao J. 2019. Chinese state-owned companies，misallocation and the reform policy. Chinese Political Science Review，4（1）: 28-51.

Zhou H，Wang Y，Gao L，et al. 2020. How housing price fluctuation affects resource allocation: evidence from China. Emerging Markets Finance and Trade，56（13）: 3084-3094.

Zhou K，Wu F. 2010. Technological capability，strategic flexibility，and product innovation. Strategic Management Journal，31（5）: 547-561.

Zhu H，Lou D，Song S. 2019. Openness，technology spillovers，and resource misallocations: evidence from China. The Chinese Economy，52（6）: 427-448.